Chinese History

彩圖版

You never know these Interesting Stories about Chinese History

老師沒教的中國史

從史前至戰國時代300萬B.C.—222B.C.

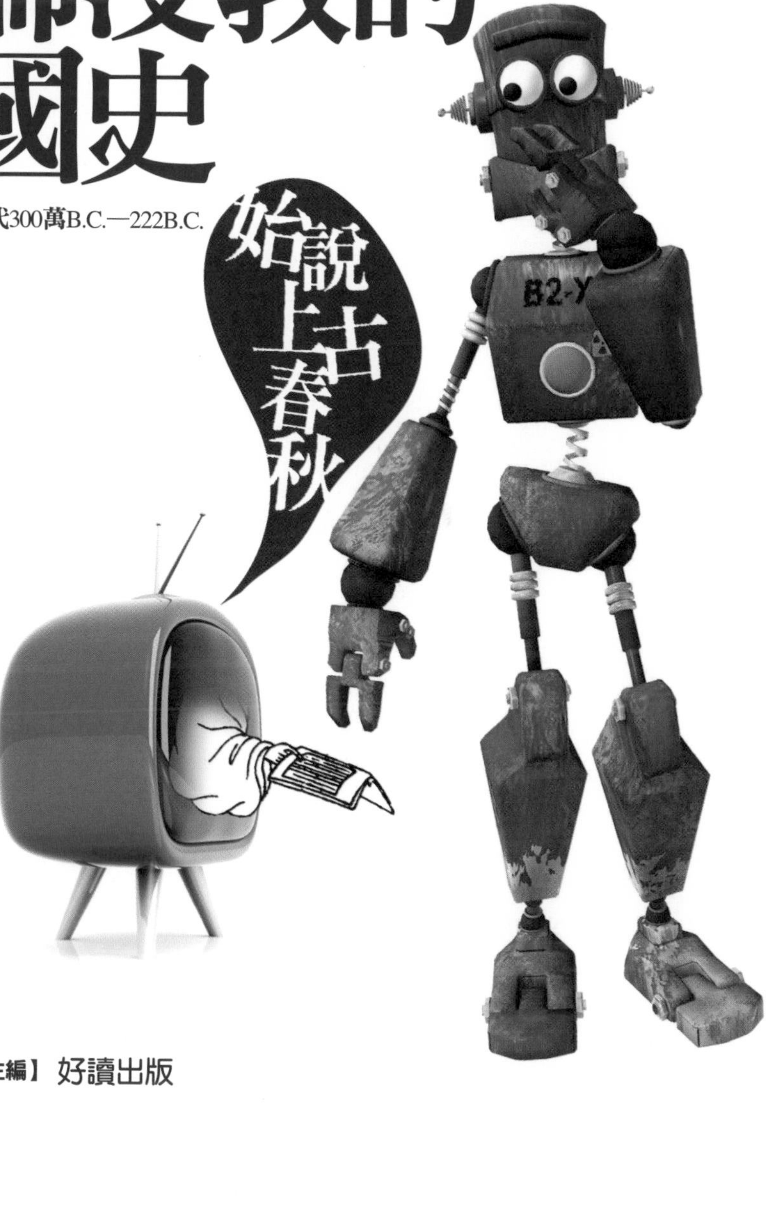

李默——【主編】 好讀出版

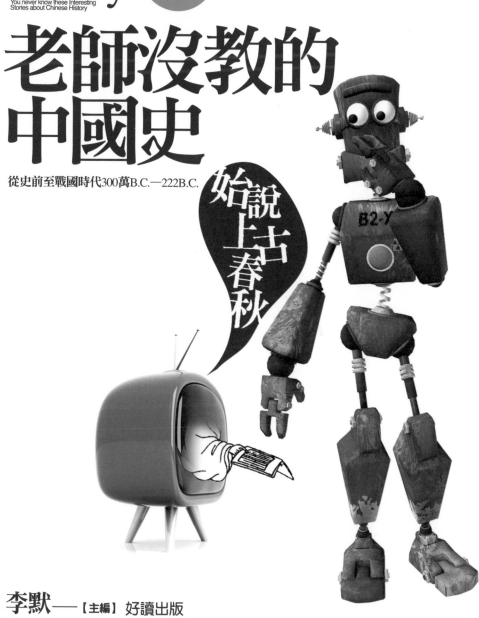

序

世間公認，中華文明是人類歷史上所締造最光輝絢麗的文明之一。我們有責任將這一偉大文明的優秀傳統介紹給世人。達到這個目的的一種重要方法，是編著圖文並茂的中華文明史。

中國古代的學者，早就提出過「左圖右史」的理想，希望用直觀的圖像來補充文字描述的不足。只是由於當時材料、技術條件的限制，這種願望無法充分實現。近代各類文物發現眾多，尤其是考古學在中國發展之後，編寫文字與圖像並重的歷史書籍便齊備了。

早期有些學者的想法，是給歷史研究配置一套參照的圖像。這個思想的濫觴，或許可追溯到明代《三才圖會》之類的書籍；日本學者編印的《東洋文化史大系》等等，思路亦是相近的。在中國，專以文物為主、開此類圖譜先河的，是鄭振鐸先生的《中國歷史參考圖譜》，曾經廣泛流行。不過鄭先生的書純係圖集，尚未能收圖文互補的效果。同為鄭先生所編的《插圖本中國文學史》，圖文兼備，更為讀者歡迎，但只限於文學史方面。

近年，很多人想到要編著大規模的「插圖本中國通史」，並且做了若干嘗試。本書應當說是成功的。這部書重點在於論述中華文明，貫穿以整個歷史的縱線，其文字、圖片的版面彼此相當，內容同樣豐富，真正做到了圖文並茂。

圖文兼重的中國文明史，就方向言，有利於歷史學和考古學的進一步結合。考古學本身是具有獨立的理論和方法的學科，然而中國考古學從一開始便以同歷史學的密切結合為特點。大家知道，王國維先生一九二〇年代在清華國學研究院講義《古史新證》中提出的「二重證據法」，在方法論上為考古學的建立發展開拓了道路。「二重證據法」指文獻與文物的互相印證，即蘊涵著歷史、考古的結合。親手在中國開展考古學工作的考古學家，都以探索和重建古史為職志。最早得到大規模系統發掘的遺址殷墟，其被選定是出於這樣的要求。長期領導中國科學院（後屬

中國社會科學院）考古研究所的夏鼐先生，一九八四年在《什麼是考古學》文中說，考古學和利用文獻記載進行研究的狹義歷史學不同，研究的對象只是物質的遺存，但兩者同以恢復人類歷史的本來面目為目標，如車之兩輪，鳥之兩翼。對於瞭解中國有著悠久文明和豐富文獻傳統的人們來說，中國考古學的這種特點乃是自然的。

儘管歷史與考古有如此密切的關係，把兩者巧妙結合起來仍不是容易的事。認識歷史文獻的考古成果，分別需要特殊的學習與訓練。特別是考古學的研究收穫，並非輕易就能融會到歷史研究中去。在歷史知識的普及上，如何結合考古文物，也很不簡單。本書在這兩方面做了很大的努力，使全書成了真正的「紙上博物館」，成績是值得肯定的。

讀考古學的對象是物質遺存，不等於講這種遺存僅為物質文化。可能有讀者知道，拙見以為每種人類的特質遺存，都在不同程度和層面上反映當時的精神文化。大至古城址、陵墓群，小到一件兵器、一個佩飾，無非中華文明的產物，寄寓著先民的意念與精神。所以，我們探索中華文明萌生形成、發揚光大的歷程，不可缺少考古文物。這正是「紙上博物館」勝於其他類型史籍之處。

然而，作為文物考古研究對象的物質遺存，以及由這種遺存所能導出的內涵，究竟是有限的。過去的世界，不可能完整的以遺存的形式保留下來。我們不應當希望，考古學能夠將《史記》、《漢書》包含的種種全面揭示在人們眼前。因此，在為歷史配圖時，總是有太多的遺憾，甚至於不很需要的地方，文物數量繁多過剩，十分需要的場合，有關文物卻很少，以至一件也沒有。這就要求收的編者廣為搜集，又精加選擇。本書在這一方面，也是做得好的。這些便是我樂於在此寫幾句話，向讀者推薦的理由。

大陸知名文史學者　李學勤

目錄

CONTENTS

目錄

CONTENTS

目錄

CONTENTS

約3500 B.C.

・紅山文化（1935年首次出現於遼寧西部赤峰紅山）。1983年後出土陶質裸體女性小塑像、女神彩塑頭像、二件無頭裸體孕婦陶像、泥塑裸體女性像殘塊。

約3350 B.C.～2200 B.C.

・良渚文化。分佈於太湖周圍，有珠、管、璜、瑗、鐲、璧、琮、蟬等玉器出土，數量之多和工藝之精，為同時代其他文化所未見。

約3000 B.C.～2600 B.C.

・屈家嶺文化。

約4300 B.C.～2500 B.C.

・大汶口文化，分佈於山東、蘇北、皖北、豫東和遼東半島一帶。

約4170 B.C.～3710 B.C.

・西樵山遺址，1955年至1957年廣東南海縣西樵山發現。

約3800 B.C.～2000 B.C.

・馬家窯文化，分成石嶺下、馬家窯、半山、馬廠等類型。馬家窯類型（約3300 B.C.～2900B.C.），半山類型（約2650 B.C.～2350 B.C.）。

3000B.C. —— 2000B.C.

〈銅石並用時代〉約3000 B.C.～2100 B.C.

約2100 B.C.～1900 B.C.

・龍山文化（曾稱黑陶文化）。廣泛分佈於中原和華東、西北地方。已進入父系氏族公社時期。

・廟底溝二期文化（約2900 B.C.～2800 B.C.，中原地區仰韶文化向龍山文化過渡的一種文化）。

・河南龍山文化（約2600 B.C.～2000 B.C.）。

・山東龍山文化（約西元前2500～前2000年）煉銅業已出現。發現精美貴重玉器和卜骨。

・陶寺遺址（約2500 B.C.～1900 B.C.，1978年在山西襄汾陶寺發現）。出土彩繪木器，並發現打製石磬和一件鈴形紅銅鑄品。

・陝西龍山文化（約2300 B.C.～2000 B.C.）。

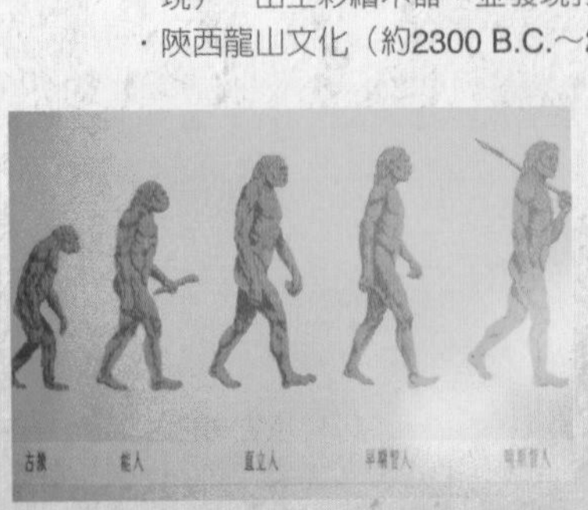

約2000 B.C.

・齊家文化（銅石並用時代的文化）。冶銅業是一項突出成就，進入銅石並用時代。開始出現國家制度，有人殉現象。約與夏朝同時代。甘肅玉門火燒溝出土二十多個彩陶塤，已有以宮、羽為調式主音的兩種四聲音隊調式。

史前

史前年表　300萬B.C.～2000B.C.

約5000 B.C.～3000 B.C.

．仰韶文化（母系氏族公社繁榮時期的文化），1921年在河南澠池仰韶村首先發現。主要分佈於陝、豫、晉、冀等地區。以農業為主，飼養狗、豬等家畜。以繪有黑、紅色花紋的彩陶為特徵。

．半坡遺址（約5000 B.C.～4500 B.C.），仰韶文化半坡類型的代表。有房基四十多座、墓葬二百多座。彩陶以紅地黑彩為主，以繩紋、線紋、弦紋、錐刺紋、指甲紋為特徵性紋飾。半坡和姜寨遺址出土帶刻符的陶器二百數十件，共有五、六十種符號，一般認為係原始文字。姜寨遺址出土一黃銅片，證明中國冶金史在距今6000年以前已經開始。

約5500 B.C.～4900 B.C.

．裴李崗文化（早期新石器遺存），1977年至1979年在河南新鄭縣裴李崗村發現。有原始藝術作品，飼養業已經產生。

約5400 B.C.～5100 B.C.

．磁山文化（早期新石器遺存），1973年在河北武安縣磁山發現。出土有豬、狗、牛、羊、雞等家養畜禽骨骼和腐朽的粟米。

6000B.C.　　4000B.C.

〈新石器時代〉約6000 B.C.～3000 B.C.

約5400 B.C.～4400 B.C.

．青蓮崗文化（新石器時代文化遺存），1951年在江蘇淮安縣青蓮崗首次發現。陶器絕大部分為泥質紅陶和夾砂紅陶，出現木柱泥牆分體結構住房。

約5000 B.C.～3300 B.C.

．河姆渡遺址，1973年在浙江餘姚河姆渡村出土，發現大量人工栽培水稻穀粒和杆葉，豬、狗、水牛等已作家畜飼養。出土陶塤和骨哨。發現「干欄」式建築遺跡。還發現中國最早的水井遺跡。木槳的出土，說明已有舟船。出土玉料和瑩石磨製的璜、管、珠等飾物。

．新樂人使用煤精飾品。

約4600 B.C.

．後崗遺址（約4400 B.C.～4200 B.C.）。大司空遺址（約4400 B.C.～4200 B.C.）。廟底溝遺址（約4000 B.C.～3600 B.C.）。大河村遺址（約3790 B.C.～3070 B.C.）。王灣遺址（約3390 B.C.～2390 B.C.）。西王村遺址（約3700 B.C.）。

約4750 B.C.～3700 B.C.

．馬家濱文化，主要分佈於太湖和杭州灣地區。包括：崧澤遺址（1958年在上海市青浦縣崧澤發現）、草鞋山遺址（1972年至1973年在江蘇吳縣草鞋山發現）。出土中國目前發現最早的織物。

中國文明產生的地理背景

中國位於北半球的歐亞大陸東部，東鄰世界最大海域太平洋，北接西伯利亞，西南距印度洋不遠。它橫跨赤道帶、熱帶、亞熱帶、暖（南）溫帶、中溫帶和寒（北）溫帶，而以亞熱帶、暖溫帶、中溫帶爲主。地形西高東低，構成以青藏高原爲第一階梯，青藏高原的北緣東緣、大興安嶺、太行山、巫山、雪峰山等爲第二階梯，東部低山和大平原爲第三階梯的下降地形。西部多山脈，呈不同走向，圍成眾多盆地和高原；東部多水，長江、黃河、珠江、黑龍江等在此形成主幹。華北平原、長江中下游平原及東北平原、珠江三角洲等農業發達，物產豐富，成爲哺育中華民族和中國文明的地理環境。

上新世末（距今二百四十萬年）至更新世的地層活動造成了中國的地理形勢，喜馬拉雅運動形成喜馬拉雅山褶皺帶，引起承接性的斷裂活動，決定了中國的地貌，形成了東亞季風體系。

在早更新世，中國境內的猿人大都分佈在第二階梯東部，位於氣候溫暖潮溼、森林草原廣佈的河流地區、盆地邊緣，適於猿人生存。北京猿人生活於乾燥與溼潤期不斷明顯交替的環境中，這影響了北京猿人的生活，也決定了他們的發展；而中更新

黃河，中華文明的搖籃。

世中晚期的丁村人、馬壩人、桐梓人等已從森林草原、黃土台地環境走向森林區盆地和河流階地，生活於熱帶或亞熱帶及森林中。隨著人類生活能力的增強和氣候的變化，在西北、東北、西南等乾熱荒原、寒冷苔原、溼熱森林中也開始了舊石器後期的人類活動。

進入全新世以後，隨著最後一次大冰期的結束，全球氣候變得暖溼，中國東部開始受東亞季風控制，中國近代地形形成，人類進入新石器時代，長江地區的水稻、黃河地區的粟發展起來，畜牧、村落全面形成。

中國複雜、豐富的地理環境產生了它具擴散性的文化，而非兩河流域和尼羅河三角洲以灌溉爲主體的高度集中、單一的經濟文化，東亞季風和東部水系可說決定了中國文明廣泛、深厚的文化傳統。

中國人是哪種人？

當代中國人屬蒙古人種的東亞類型和南亞類型，歷史上的中國百姓也以蒙古人種（又稱黃種人）爲主體。蒙古人種起源於中亞和東亞，逐漸向南北、東南亞擴散。蒙古人種一般體型膚色中等，頭髮直而硬，體毛和鬚髮較少，鼻寬度中等，鼻梁較低，臉平扁，唇厚中等，眼瞼大多有內折且眼角有角度（俗稱蒙古眼），高眼眶，顴骨突出，多鏟形門齒。

新石器時代黃河上游居民在體質上接近蒙古人種的華北類型，而中游地區的仰韶文化居民則有南亞類型特徵。但中國文明的體質構成不是單一的，山頂洞人中有標準的蒙古人種，也有北歐人種頭骨，黃河下游的大汶口文化居民可能有波里尼西亞的基因，河姆渡文化和廣東一些人骨有明顯的澳大利亞－尼格羅的成分，商代殷墟人頭骨也包含了幾種不同種族的人。

中國人民的體質特徵在很大程度上是適應東亞中緯度地理環境的，中等身材、中等膚色與中緯度的日照、溫度相應，蒙古眼、平鼻可能起源於中亞寒冷的多風沙氣候。

猿人時代

中國是人類文明的發祥地之一，其發展源頭相當多元，據考古研究的成果顯示，中國境內的古人類分佈廣泛。西侯渡遺址是中國最早的人類文化遺址，雲南元謀人化石是中國最早的人類化石，觀音洞文化和北京人文

化分屬南方和北方舊石器時代早期的代表性文化。

人類的始祖拉瑪猿生存於距今八百萬年前，雲南開遠、小龍潭、祿豐等地已發現拉瑪古猿化石。而湖北建始、巴東發現的距今約三百萬年前的南方古猿化石，則是從猿到人轉變過程中的最後代表。

山西芮城西侯渡文化遺址位於黃河中游左岸高出河面約一百七十公尺的古老階地上，年代為距今一百八十萬年，西侯渡遺址的文化遺存和動物化石集中分佈在約一公尺厚的交錯砂層中，而砂層則在早更新世的砂礫層內，文化遺存共發現石製品三十二件，包括石核、石片及加工的石器，石器原料主要為石英岩、少數為脈石英和火山岩，石器採用了錘擊、砸擊和碰砧三種方法，說明石器工藝達到

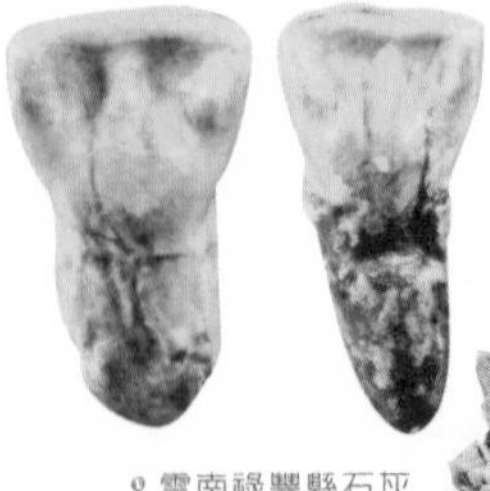
元謀猿人門齒化石

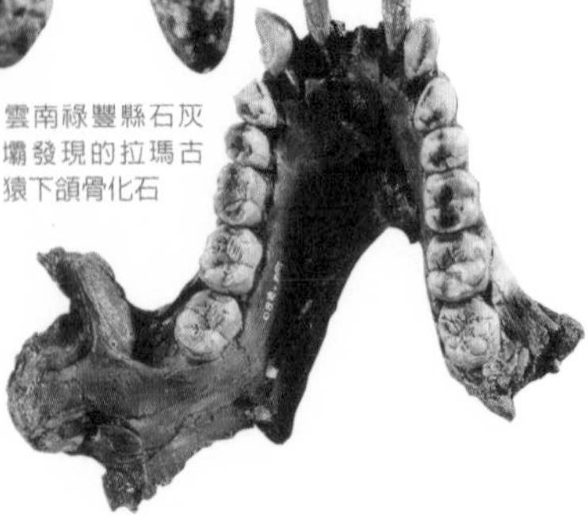
雲南祿豐縣石灰壩發現的拉瑪古猿下頜骨化石

山西芮城西侯渡遺址

一定水準。與文化遺存共生的動物化石有鯉、鱉、鴕鳥及二十二種哺乳動物。其中有一個保存兩截鹿骨的頭蓋骨，化石中還有一些呈黑、灰和灰綠色的馬牙和動物肋骨，化驗出是被燒過的，這些表明西侯渡是人類活動的遺址，且具有相當的進步文化。

中國境內發現最早的人類化石是元謀人，因一九六五年在雲南元謀縣上那蚌村附近發現而得名，據碳十四測定，其生活年代距今約六十萬至五十萬年前。元謀人化石包括兩枚上內側門齒，屬同一成年人個體。這兩門牙齒很粗壯，唇面平坦，具有明顯的原始性質。從其出土的七件石製品來看，人工痕跡清晰，原料為脈石英，器形不大，有石核和刮削器。另外還發現兩塊黑色的骨頭，經鑑定是被火燒過的，這呈現出當時人類用火的痕跡。與元謀人共生的哺乳動物化石有劍齒虎、縞鬣狗、雲南馬、爪蹄獸、中國犀、軸鹿等二十九種，從動物化石和植物孢粉分析，當時的自然環境呈森林草原景觀，氣候較涼爽。

中國境內發現最早的直立人是藍田人，距今約七十五萬至八十萬年前。一九六三年至一九六六年在陝西藍田公王嶺中更新世早期地層中，先後發現一批珍貴的古人類化石、打製石器和動物化石，被命名為「藍田人」和「藍田文化」。藍田人眉骨粗壯，前額低平，骨壁厚度超過北京人，大腦容量較小，約七百八十立方公分。打製石器粗大，器形不規整，仍相當原始，但在使用上已有某種程度的分工。

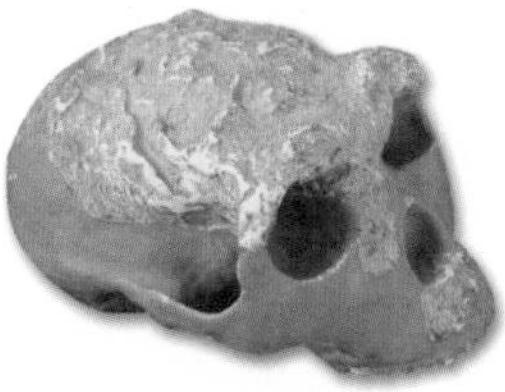

藍田猿人復原頭骨

藍田猿人遺址出土的古劍齒虎牙化石

距今約七十萬至四十萬年前的觀

音洞文化，則爲中國南方舊石器時代早期的人類歷史提供了重要資料。觀音洞遺址於一九六四年發現，位於貴州黔西縣沙井，觀音洞是沿東西方向裂隙形成的窄長洞穴，洞內文化遺物分早、晚兩期。早期堆積爲含角礫的砂質黏土，有大量石器和動物化石，哺乳動物有嵌齒象科、巨貘等，地質時代爲中更新早期；晚期堆積爲紅土層，含石器和哺乳動物化石，石器中刮削器佔百分之八十，端刮器有一百多件，另有少量砍斫器、尖狀器，石器原料以矽質灰岩爲主，石器加工形狀不規則，大小相差很大。

中國境內的人類遺址中材料最豐富也最有系統的是北京人遺址，它位於北京周口店龍骨山的洞穴中，距今約五十萬至四十萬年前。北京人遺址的堆積物厚達四十公尺以上，主要由石灰岩碎塊和黏土、粉砂等殘積物構成，堆積物中留下北京人用火的灰燼，較大的灰燼層有四個，另外還出土了十萬多件石器，表明這裡出現早期人類活動。

北京人化石包括頭蓋骨六個，頭骨、面碎片十二塊、下頜骨十五塊、牙齒一百五十七枚等，共代表不同性別、年齡的四十個個體。北京人頭蓋骨低平，額向後傾，比猿類增高，但低於現代人，平均腦容量爲一〇四三立方公分，介於猿人和現代人之間。北京人的下肢骨髓腔較小，管壁較厚，但在尺寸、形狀、比例和肌肉等方面都和現代人相似，這證明他們已能直立行

北京猿人復原胸像，及1936年周口店北京猿人遺址發掘情景。

走。北京人的文化遺物包括石製品、骨角器和用火遺跡。石器有砍斫器、刮削器、雕刻器、石錘和石砧等多種類型。北京人穴居，以狩獵和採集爲生，靠群體力量進行艱苦的生存戰鬥。

隨著北京人頭蓋骨的發現，特別是之後發現的石器和用火痕跡，直立人的存在終得到肯定，確認人類進化的序列，爲從猿到人的進化學說提供了有力證據。

觀音洞文化和北京人文化有明顯差別，又有驚人的相似之處。北京人的石器與觀音洞文化的同類石器相近，兩者之間的差別說明早在舊石器時代早期，不同地區的文化已顯示出複雜化和多樣化趨勢，使中國古代文明多姿多采。

智人時代

中更新世末期，中國經歷了一次盧山冰期，其後氣候變暖，人類體質和文化發展都進入一個新階段。人類體質由猿人或直立人發展爲早期智人，而人類文化則發展爲舊石器時代中期文化。這個時期的延續時間距今大約十萬至五萬年前。

在中國發現的早期智人化石中，金牛心人、大荔人和許家窯人爲由猿人向早期智人的一種過渡形態，典型的早期智人有馬壩人、長陽人等。在北京周口店新洞、山西襄汾丁村、遼寧喀左鴿子洞等地發現的人類化石也屬典型的早期智人。

華南舊石器中期文化遺存至今發現甚少，僅貴州桐梓岩灰洞有十二件

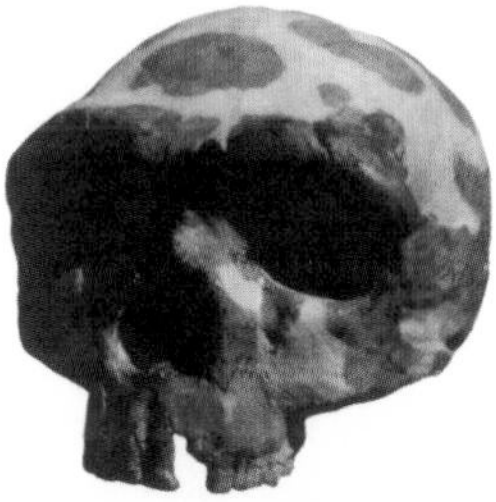

金牛山人頭骨化石

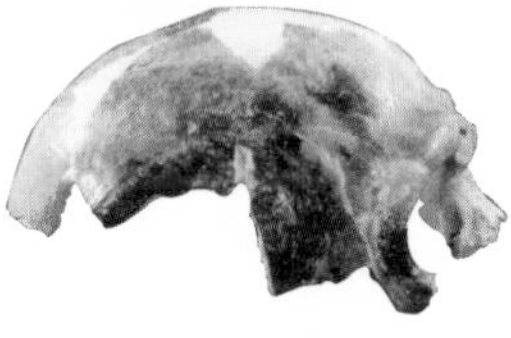

馬壩人頭蓋骨

許家窯文化的角器

位於廣東曲江馬壩鄉獅子岩的馬壩人遺址。

石製品，似與觀音洞石器有些聯繫，而從體質特徵看，早期智人比直立人腦蓋較薄，腦容量較大，動脈枝較複雜，說明其智力已有明顯發展。中國早期智人一般顴骨較爲前突，眉脊較平而非前突弧形，其頭面已顯示出蒙古人種的某些特色，但作爲人種在這個時期還未告完成。

同屬於舊石器時代中期的丁村人和馬壩人，在早期智人中頗具代表性。馬壩人遺址在今天廣東曲江馬壩圩獅子岩洞穴中，根據所發現頭骨資料可知「馬壩人」腦容量約爲一二二五毫升，頂骨前囟處厚度薄於「北京人」，但比現代人厚，約七公釐；丁村人遺址在汾河中游臨汾寬谷的南端，即今山西襄汾丁村等地，「丁村人」的人骨化石頂骨較薄，門齒舌面低陷作鏟狀，與後來的黃種人頗爲類似，臼齒的咬合面紋理結構介於直立人與現代人之間。從丁村、馬壩遺址可以看出，早期智人大多在溫和溼潤且有著縱橫河流、谷地的環境裡活動。

舊石器時代中期文化較早期文化的進步主要表現在打製石器技術的不斷提高，石器形狀較規整，類型較明顯，種類也有所增加，顯示當時生產力水準較舊石器早期提升。在丁村文化遺址中還發現了一定數量的魚類和軟體動物遺存，表現丁村人除以狩獵爲主外，漁撈也是重要的食物來源。

現代人的出現

大約在距今五萬年前，地質年代進入晚更新世。人類體質也發展到晚期智人（也有人稱爲現代人）階段。

與舊石器時代前期相比，晚期智

峙峪文化的細石器

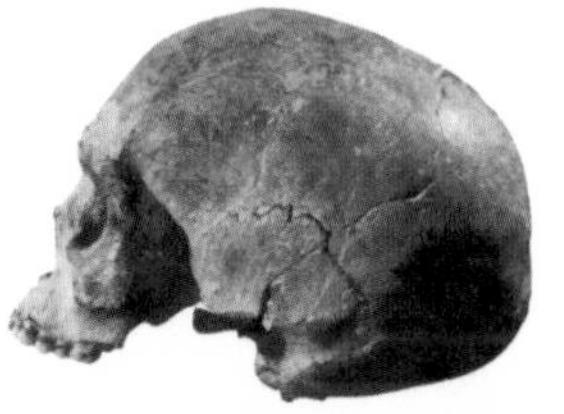

柳江人頭骨化石。廣西柳江縣通天岩出土的柳江人頭骨，其形態特徵表明他是新人的早期類型，比周口店的山頂洞人和資陽人更為原始。

人腦容量增加，約爲一千三百至一千五百毫升，在現代人腦量的變異範圍之內，其面部輪廓和現代人也十分相似。中國境內發現的晚期智人遺址，主要有寧夏水洞溝遺址、內蒙薩拉烏蘇河沿岸遺址、廣西柳江通天岩遺址、山西朔縣峙峪遺址、河南安陽小南海遺址、北京周口店山頂洞遺址等。

山頂洞人裝飾品

寧夏水洞溝遺址是目前發現最早的舊石器時代晚期文化遺址。約在五萬至三萬年前，出土近千餘件石製品，造型較大，加工精緻。有石鏃，說明水洞溝人已使用弓箭；還出土一枚磨製骨錐和鴕鳥蛋皮磨成的圓形穿孔飾物，說明人們已具有審美意識。

內蒙薩拉烏蘇人和寧夏水洞人，時期大體接近，遺址中出土屬於晚期智人化石共二十三件，包括牙齒、額骨、肩胛骨等；出土石製品約五百餘件，石器最爲顯著的特點是器形很小，後人稱之爲「細小石器」。

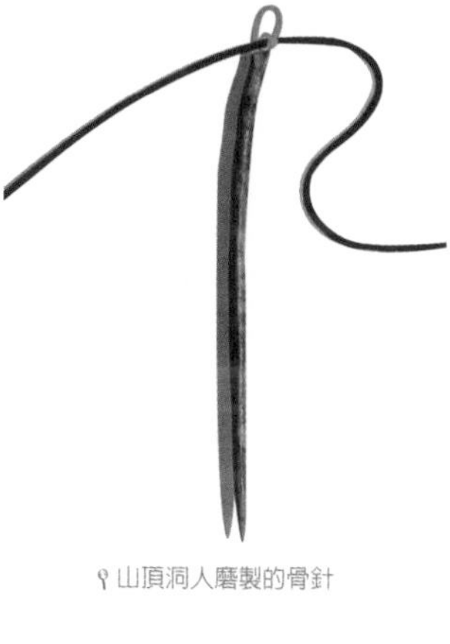

山頂洞人磨製的骨針

廣西柳江通天岩遺址，距今約五萬至三萬年，出土有頭骨、股骨、椎骨等，是中國以至整個東南亞迄今發現最早的晚期智人化石。

山西朔縣峙峪遺址，距今約三萬至一萬年前，遺址中除發現晚期智人的一塊枕骨外，還發現兩萬餘件石器，這對研究細小石器的特徵、弓箭的使用等方面具有重要意義。峙峪文化因而成爲華北地區細石器文化的先驅。

河南安陽小南海遺址，距今約二萬至一萬年前。遺址中除發現駝鳥、洞熊等十八種動物化石外，還發現大量石製品。有些石器已具有固定類型，代表小南海文化的石器製造技術當時已相當進步。

寧夏靈武水洞溝出土的尖狀石器

北京周口店山頂洞遺址，距今約二萬至一萬年前。遺址中發現的山頂洞人化石共有八個男女老幼個體，不論腦容量或人體體質特徵，都和現代人接近。洞穴堆積中還發現五十四種脊椎動物化石，其中絕大部分爲華北、內蒙及東北地區的現生物。山頂洞人能製造石器和骨器，而且在骨器上製作一些精緻裝飾品。

中石器時代

大約在西元前一萬年至前五千五百年左右，人類進入了地質上的全新時期，地球上最後一次冰河期結束。隨著氣候逐漸變暖，自然環境發生變化，在新環境下，原始人群的生產活動也隨之改變，導致舊石器時代結束與新石器時代開始。這個過渡階段被稱爲「中石器時代」。

在中國，屬於中石器時代的遺址發現的很少，主要有山西鵝毛口遺址和陝西沙苑遺址。

山西鵝毛口遺址，距今約八千至五千年前，它是一處重要的中石器時代石器製造場遺址，與內蒙的大窯、廣東的西樵山，合稱爲中國史前時期三大石器製造場。石器類型主要有石斧、石鋤、石錘、大型砍斫器等。石斧、石鐮、石鋤等農具的發現，是中國目前發現的最早農具，證明原始農業已在此時萌芽。同時，在磨製粗糙的石斧過程中，從打製毛坯到錘擊凸稜，再到磨光，可看出鵝毛口人在從舊石器向新石器演變過程中，石器的製作過程。

沙苑遺址中出土石片、石器三千餘件，其中五百多件經過加工或留有使用痕跡，種類主要有石鏃、刮削器、尖狀器、石葉、石核等。石片石器是這裡的典型器，又以尖狀器最具代表性。刮削器和尖狀器的使用，說明古人在製造生產工具方面的技術大爲提高。

中石器時代，人類依然過著採集、漁獵的經濟生活，原始農業初步出現，使用生產工具繼續朝細小化發展。在製造方法上，大量採用間接打擊法及刮削法，比起舊石器時代前期，技術有所突破。生產工具以細石器爲主，也反映了當時人們對勞動工具的新需求。舊石器時代嶄露頭角的複合工具，在中石器時代得到了長足發展，那種極薄的小石葉，被鑲嵌在木或骨質的柄上組成複合工具，不但美觀，也輕便靈活。同時，石鏃的發現，說明這時已開始使用弓箭，弓箭的使用提高了人們捕獲野獸的能力，使人們有可能豢養暫時不食用的弱小獵物，並逐漸馴養爲家畜，爲家畜飼養業或畜牧業的發展打下了基礎。

新石器時代的農牧技術

舊石器時代尚處於刀耕火種的原始農業階段，專用農業生產工具極少，沒有固定的形制，也沒有配備成套。進入新石器時代，原始農業進入鋤耕或耜耕階段，如磁山文化、裴李崗文化等都有從耕翻土地的農具到收穫加工糧食的配套工具，磨製的石鏟、石斧、石鐮和石磨盤都已大量使用，提高了勞作效率。河姆渡遺址憑精緻的骨耜、角器和木器構成了獨特的文化特點——耜耕農業，與北方的鋤耕農業相區別。

到仰韶文化時期，原始農業已進

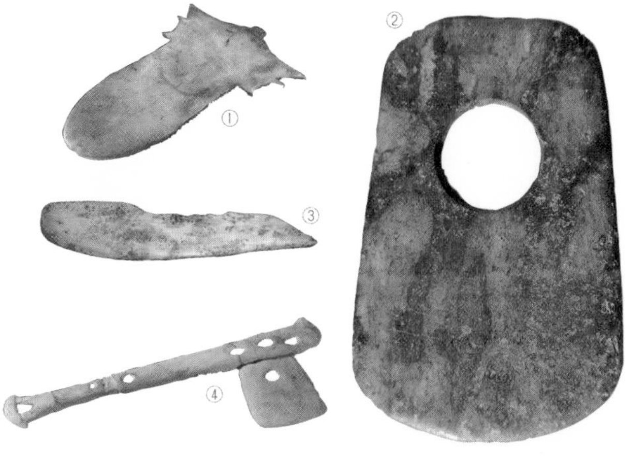

①廣西隆安出土的新石器時代大石鏟。此為原始氏族進行與農業生產有關的祭祀活動時用的器物。
②新石器時代的穿孔玉石斧，石斧是古人類刀耕火種階段的主要砍具，還用於加工木材、營造房屋。
③河北磁山出土的新石器時代骨鏟。骨鏟用於鬆土和翻土，形狀扁薄而寬，一般為單刃，分有肩和無肩兩類。古時播種，人們用骨鏟或石鏟掘土點種。
④江蘇淮安出土的新石器時代帶柄穿孔陶斧。

入較發達的鋤耕階段，半坡遺址出土了大量農業生產工具，且出現木質耒耜上安裝上骨、角刃的複合工具。半坡陶製工具數量最多，佔工具總量的六三・二%，以便節約有限的石材。石磨盤和石磨棒製作粗劣，糧食加工已用杵臼，均為木質，逐漸取代了石質碾磨器。

龍山文化時期的農業生產工具比仰韶文化進一步提高，農業進入發達的鋤耕階段。龍山文化已開始廣泛使用當時先進的翻土工具——雙齒木耒，石鏟更為扁薄寬大，磨製精細，出現可裝木柄的有肩石鏟和穿孔石鏟，顯示出前所未有的新面貌。龍山時代的農業生產工具無論從數量、品質、種類諸方面來看，都遠遠勝過仰韶文化。收穫工具的大改進，表明生產工具發達之後農作物產量大大增加的情況。

上海松江平原村遺址中出土的新石器時代的三孔石犁，距今已有五千多年的歷史。石犁是遠古農民耕地的主要農具，它的出現具有劃時代的意義。

與此同時，同樣處於原始農業的良渚文化在農業生產工具上有大改革，開始進入犁耕萌芽的階段，出現了石犁，安裝在木犁床上使用，犁床的上面有長轅，由人力牽引，將間歇性的鋤耕或耜耕發展為連續動作的犁耕。結合水田開溝排灌的需要，發明了斜把破土器，形體上呈不規則三角形，長邊有刃居下，後部上角有一矩形缺口，用來裝柄，成為石耜一類的複合工具。使用方法與錢山漾、梅堰、孫家山等遺址出土的「耘田器」相仿，可用來開溝和在沼澤地的開荒。農具種類的增多和形制的日益多樣化表明了河姆渡文化的農業生產不斷進步和發展。

縱觀原始社會的進化發展過程，生產工具的水準代表著生產力水準，推動著原始農業向前發展，也推動著原始社會不斷向文明社會發展。到了新石器時期，農業生產工具不斷推陳出新，促使原始人類不斷改進農業生產技術，從而使新石器時代的農業生產技術得到了普遍的提高。

中國原始農業的興起

中國是世界上農業產生最早的地

區之一。原始農業作爲農業的第一個歷史形態，開始了人類積極改造自然界的歷史，其特點是生產工具以石質和木質爲主，實行刀耕火種和撂荒耕作制，種植業、畜牧業和採集漁獵並存。中國原始農業早在距今八、九千年以前就在某些地區發生，中原地區大約在距今四千年左右結束，基本上和考古學上的新石器時代相始終。

內蒙古赤峰出土紅山文化穀物加工工具：石皿、磨石。

中國是主要的農作物發源地，水稻、黍、粟等許多農作物都是中國首先栽培的。在大多數地區，原始農業以種植業爲主，南方大多種植水稻，北方大多種植粟黍。黃河流域是中國農業文化的搖籃，距今七、八千年的河南裴李崗文化和河北磁山文化遺址中出土的種類較爲齊全的農具和雞等動物骨骸，表明中國是世界上最早飼養家雞的國家，率先進入了鋤耕農業時期。

距今七千年到五千年的仰韶文化時期的農業遺址出土的大量生產工具和生活用具以及幾萬乃至幾十萬平方公尺大小不等的村落，說明他們已進入了定居農業時期。年代相近或稍晚的北辛文化、大汶口文化和龍山文化遺址出土的石斧、石鑿和磨製骨器等生產工具和彩陶、缽、杯等生活用具，表明黃河下游有了較爲發達的定居農業文化。

馬家窯文化、齊家文化和火燒溝文化則表明黃河上游以種植業爲主，畜牧業比較發達並逐漸成爲該地區的主要產業。長城以北和甘肅、青海等地遺址說明了各自不同的經濟類型，一部分形成了以種植業爲主、農牧採獵相結合的格局，一部分是以漁獵經濟爲主，還有一部分是以遊牧經濟爲主。

長江流域高溫多雨多湖泊，也是中國農業文化的發源地，以水田農業爲主。距今六、七千年的浙江餘姚河姆渡遺址發現了世界上現存最古的稻穀以及大量骨耜等生產工具，表明了長江下游已進入了耜耕農業時期。距今的四、五千年的馬家濱文化、良渚文化出土較多新的農業工具，說明水田耕作技術有了很大的提升。

浙江吳興線山漾遺址出土的絹片和絲線證明了中國是蠶絲的故鄉。大溪文化和屈家嶺文化則表明長江中游的稻作農業比較發達。距今九千年以上的廣西桂林甑皮岩遺址出土的磨光石斧等農業工具和現存世界最早的家豬遺骨，表明了南方地區有了較爲發達的農業文化。此外，西南地區也在三、四千年前開始有了原始農業。

木耜

河姆渡出土的新石器時代的稻粒

進入新石器時代——裴李崗文化形成

裴李崗文化於一九七七年在河南新鄭縣的裴李崗發現，是目前已知華北地區最早的新石器文化，大約出現於西元前五五〇〇年至前四九〇〇年之間；主要分佈在河南中部地帶，以裴李崗出土文物爲代表，反映了新石器時代早期中段以後的文化面貌。

裴李崗遺址中有房基、窯穴、墓地等村落遺跡，似有一定佈局，居住建築集中在遺址中部，窯穴主要在南部，墓地在西部和西北部。房基爲方形或圓形半地穴，直徑二．二至二．八公尺。墓葬集中於公共墓地，墓穴排列有序，多單人葬。磨製石器多於打製石器，最有代表性的器型是帶足磨盤、帶齒石鐮和雙弧刃石鏟。農業佔有主要地位，作物是粟。畜養業也已出現，有家豬、家狗、家雞甚至家牛。狩獵仍是重要生產活動，以木製弓和骨製的箭爲狩獵工具。製陶業已

裴李崗出土的紅陶三足壺

具有一定規模：陶器有紅褐色砂質和泥質兩種，多碗、缽、鼎、壺等日用器具；陶壁厚薄不勻，據科學測定其燒成溫度高達攝氏九百到九百六十度。

裴李崗文化與華北早期新石器文化其他類型一樣存有細石殘餘，證明它與以河南靈井和陜西沙苑爲代表的中石器遺存有淵源。從建築遺存、埋葬習俗、農業生產，特別是陶器形製、紋飾等方面考察，它與後來的仰韶文化關係更密切，一般認爲，仰韶文化中的後崗類型是對裴李崗文化及磁山文化的繼承和發展。裴李崗文化與老官台、李家村、磁山諸文化均爲仰韶文化的前身，故統稱爲「前仰韶」時期文化。

河南密縣莪溝出土的石鐮

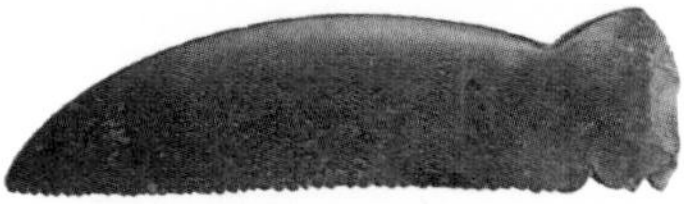

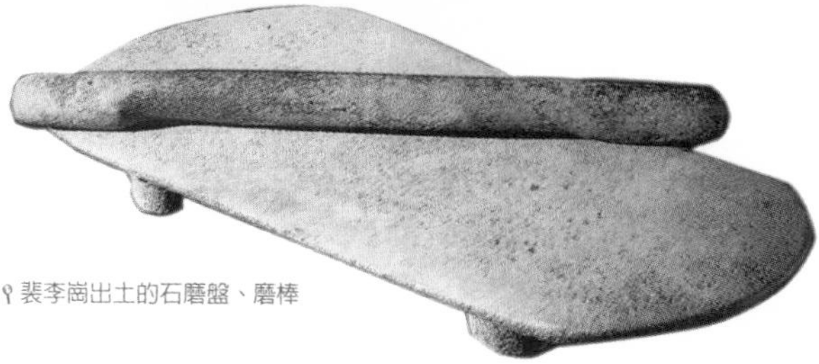

裴李崗出土的石磨盤、磨棒

最早植粟和飼養家畜的磁山文化

一九三三年首次發現於河北武安磁山的磁山文化，大約出現在西元前五四〇〇至前五一〇〇年間，與裴李崗文化一樣是華北新石器時代早期的重要文化，主要分佈在冀南、豫北等地，陶器爲手製夾砂紅褐陶。

農業是磁山文化的主要生產部門，在磁山八十個窖穴中發現有腐朽糧食粟的堆積，有的厚達二公尺以上，當時的農業生產工具有磨製較多的石斧、石刀、石鐮、石鏟和石磨盤等，製作不如裴李崗文化精細，且器形與裴李崗略有不同。磁山的石磨盤多呈柳葉形，石鐮一般有刃無齒。

遺址出土的骨鏃、魚鏢、網梭及鹿類、魚類、龜類、蚌類和鳥類等骨骸，表明漁業經濟仍佔重要地位，家畜出土的骨骸有豬、狗、牛、雞。從當前已知的材料看，「磁山文化」的

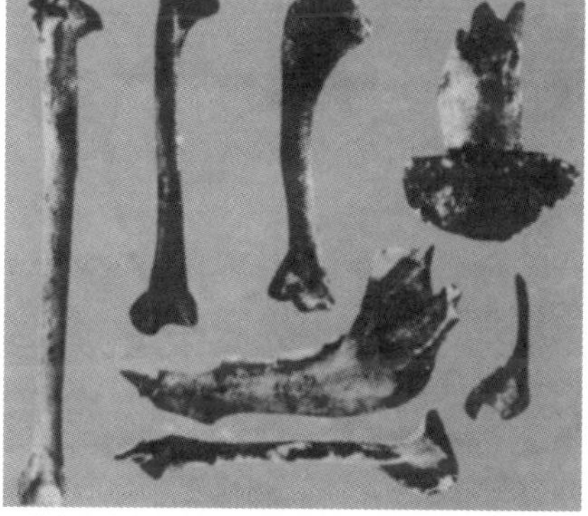

磁山文化出土的雞、狗骨骼，是世界上已知最早的養雞紀錄。

主人是世界上最早培植粟與飼養雞的人。

原始文化的主幹——仰韶文化形成

新石器時代中期，約西元前五千年至前三千年，仰韶文化在北方興起，成爲新石器時代文化高峰的代表。它分佈於陝西關中、河南大部、山西南部、河北北部和甘肅、青海河套地區，已有一千多處遺址被發現，覆蓋了中國文明早期的核心地帶，影響了中原大部分後來文化，成爲中國文明的主幹。

仰韶文化覆蓋廣，時間延續長，文化內容在時代和地域上都有所差異，但其前期整體而言是統一的，以紅陶和日漸增多的彩陶爲其特徵；在其後期，仰韶文化自身開始衰退，其內部和外部產生許多新因素，最後分化、發展爲新的文化，使眾多文化繁榮，新石器文化達到最盛期。

人形陶罐，陝西黃陵出土，仰韶文化文物。

農牧業發達：仰韶文化是中國新石器時代的代表。其農牧業高度發展，形成大規模村落定居生活，由此產生更嚴密的社會組織和繁榮的依賴性手工業，可說是新石器時代人類生活發展階段的產物。受地域氣候的影響，仰韶文化農作物以旱作爲主，產生了所謂「粟黍文化」，其產量已足以使幾十人、上百人定居生活。農業工具不斷產生，石鏟是主要翻土工具，爪鐮是主要收割工具，成爲農耕生產的基礎，並在使用中變得薄長、輕巧，而石斧、石錛等木柄器具也跟著出現。畜牧業成爲經濟生活的支柱之一，家豬的飼養越來越多，雞、牛廣泛飼養，在大多數地方都使用了狗。在家畜之外，漁獵也是重要的經濟活動。仰韶文化的居民大都臨水而居，魚形也是其彩陶的主要圖形；魚鏢、魚鉤和網墜大量使用，刺、鉤、網技術都已成形。在狩獵方面，先進的骨箭、石箭、石矛、角矛，以及投擲用的石球廣泛發現，斑鹿、羚羊、野豬、野

人面魚紋彩陶盆

兔、狸、貉、獾、竹鼠等都是人們的食物。

彩陶工藝興起：手工業在農牧業發達的基礎上得以繁榮發展，在仰韶文化中有麻布、編席和骨錐、骨針、紡輪廣泛使用，但最重要的還是陶器。仰韶文化居民有意將河床谷地的沉積土淘洗，選出可塑性、黏性都很高的土質，由手工捏製發展爲轉輪製作陶器，並出現了仰韶文化最突出的特點：彩陶。仰韶文化早期使用紅陶黑彩，單彩色，繪於器物外面，後期則先陶衣再施彩，並且出現雙彩。它的圖案豐富多彩，由條形到抽象圖案無不具有，以動物紋爲主，形象明快誇張。陶器用途極廣，遍及生活各個方面，飲器、水器、食器、盛貯器無不具備，在形態上爲中國青銅器的構造奠定了基礎。專門燒陶的窯場有橫穴窯和豎穴窯兩種，以前者爲常見。

仰韶文化發源於以渭水中下游地區爲中心的半坡類型（西元前五〇〇〇年至前四五〇〇年），這一類型後來發展爲史家類型（西元前四五〇〇年到前四〇〇〇年），又發展爲廟底溝類型（西元前四〇〇〇年至前三六〇〇年），後達到繁榮期，廣泛分佈於關中、晉南、豫西，遠達河套、江漢地區，又發展爲西王村（約西元前三七〇〇年）、秦王寨（西元前三六〇〇年到前三〇〇〇年）等地方類型後開始衰落。

仰韶文化早期代表——西安半坡遺址

約西元前五〇〇〇年至前四五〇〇年，仰韶文化發源於黃河中游。今陝西省西安市東滻河東岸半坡村出現了仰韶文化早期的中心，半坡遺址的發掘，首次大規模揭露了一處新石器時代的聚落遺址，爲復原中國母系氏族社會的生活提供了寶貴的資料，並由此確立了仰韶文化半坡類型。

半坡遺址東西最寬處近兩百公尺，南北最長爲三百多公尺，總面積約五萬平方公尺，分爲居住、陶窯和

儲粟陶罐的粟粒

墓葬三個區。居住區約三萬平方公尺，北部五分之一面積已經發掘，較爲完整的建築基址有四十餘座，其中約二十七座是同時存在的。據推測，這些或圓或方的建築，可能是母系氏族成年婦女過對偶生活的住房，住房之間散置許多貯藏窖穴。居住區周圍有寬深各五到六公尺的壕塹環繞，住房建築群環繞一個廣場佈置；中央偏東，有一座面向廣場的大房子，屬方形半地穴式建築——可能是氏族首領和老幼病殘成員的住所，兼作氏族成員聚會之用。陶窯區在居住區以東，從壕塹底殘存木樁推測，廣場通窯區的東部壕塹上，原來可能有木橋。墓葬區在居住區以北。從粟或黍的遺存可知，附近原來還有農田。

陶器以手製灰砂紅陶和泥質紅陶爲主，最常見的是粗砂陶罐、小口尖底瓶和缽所組成的一套生活常用器。器表多飾繩紋、線紋、錐刺紋、指甲紋、弦紋和彩紋；彩紋有人面、魚、鹿、植物等象形花紋和三角形、圓點組成的幾何圖案花紋，其中不乏工藝價值較高的珍品。彩陶以紅地黑彩爲主。在圓底缽口沿的寬帶紋上，發現有二十二種不同的刻劃符號，有人認爲是中國古代文字的起源之一。裝飾品有用石、骨、陶、蚌磨製成的環、璜、珠、墜、耳飾、髮飾及鑲嵌飾等。

半坡類型的墓葬以單人仰身直肢葬爲主，約一半有隨葬品，主要是日用陶器。其墓葬體現了一些奇特葬俗，小孩翁棺葬具多打洞，可能是作爲靈魂出入的通口，常見「割體葬儀」，被葬者手、足趾割去另外埋藏。

半坡類型後來發展爲同地域的史家類型。

文化小事典

龍鳳文化開始

龍鳳文化是中華民族十分古老而奇特的文化現象，幾乎與中華文明同時誕生並經歷了漫長的演進歷程，到中世紀變成了高度藝術化的龍鳳形象。在其演化過程中，不斷融入了人類文明不同歷史發展階段社會生活內容和文化涵義，思想意蘊極為豐富，從而成為中華文明精神的崇高象徵。

龍、鳳雖具動物形態，但非現實世界中實際存在的動物。因此，長期以來，無數的學者企圖探索其神聖外表所掩蓋的實質內容。

關於龍的原型，已多達十餘種說法，如圖騰說、龍捲風說、雷電說、鱷魚說，恐龍說等。一九三○年代聞一多先生提出的「圖騰合併」說影響很大。近年來，研究者對此提出了一些新見解，認為在舊石器時代，狩獵是人類賴以生存的最重要經濟活動，動物在人們心目中佔據著十分重要的地位，一些外表威猛的食肉動物如鱷、虎、蛇、鷹等對先民的生命構成威

殷墟玉鳳。商代鳳形飾物，說明「鳳」作為一種原始藝術形象在當時已具雛形。

脅，而一些身形奇特的動物如鳥、鯢、蟬等，使人類感到驚奇或畏懼，與原始宗教和巫發生碰撞以後，形成了先民的動物崇拜，其造型的神祕色彩也不斷增強。

以鱷魚為原型的龍和以鳥為原型的鳳就歷經了這樣的演變歷程。首先是發祥於江淮的太昊族長期受到水患的威脅，以當時的能力他們無力抗爭，生活於長江中下游、貌似兇猛的揚子鰐成了人們心目中興風作浪的罪魁禍首，因畏懼而對其加以崇拜。古代文獻中被稱為蛟龍，至今在水患嚴重的地區龍王廟都比比皆是，由於降雨與水旱災害有直接的關係，因而龍又被幻化為可升騰飛翔之物。

鳳起源於青鳥，它之所以成為人類心目中的崇拜，當與農業生產和生殖有密切的關係；「玄鳥生商」的傳說，表明它是商民族的生產活動關係重大。衆所周知，燕子是一種候鳥，冬去春歸，牠的到來標誌著春暖花開和一年生產活動的開始，同時鳥類普遍具有較強的繁衍能力，在那渴求人丁興旺的時代，生機盎然和生殖力強盛是人們的企盼。牠十分自然地演變成了人類的崇拜物。甚至於龍，有人認為與生殖崇拜也有直接關係。

龍鳳文化在中世紀以後成為皇權的象徵和專用物。

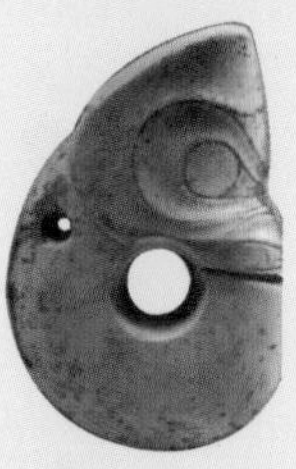

遼寧建平發現的距今五千多年的玉龍。

馬家濱人食用粳稻

西元一九五九年，浙江嘉興馬家濱地區發現一處新石器時代的文化遺址；隨後又在江南地區太湖周圍，包括蘇南、浙西和上海一帶先後發現不少相似的新石器早期遺址，如青浦崧澤遺址、吳縣草鞋山遺址、吳興邱城遺址等。人們把它們合稱爲馬家濱文化，年代約爲西元前四七五〇年至前三七〇〇年。

馬家濱文化主要特點是：一、陶器多爲紅陶。以外紅裡黑或表紅胎黑的泥質陶器爲多，普遍採用慢輪修整或輪作，夾砂陶以紅褐色爲主。器皿花瓣最具特色。二、使用玉璜、玉玦等裝飾品，這類玉器後來成爲中國傳統裝飾。三、盛行俯身葬。在馬家濱、草鞋山等遺址中發現墓葬二百多座，多爲單人俯身葬；還有同性合葬墓，反映馬家濱文化仍處於母系氏族社會。

馬家濱文化以農業生產爲基礎，主要作物是水稻，當時的馬家濱人已食用粳稻，在該地區的遺址中都發現了稻穀——粳稻和秈稻。馬家濱人食用粳稻，說明中國栽培稻穀已有七千年以上的歷史，是世界上栽培水稻最早的地區之一。

新樂人使用煤精

西元一九七三年，人們在遼寧省瀋陽北郊新樂工廠附近發現了新樂遺址。新樂遺址約在西元前五三〇〇年至前四八〇〇年之間，是中國北方新石器時代最早的遺存之一。

在遺址下層發現一座半地穴式房址，平面的圓角長方形面積近二十五平方公尺，現存壁高四十公分，室內中部有灶坑。遺物中有不少磨製石器，如長三角形石鏃、斧、網墜等；打製石器有砍砸器、石鏃等。陶器以夾砂褐陶為主，豎「之」字線紋和絃紋為其特徵性紋飾。

新樂文化的煤精工藝品

遺址中發現了磨製的圓泡形飾、圓珠等煤精飾物，雕刻精細，漆黑光亮，是目前發現最早的煤精製品。

新樂人使用煤精，大大挪前了中國煤精工藝的歷史。

中國音樂誕生

新石器時代，中國音樂從先民的原始樂舞中脫身出來，發展為高度水準、有中國特色的音樂體系。

在人脫離猿人演變為現代人的漫長歷程中，產生了人類的原始樂舞活動，人們在原始簡單打擊器的節奏和樂聲中盡情歌舞，產生了歌舞一體的原始樂舞；它往往以模仿狩獵活動的化妝舞蹈為主體，伴隨以祈求豐收、愉悅神靈等巫術內容。在一些現存原始民族中，這樣的樂舞活動仍存在著，《呂氏春秋》也記載了葛天氏氏族的大型樂舞。青海大通縣上孫家寨新石器時代的彩陶樂舞圖（西元前五八〇〇至前五〇〇〇年）就描繪了一個隊伍，服飾、動作一致，整齊的樂舞場面表現了樂舞的高級形式。

但是在新石器時代，中國音樂已從樂舞發展成高度發達的音樂體系，人們對音樂的樂律性質已有認識，隨著笛、塤類有明確音高的旋律樂器出現，人們開始認識音律之間的關係，音階開始產生，並有了將音高納入模

仰韶文化時期的舞蹈紋彩陶盆，青海大通上孫家寨出土。

早於仰韶文化的河南舞陽新石器遺址中出土的骨笛。

單孔陶塤（右），仰韶文化半坡類型文物：上端有一小孔，輕吹可發出聲響，屬原始樂器。
三孔陶塤（左），仰韶文化姜寨二期類型文物；壓或不壓音孔可吹出四種不同聲音，屬原始樂器。

式的樂律知識。山西萬泉縣荊村和半坡的陶塤已不按絕對音高製作，而具有調式性質，其中一音孔陶塤均能發四個音，且相鄰音階各塤也大致相同。

出現真正的音樂形式：早於仰韶文化的河南省舞陽縣賈湖新石器遺址，出土了十幾件骨笛，大多爲七孔，能奏出七聲音階，結構完整準

陶號角，距今五千年前，長32公分，口徑8.5公分，手製，呈彎形牛角狀。山東莒縣大米村出土。

確，音質較佳。有些骨笛在音孔旁還有調音用小孔，可見製作者已有明確的樂律意識和調音水準。中國樂律知識產生於新石器時代，足證中國音樂已完全脫離原始樂舞時代，眞正的音樂誕生了。在這一點上，中國遠較其他文明爲早。舞陽骨笛解決了先秦有無七聲音階、春秋戰國的六聲音階是否由國外傳入的爭論。

在江蘇吳江梅堰和浙江河姆渡遺址中都發現新石器時代人類所使用的骨哨，具有原始樂器的性質，說明管、簫之類易腐難存的器物出現是可能的。具有音程的塤在中國廣泛使用，陶鐘、陶鈴也出現於陝西龍山文化和甘肅臨洮寺洼山，預示了青銅時代中國鐘樂的輝煌。鼓、缶這樣的節奏樂器，特別是笛、塤這樣的旋律樂器的出現顯示了樂器的專門化，是中國樂器體系的雛形。

專職樂人和完整作品在這一時代可能已大量出現，中國古代樂人伶倫做出《韶》、《雲門》、《咸池》等曲目之事雖是傳說，卻也體現出前商時代音樂成果對後代的影響。

中國稻作起源——河姆渡文化

河姆渡文化是中國長江流域下游古老而燦爛的新石器文化，因首先發現於浙江餘姚河姆渡而命名，主要分佈在杭州灣南岸的寧紹平原及舟山島，放射性碳素斷代測定其年代爲西

元前五〇〇〇年至前三三〇〇年。

河姆渡文化遺址共分四層：第三、四層和一、二層分別代表其發展的早、晚期。早期約於西元前五〇〇〇年至前四〇〇〇年間，陶器以夾炭黑陶爲主，器形有斂口或敞口肩脊釜、直口筒式釜，頸部雙耳大口罐、寬沿淺盤等等；晚期約爲西元前四〇〇〇年至前三三〇〇年間，夾砂紅陶和紅灰陶佔絕對優勢，器形有鼎、落地式兩足異形鬶、垂囊式盉等。

河姆渡文化的骨器製作較發達，磨製精細，一些有柄骨匕、骨笄上雕刻圖案花紋或雙頭連體鳥紋的實用工藝品，堪稱精美絕倫。發達的木作工藝是河姆渡文化手工業又一項特色，已出土的許多建築木構件上鑿卯帶榫，尤其發明了較先進的燕尾榫、帶銷釘孔的榫和企口板。在第三層出土的一件木質漆碗，瓜稜形圈足，外表塗有紅色塗料，微顯光澤，經鑑定與馬王堆漢墓出土漆皮相似，爲生漆，這是迄今發現中國最早的漆器。

世界上最古老的人工栽培水稻：農業以種植水稻爲主。在其遺址第四層較大範圍內，普遍發現稻穀遺存；稻類遺存數量之多、保存之完整，是中國新石器時代考古史上絕無僅有的。經過科技鑑定，主要屬於栽培稻

刻豬紋陶缸。陶缸上的豬與現代家豬略有不同，但僅此已證明，河姆渡文化時期的古人已開始了家畜飼養。

河姆渡文化時期陶爐灶。爐灶的使用不僅是人類文明的進步，且在養生上也有重要意義。

河姆渡遺址的稻穀遺存，是世界上已知最古老的人工栽培稻。

史前

米山亞種晚稻型水稻，它與馬家濱文化桐鄉羅家角遺址出土的稻穀年代相近，均於西元前五千年，是迄今中國最早的稻穀實物，也是世界上目前最古老的人工栽培水稻。這對於研究中國水稻栽培的起源及其在世界稻作農業史上的地位，具有重要意義。

干欄式建築：主要建築形式是栽樁架板高於地面的干欄式建築，在遺址各層發現了與這種建築有關的圓樁、方樁、板莊、樑、柱、木板等木構件，共達數千件。干欄式建築是長江以南新石器時代以來的重要建築形式之一，目前以河姆渡發現的爲最早，與北方地區同時期的半地穴式房屋有著明顯區別。

長江下游的新石器文化代表：河姆渡文化的早期遺存，與馬家濱文化羅家角類型年代相當，陶器中的六角形口沿的盤盆類和弧斂口雙耳缽等形制相接近，表明兩者之間存在一定的聯繫。而河姆渡文化晚期則分別與馬家濱文化馬家濱類型和崧澤文化大體同時，馬家濱類型的素面腰沿釜，在河姆渡文化晚期偶有所見，而河姆渡文化晚期富有特徵的垂囊式盉，在馬家濱類型中也有個別發現。可推知河姆渡文化晚期可能受到馬家濱文化、崧澤文化的強烈影響。

河姆渡遺址出土的七千年前帶榫卯的木建築構件。

以河姆渡文化爲代表的長江下游發達的新石器文化，比同時期的黃河流域毫不遜色，其中某些文化因素，如夾炭黑陶中的鼎、豆、壺爲代表的禮器組合，和水稻的栽培，均爲以後

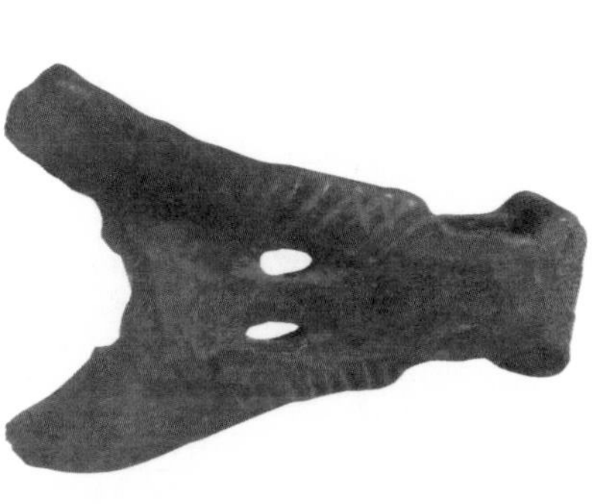

骨耜農具。河姆渡文化早期，骨器數量遠超過石、木、陶器數量的總和，這在中國新石器時代文化中是獨有的現象。

的商、周文化所吸收，成為當時最具代表性的特徵。因此長江下游地區的新石器文化，代表中國古代文明發展趨勢的另一條主線，與中原地區的仰韶文化截然不同。

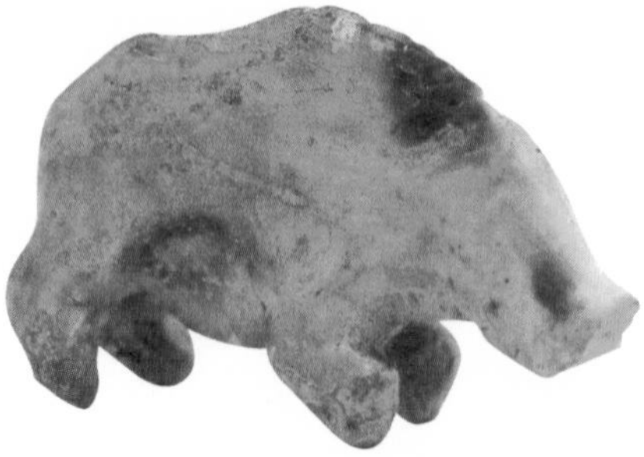

河姆渡人使用的陶豬。遺址中還發現了陶製的魚、蛇等，造型逼真洗練，這些陶製玩具反映了先民們對六畜興旺的渴望。

中國漆器的發端

考古界發現的中國最早漆器，是距今七千年前的河姆渡文化時期的朱漆木碗和纏滕蔑朱漆木筒，證明當時人們已懂得使用調朱的漆料對器皿進行髹飾。

中國古代文獻記載的使用漆器時間也很早，《韓非子・十過篇》就講到虞舜、夏禹時代已有單色的和朱、黑兩色的漆器。在出土實物裡，距今四、五千年的良渚文化，人們找到了棕地紅黃兩色彩繪的黑陶壺；比這還早近千年的馬家濱文化，則發現了上端塗黑、下端塗暗紅的兩色喇叭形器；遼寧出土了三千多年前的薄胎朱色漆器，色澤仍然鮮明；山西發現了四千年前的彩繪木器……這些發現不僅有助於瞭解漆器的發展年代和水準，而且也知道古漆器在中國分佈甚為廣泛，不限於某一地、某一文化才有。

值得一提的是在良渚文化發現的嵌玉高柄朱漆杯，儘管出土時杯的胎體已鬆壞，但漆膜仍保持原狀、有光澤感。在杯的圈足處，鑲嵌有一面弧凸，一面平整的橢圓玉珠兩圈，朱漆與白玉交相輝映，形成獨特的藝術效果。表明了良渚文化的漆器已和玉雕相結合，超過實用品而成為藝術品；也表明新石器時代髹漆工藝已發展到彩繪、鑲嵌的高水準。

朱漆木碗，河姆渡遺址出土。木質，壁外塗有一層薄薄的米紅色塗料，微見光澤。經化驗分析，此塗料為天然漆。

新石器時代的絲綢工藝

絲綢起源於中國原始社會時期，舊石器時代的伏羲氏利用野蠶繭開始化蠶桑爲穗帛；新石器時代傳說中的黃帝時期，已經把野蠶馴化家養。浙江吳興新石器時代的錢山漾遺址出土了一些絲、麻紡織品，其中有平紋綢片和用蠶絲編結的絲帶以及用蠶絲加拈而成的絲線，其精密度已與現代機器紡織的精密度相似，且韌性更佳。仰韶遺址中發現有繭殼和陶蠶蛹，河姆渡遺址有酷似家蠶的蟲紋圖案，均表明當時已開始絲綢的生產。

史前的絲綢在取食蠶蛹的過程中被發現，把蠶繭用水浸泡後抽絲、紡成絲線後織成絲綢。大量獲得生絲的辦法很簡單：將野蠶捉來馴化，放養在樹上。新石器時代許多文化遺址，都發掘出用於紡絲線的紡輪和專桿，一起構成當時相當先進的紡織工藝。因爲數日後蠶蛹即化蛾，咬破蠶蛋就不能繅絲，繅絲即成爲絲綢工藝發展中相當關鍵的一步。

到了夏代，絲織生產發展起來，絲綢被當作貴重物品，可和粟進行交換。但是新石器晚期的紡織品均以麻織品居多，絲綢數量相當少。而且由於織造工藝低下，一般都採用「手經指掛」法，即純粹以手工將經線排好，然後用手或針來穿緯線，因此，當時織造的絲綢面積不可能太大，精密程度也相對差了些。

絲綢紡織工業在史前進展相當緩慢，但蠶的馴養、紡織技術的應用，以及原始的織造工藝，都爲後期絲綢的迅速發展打下扎實的基礎。

文化小事典

歷史悠久的蠶桑業

蠶桑業自古以來就是中國農業的重要組成部分，具有悠久的歷史：早在六、七千年前，便已開始養蠶抽絲。遼寧沙鍋屯仰韶文化遺址出土的蠶形石飾、山西夏縣出土的半切割蠶繭、芮城西王村仰韶文化遺址出土的陶蠶蛹、浙江餘姚河姆渡出土的蠶紋象牙盅，都表明早在新石器時代，中國人的祖先就已開始使用蠶絲。

他們不僅對蠶有充分認識，也產生了巫術的崇拜。這種崇拜蠶的觀念，到了商代演變為統治階層對蠶神的崇拜，也說明蠶桑業在社會生活扮演日益重要的角色。

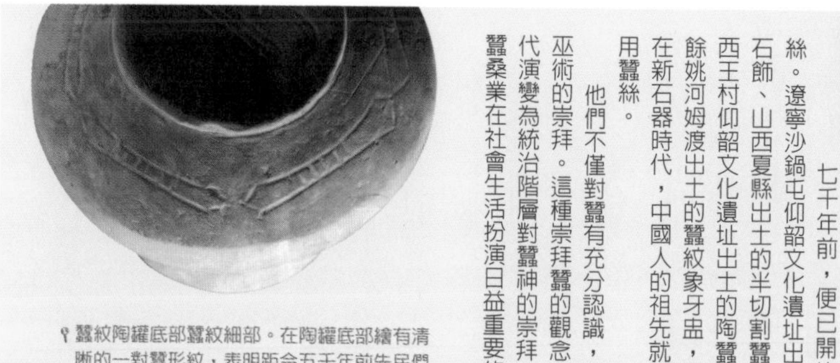

蠶紋陶罐底部蠶紋細部。在陶罐底部繪有清晰的一對蠶形紋，表明距今五千年前先民們對蠶已有成熟認識，並將其記錄在器皿上。

文化小事典

干欄式建築是什麼？

由於不會從事生產，舊石器時代的原始人只能居住在天然形成的山洞之中；隨著生產力進步，原始人在樹冠上搭建所謂的「巢」，開始了巢居；到了新石器時代晚期，他們在架空於地面的木樁上搭建木棚，這就是所謂的「干欄式建築」。有關「干欄式建築」的最早考古發現出現在浙江餘姚河姆渡遺址，距今約五千年，包括至少三棟以上長屋，長達二十三公尺，面水一面有一．三公尺寬的外廊，遺址背山靠水。建築的整體結構基本上是下立椿柱、上置地板、板上立柱安樑，以蘆草或樹皮遮頂。

椿柱是建築中的基礎部分，其下端削成尖狀垂直打入地下生土層。所有椿柱成行排列，共有十三行，以西北——東南為其主要走向。在椿柱之上鋪蓋厚板，形成整個建築的居住面，厚板長度大約為八十至一百公分。

在地板之上，緊接著下面立起的椿柱，又立起若干樑柱，用以搭置圍牆和鋪設房頂樑。樑柱和椿柱的銜接採用當時較先進的手法，樑柱兩端均設榫頭，即在樑柱末端十幾公分處鑿出透卯，或從兩個方向均垂直鑿卯，並在柱心相通，呈「L」狀。樑柱兩端的榫頭，下端插入地板樑，上端插入樑頭，用以固定樑柱與地板的銜接。樑柱搭成之後，就可在上面搭上樑頭，並在樑頭之上鋪設蘆草或樹皮，干欄式房屋遂告建成。

由於地板高於地面，一來可避瘴氣和毒蟲，二來可防止遭受猛獸襲擊，三來也可降低地板過度潮溼，特別適合居住在降雨量較多的森林地帶和湖泊沼澤地帶的原始人類。

「干欄式建築」最早發現於河姆渡文化。圖為西南少數民族地區依然保留下來的干欄式建築樣貌。

史前

新石器時代最大聚落——姜寨遺址

姜寨遺址位於現陝西臨潼縣城北姜寨，建於西元前四六〇〇年至前三六九〇年，是黃河流域保存較爲完整的以仰韶文化爲主的聚落遺址，也是迄今中國新石器時代聚落遺址中發掘面積最大的一處。

姜寨遺址仰韶文化堆積由下到上依次爲半坡類型（一期）、史家類型（二期）、廟底溝類型（三期）和西王村類型（或半坡晚期類型四期）。經放射性碳素斷代並經校正，其半坡類型的年代約爲西元前四六〇〇年至前四四〇〇年，史家類型約爲西元前四四〇〇年至三六九〇年。此外，在遺址的最上層，還殘存少量的龍山文化遺跡。

仰韶文化各遺址均具有現代村落的密度，其中尤以姜寨最為完整。姜寨村落面積為五萬五千平方公尺，圓形，村周圍有寬深俱為二公尺的護村濠，村中居住區中心是一個廣場。村落以氏族為組有一百多座房屋，每個氏族有一個大型公房，為中小型房屋所環繞。房屋有地穴、半地穴、平地起建三種，多間房也逐漸流行。房屋多用三合泥鋪地，木骨泥牆。在這種村落中聚集的是凝聚力較強的母系氏族，以老母親為中心，全家居於中房中，育齡婦女在小房中接待男友，而成年男子平時住在大公房中。穩定的農業收入和大規模村落，是形成母系社會的重要條件。

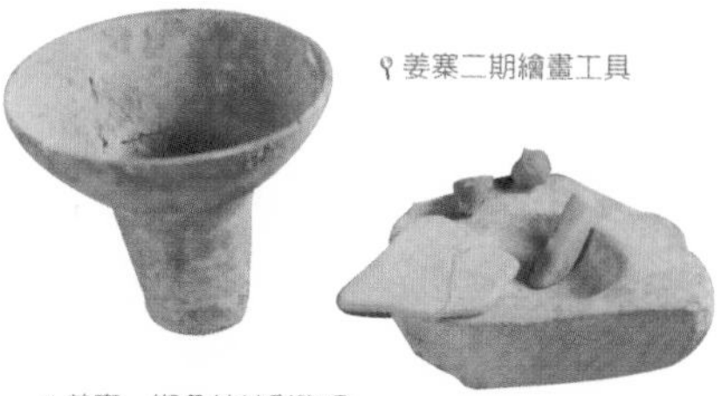
姜寨二期繪畫工具

姜寨一期魚蛙紋彩陶盆

姜寨墓葬共發現六百多座，其中半坡類型墓葬四百座。成人土坑墓集中在溝外的墓地，兒童甕棺葬大多分散或成群分佈在房屋附近。史家類型墓葬約二百餘座，除少數甕棺葬外，大都為土坑葬，並盛行多人二次合葬。半坡晚期類型墓葬極少。

遺址中發現許多精美陶器，反映出仰韶文化製陶業的發展水準，陶器上的裝飾性圖紋也反映當時人們的生活狀況及生產方式。仰韶文化的陶器製作從陶質、造型、裝飾到焙燒技術都已相當成熟。彩陶上的圖案生動明快，富裝飾美，題材多樣，動物紋和植物紋佔較大比例；這些動物有的是部落崇拜的圖騰，有的是原始人漁獵的對象。姜寨遺址出土的彩陶花紋新穎別致，陶盆內壁對稱的魚、蛙和人面紋，筆法古樸簡練，為原始藝術的珍品。部分陶器上的刻劃符號，為研究中國原始文字的起源提供了物證。史家類型的魚鳥彩陶葫蘆瓶是首次發現的新器物。此外在一座墓穴裡出土了一套繪畫工具，有石硯、硯蓋、磨棒、陶杯及黑色顏料，為中國迄今發

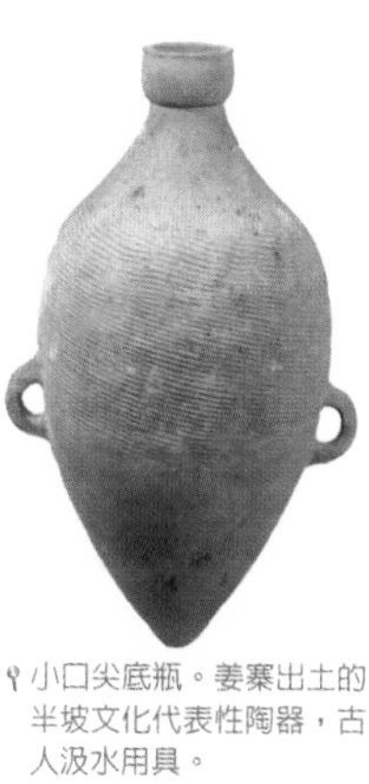
小口尖底瓶。姜寨出土的半坡文化代表性陶器，古人汲水用具。

現最早的美工用品。

姜寨遺址完整地展現了母系氏族社會的社會結構與生活形式，它的發掘爲研究關中地區仰韶文化的發展次序提供了保貴的實物依據。

姜寨二期鳥紋葫蘆瓶

岩畫的出現

岩畫是在岩石上雕刻和繪製的圖畫，其創作時間最早約爲舊石器時代，晚期至遲不超過新石器時代早期。中國境內岩畫分佈甚廣，較著名的有陰山岩畫、雲南邊境的滄源岩畫、廣西的花山岩畫、連雲港的將軍岩畫、新疆的呼圖壁岩畫、青海的剛察岩畫以及嘉峪關附近的黑山岩畫。

中國的岩畫按其表現的內容可分爲南北兩個系統：北方地區的岩畫多表現各種動物、人物、狩獵及符號，反映原始的遊牧生活；南方地區岩畫除表現各種動物、狩獵場面外，還有採集、房屋或村落、宗教儀式等內容，反映了南方原始農業社會的生活狀況。這些岩畫整體上反映出遠古時代的社會經濟、生活狀況和人群組織形式，成爲研究原始社會的活化石，也爲探索原始人的精神世界提供了實物依據。

狩獵和畜牧業是原始社會的兩種主要經濟型態，在岩畫中多有反映。陰山狩獵岩畫鑿刻出獵人全神貫注的行獵動作；青海剛察縣岩畫描繪了一位騎馬的獵手正彎弓搭箭追射一頭彎角相對、毛茸茸、肥胖胖翹著尾巴驚恐奔跑的犛牛，狩獵場面栩栩如生；黑山岩畫則畫了一獵人披虎衣、戴虎帽，扮虎驅趕其他動物的場面。這些反映狩獵生活的岩畫中有不少單獨表現動物的作品。最值得注意的是陰山岩畫中繪有已在中國滅絕之動物的岩畫，一幅是角鹿形象，另一幅是駝鳥。

反映宗教內容的岩畫也十分豐富，原始人的生殖崇拜、圖騰崇拜、對太陽和各種神祇的崇拜等宗教觀念和儀式透過這類岩畫表現出來。陰山岩畫有一幅雄性對馬構成一組單獨紋樣，表現對男性的性崇拜，同樣的「對馬圖」在新疆呼圖壁康家石門子的岩畫中也出現過。陰山岩畫中的

甘肅黑山岩畫人物和野牛圖。圖中的野牛在今中國境內已不復見。

阿里岩畫日、月、陰、陽圖。此畫將太陽和月亮，與男女生殖器官並列在一起，表現出原始的生殖崇拜。

「拜日圖」，描寫一個虔誠的人面向太陽將手中崇拜物高高舉起；滄源岩畫中的太陽人也反映原始人對太陽的崇拜。而在人頭上加動物或植物的岩畫，則表現原始人對圖騰的崇拜。將軍岩的植物人面圖形岩畫，是穀神崇拜的遺跡。

表現村落、戰爭、舞蹈的岩畫則體現了原始現農業社會的生活狀況。滄源岩畫反映的村落，排列有序，房屋爲干欄式建築，突出表現氏族公房和首領住房；滄源岩畫中的頂竹杆、疊人、走繩索等畫面，反映當時的娛樂活動已有雜技和舞蹈；廣西左江花山岩畫，眾多的氏族成員在首領或部落酋長的帶領下作手舞足蹈狀，爲當時部落大典的群舞慶賀形式；滄源岩畫中有一幅村落圖，把村落佈局、房屋建築等情況放到次要的地位，主要表現某次戰爭勝利後滿載而歸、載歌載舞的情況。這種岩畫的創作目的除了記載部落大事外，也留給後代軍事、武力教育。

岩畫達到史前藝術第一次繁榮期的頂峰，包含著人類初期的各種審美意識和觀念，爲史前藝術向第二次繁榮過渡預備了基礎條件。

新石器時代的紡織技術

在世界文明史上具有重要意義的中國絲織，其紡織技術約出現在舊石器時代晚期，與農業相伴發展，並在人類改造自然的過程中迅速發展，重要成就之一就是原始織機的發明。

經過提取、績、紡，紡織纖維成爲紗線，於是織造成爲可能。開初的織造是一種手工編織，在技法上還借鑑過竹器編織術，具體的新石器時代

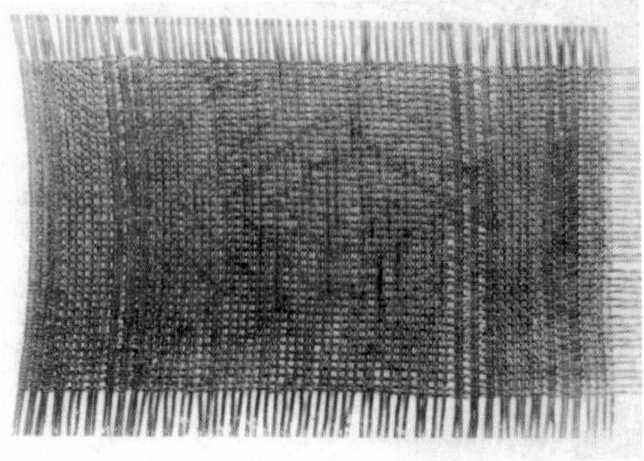

西元前四千年的葛纖維織物（模型）。江蘇吳縣草鞋山遺址馬家濱文化層出土的織物殘片（已碳化）。

的手工布帛編織術有平鋪與吊掛二式，河姆渡出土的骨針、骨梭等就是當時的編織工具。在不斷的實際操作過程中，人們逐漸克服手工編織速度慢、產品粗的缺點，發明了原始織機。

根據考古發掘，可推斷出原始織機發明於新石器時代早中期。從河姆渡、錢山漾、草鞋山的考古發掘來看，中國在新石器時代使用原始腰機，它是由兩根橫木、一個杼子、一把打緯刀、一根綜杆和一根分經棍組成，綜杆可使需要吊起的經紗同時起落，緯紗一次引入，打緯刀則抽緊緯線，可完成開口、引緯、打緯三項主要操作，使原始織機具有機械裝置的一些特點。

由於原始織機的使用，織物的產量及品質均有提升，草鞋山、錢山漾出土的織物可看出織機的痕跡，由此證明中國紡織技術出現後，人們透過努力不斷發展完善紡織技術，進入了紡織品的文明時代。

山東大汶口出土的新石器時代的骨梭

文化小事典

廣泛使用紡專

紡專是由陶片或石片做成的扁圓形迴轉體和迴轉體中間的專杆組成。轉動的迴轉體以其慣性來給纖維做成的長條加上拈回；專杆則用來捲繞拈製的紗線。舊石器時代出土的文物中已有紡輪，到新石器時代的河姆渡文化，用紡專紡紗已相當普及。

浙江餘姚河姆渡新石器時代遺址中出土了紡專和織機零件，為後世發明紡車提供了依據。說明中國紡織科學技術起源較早，工藝發達。

進入金屬時代

仰韶文化時期即已發明的冶煉技術，使中國史前人類在新石器晚期步入了銅石並用時代，為商周時代璀璨輝煌的青銅文明提供了先行技術條件。

人類利用金屬，最早是銅的利用，首先是直接利用自然銅，然後利用單金屬礦冶煉紅銅，或利用多金屬共生礦冶煉出青銅、黃銅、白銅。由於一開始就出現了人工冶煉的黃銅和青銅，沒有經過漫長而相對獨立的自然銅階段，因此，中國金屬銅的早期冶煉和成型方法是和銅器的利用成正比的。

中國新石器時代的金屬銅成形技術已有了鑄造和鍛造兩種方法，並不分是紅銅還是黃銅等銅合金。小件器物如錐、指環等飾物，一般用鍛製，如皇娘娘台遺址中的十二件銅錐及銅鑿一件，都有鍛打的痕跡；大件器物如斧、鋤等，多爲鑄造——製一個陶範或其他模進行澆鑄。因爲早期銅器築造的技術較粗糙，操作相對簡單，範多數爲單面的或是兩合範，質料有石質、陶質等。鑄銅或鍛銅工具的使用，大大促進了社會生產力的提高。

從新石器文化遺址出土的原始銅器來看，至遲到龍山文化時期，史前人類已經開始使用銅器。史前人類使用金屬，也是中國將進入青銅時代的前奏。金屬工具逐漸普及，石器工具緩緩退出人類歷史舞台。

漁獵技術的提高

隨著原始農業的產生，起源於舊石器時代的漁獵業不但沒有消失，反而得到了更進一步的提高，成爲整個社會經濟中不可或缺的組成部分，其進步主要體現在漁獵工具和漁獵技術兩方面。

新石器時代，由於魚鏢的出現，逐漸出現了較爲先進的捕魚技術。如西安半坡出土的可動式魚鏢，鏢頭裝有倒刺，鏢尾有孔，供作穿繩索之用。刺魚時，魚鏢尾部插入鏢杆前端刺中魚後，由於水的阻力和魚的掙扎，鏢頭和鏢杆分離，人們就可把魚拖上岸。除魚鏢外，人們還使用釣魚、網捕、笱捕等技術。

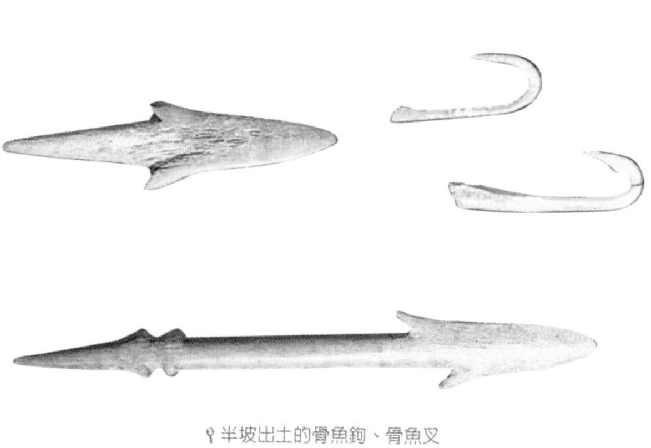

半坡出土的骨魚鉤、骨魚叉

狩獵技術在新石器時代的發展，主要體現在弓箭、矛及一些新式工具的廣泛應用。河姆渡遺址中曾發掘出骨鏃三百三十多件，半坡也出土了箭鏃二百八十八件，其中骨製的就有二百八十二件。在廣泛應用弓箭的基礎上，又發明了弩弓和弋射。弩弓就是透過扣動戴在右手大姆指上的扳指來發射彈丸或石球，以射殺獵物；相對於弓箭而言，弩弓射程遠，殺傷力大，並且易於瞄準和掌握方向，命中率高。弋射則是弓箭在另一方面的發展，形狀與弓箭相似，且在箭的尾部繫有長線，便於射中獵物後牽動長線，將獵物拖回。這都是舊石器時代的弓箭所無法相比的。

漁獵技術在新石器的發展和提高，爲人們在往後時期大量的捕獲獵物和魚類，並進行人工飼養和繁殖奠下根基。

大汶口文化

大汶口文化是黃河下游的新石器時代文化，因一九五九年發掘的山東省泰安縣大汶口遺址而得名。主要分佈在山東省泰山周圍地區，延及山東中南部和江蘇淮北一帶。年代約始自西元前四三〇〇年，到前二五〇〇年發展成山東龍山文化。

大汶口文化分爲三個發展階段：早期約在西元前四三〇〇年至前三五〇〇年之間，以劉林、王因遺址爲代表；中期約在前三五〇〇年至前二八〇〇年之間，以大汶口墓地早、中期墓爲代表；晚期約在西元前二八〇〇年至前二五〇〇年之間，以大汶口晚期墓爲代表。

山東大汶口出土的彩陶背壺

大汶口文化的經濟活動：

大汶口文化以農業經濟爲主，種植適合黃河流域的耐旱作物——粟。農業生產工具有石鏟、鹿角鋤等，木質農具如耒、耜等已出現。三里河遺址中發現了貯藏的窖穴，表明當時已有較多的剩餘糧食。

大汶口文化的飼牧業較發達，飼

山東大汶口出土鏤孔象牙梳

養豬、狗、牛、羊、雞等動物。漁獵經濟佔有一定的比重，骨鏃、角質魚鏢、網墜等遺物表明當時居民仍進行狩獵和捕魚。當時還出現了一種大汶口文化的特有的獐牙刃勾狀器，鹿角爲柄，可用來鋪魚和切割，爲多用途複合工具。

陶器工藝的發展：

大汶口文化的陶器製作工藝在不斷發展。早期以紅陶爲主，形狀簡單，還有火候不足造成的一器多色現象；中期盛行灰陶，陶製品的種類明顯增加；晚期則以黑皮陶爲主，陶胎爲棕紅色，少量爲純黑陶。

輪製技術的廣泛使用，使陶器製作獲得長足的進展。晚期出現了快輪製陶工藝，發現了新的製陶原料，產生了一種質地堅硬、胎薄而均勻，色澤明快的白色、黃色、粉紅色陶器，統稱爲「白陶」。大汶口文化製陶工藝最高水準的代表爲薄胎高柄杯，造型優美，色澤鮮亮，集實用性和觀賞性於一體，成爲龍山時代蛋殼黑陶的祖先。

墓葬制度：

大汶口文化的墓葬形成墓群，各墓間排列整齊，頭的朝向基本一致。墓葬的集中和疏散排列，反映出氏族成員之間的親疏關係。形制多爲長方形土坑豎穴墓。中晚期後盛行木結構的葬具，有長方形木槨，「井」字形木槨和長方形木框上再套一框。男女合葬墓的比重越到後期越大，可能在父權制度確立後的夫妻合葬或妻妾殉葬的情況；還有一種厚葬墓，專門爲保護氏族利益而死的人使用。

隨葬品的多寡越到後期越是懸殊，而且男人多爲生產工具，女人則多爲紡輪，說明男女的分工已十分明確，女性從事家務勞動，男子從事農業生產。隨葬豬下顎骨成爲當時的風尚，豬顎骨的多少成爲衡量財富多寡的尺規。隨葬的獐牙勾形器則爲權力和地位的象徵。這表明大汶口文化晚期已出現嚴重的貧富分化，原始氏族社會逐漸走向解體。

文化小事典

中國最早的文字——陶文

大汶口文化的居民在前人刻木、結繩記事的基礎上，開始使用一種刻在陶器的最初文字。大汶口文化中使用的陶文，時間上早於殷商時期的甲骨文；從筆畫形體上看來，甲骨文又繼承了陶文的某些造字方法，因而，陶文成為迄今為止中國發現的最早文字。

到目前為止，在大汶口文化遺址中共發現了九種文字符號，其中有六種已可譯讀。由此可見，這些筆畫工整、繁複多樣的陶文，在當時已具有相對規則的結構並趨於固定化，且相同的字反覆出現，寫法如同出於一人之手，可能是文字使用較普遍的緣故。

大汶口文化中的陶文，都是由象形的圖畫或兩三個圖畫組合而成。既有簡單的象形文字，又有比較複雜的會意文字，某些字又多次出現在不同的地方，成為當時用以交流的符號。從陶文與甲骨文的關係上看，陶文的產生和使用，為甲骨文、金文的產生提供了條件。

昱字形刻文

紅山文化出現於北方

紅山文化是中國北方新石器時代文化的重要代表，因一九三五年在內蒙古自治區赤峰市紅山發掘而得名；分佈於遼寧、內蒙古和河北的交界地帶，除具弧形篦紋陶和細石器等遺址外，還有彩陶共存，農業經濟的色彩也更加顯著。它與以彩陶文化著稱的仰韶文化聯繫較爲密切，經過發掘的遺址還有赤峰蜘蛛山、西水泉、敖漢旗三道灣子、四稜山、巴林左旗南楊家營子等。相對年代大致與仰韶文化相當，放射性碳素斷代測定爲約西元前三五〇〇年。

紅山文化的工藝：

紅山文化的遺物有石器、陶器和精美的玉器。石器以磨製爲主，而以掘土工具最具特色，有煙葉形和鞋底形兩種，形體較大。收割工具有通體磨光的桂葉形石刀，背部有穿孔，加工工具有石磨盤、石磨棒，此外還有打製的砍砸石器和石鏃、石核，加工都很精細。

陶器有夾砂和泥質兩種，均手製。夾砂陶多爲褐色，作爲容器，器表留有炊煙痕跡，主要器形以大口深腹罐和斜口罐爲代表，器底有編織物的印痕。泥質陶器多爲紅色，有缽、盆、罐、甕、碗等，主要飾紋是黑色或紫色的彩繪，彩繪內容以平行線紋、三角形紋和魚鱗形紋爲主，這種豐富彩繪陶器的遺址在北方地區是僅見的。

最能體現紅山文化手工藝水準的則是製玉工藝，其玉器製品分三類：一類是寫實體的動物群，有鳥、蟬、魚、鴞等；二類爲人的裝飾品，有長

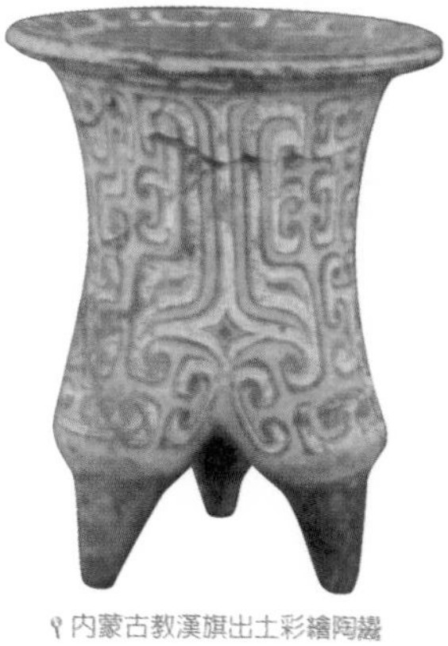

內蒙古敖漢旗出土彩繪陶鬶

內蒙古翁牛特旗出土彩繪鳥形陶壺

方勾雲形佩飾、三連環佩飾；第三類是虛構的玉龍、玉虎、玉獸等形象。這些反映了其製玉工藝水準的高超。

建築與墓葬：

紅山文化的房屋建築多為方形半地穴式，已發現的有在喀左東山嘴的石砌建築群和牛梁河的「女神廟」建築遺跡。東山嘴石砌建築的中心是一座大型房基，東西長一一．八公尺，南北寬九．五公尺，房基周圍是石牆基，成對稱狀，房基前面有石圈形台址和多圓形石砌基址。「女神廟」的主體建築既有主室，又有側室，以中軸線左右對稱，另配附屬建築，形成多單元對稱，以主室為中心的殿堂雛形，這對研究中國五千年前早期寺廟的起源與形式提供了珍貴資料。

紅山文化的墓葬共發現十五座，其中三官甸子遺址中五座，牛梁河遺址中三座。三官甸子墓地以土坑石棺墓為主，大墓在墓地中心，附葬大量的玉雕飾品，小墓短窄且無隨葬品；墓地中常有附屬建築和出土祭祀明器。牛梁河遺址墓內堆滿石板，墓外隨葬彩陶筒形器，中心主墓墓室建造規整，單人墓隨葬品多而精美，次墓簡陋，隨葬品或少或無，表現墓主人間身分地位懸殊差別。

位於遼寧喀左東山嘴遺址的紅山文化祭壇

文化小事典

紅山文化雕塑細緻

新石器時代紅山文化的雕塑作品，塑工細膩，栩栩如生，在中國原始社會雕塑史上佔有重要地位。

赤峰西水泉紅山文化遺址出土一件小型陶塑婦女像，頭部已殘缺，剩餘部分高三．八公分，是捏塑而成的泥質褐陶，胸前突起乳房，腰部纖細，下半身呈喇叭座狀。額左東山嘴一處紅山文化祭祀遺址中出土一些陶塑女裸像，是距今約五千四百年前的遺物，軀體均具孕婦特徵，頭部殘缺，高度相當於真人的一半。它們可能是當時人們所崇拜的「生育神」。

牛河梁紅山文化遺址也為祭祀遺址，出土一件泥塑女神頭像，面塗紅彩，頭高二二．五公分，面寬一六．五公分，形體與真人相當。整個頭像生動，額上塑一圈突起的圓箍狀飾，眼睛用淡青色圓餅狀玉片製成，炯炯有神，整個面部表現出揚眉注目，嘴角翹動欲語的神態，頗具動人的神祕色彩。此頭像距今約五千五百年，是中國迄今發現最早的神像。

這些陶質婦女裸體塑像，造型強調女性特徵，具有女性或生殖崇拜的意義，是母系社會的象徵物，到父系社會漸漸消失。儘管原始女神不復存在，但這種審美影響與原始宗教概念已融入到後世雕像與宗教創造之中。

紅山文化出土陶塑孕婦像

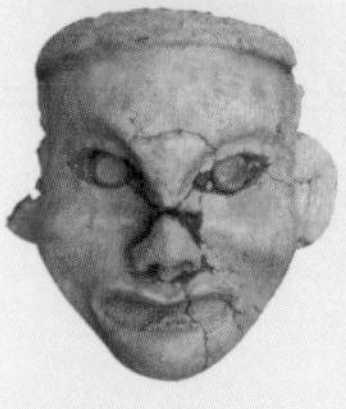

牛河梁出土的泥塑女神頭像

大河村人觀測天象

華夏文明在史前時期已具有了較爲豐富的天文學知識，包括天文、曆法、方向測定等。原始人在長期的農牧漁業生產中觀察物候、天象，形成了最初的天文、曆法概念。

初始的季節概念起源於對物候的觀察，原始人在生產活動中觀察某些動植物的生活現象，慢慢總結出這些動植物的生活習性或生長規律，從動植物生長活動的週期性中產生了年歲、季節和物候月的概念。後來人們發現星象的位移比物候更能準備反映季節變化，在觀察星宿位置變化的過程中發明了原始的天象物候曆。原始社會晚期的人們已掌握了觀測恆星以定節氣的方法。天干計日法是原始人觀測太陽產生的天文學成果，原始的朔望月的觀測也促成陰陽合曆的誕生。史前

石刻太陽圖岩畫，發現於江蘇連雲港將軍岩。這是新石器時代的遺跡，精確表現出太陽的形象，表明四千年前，華夏古人對照耀萬物的太陽有著深刻的觀察。

人還依靠對太陽的觀測確定方位，形成四方的概念，以北極星定方向的方法也隨之出現。此外中國在史前時期已發現太陽黑子現象。

這些史前時期的天文學知識可在出土器物中得到印證。

在仰韶文化鄭州大河村遺址出土的一些繪有太陽紋、月牙紋、月亮紋的陶片，提供了考察約西元前三七九〇至前三〇七〇年間史前人天象觀測方面的資料。根據陶片上太陽紋的大小形狀製出的復原圖，表明古大河村人已懂得把太陽在星空背景上繞一周的路徑均勻分成十二等份，推測他們也有將一年分成十二個太陽月的知識，一年三百六十天，一個太陽月三十天。彩陶殘片上有兩個相對的月牙紋飾，分別表現新月和殘月的月相。可見，當時陰陽曆都有使用。

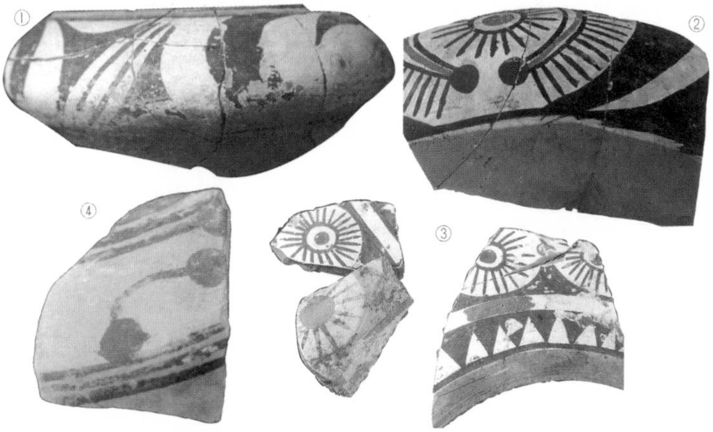

① 大河村月亮圖。三組兩彎彎的月牙對稱的圖案。天文學家認為，圖案中展示的是新月與殘月的形象，這說明大河村人已發現月亮運行週期中的不同月相。
② 太陽暈珥圖像。在太陽周邊繪有對稱的內向弧形帶，古人所要表現的大概就是現代天文學家所說的太陽暈珥現象。
③ 太陽圖。考古學家從大河村出土的彩陶缽殘片中，發現其中有兩種器物上繪製的太陽圖案都是十二個，暗示了一年中的十二個月。
④ 大河村星象圖，天文學家推斷這是北斗星尾部的形象。這是到目前為止中國發現最早的星象圖。

關於太陽的觀測，中國古代還有許多「金烏」的神話和畫有飛鳥馱紅日的彩陶出土，證明中國發現太陽黑子現象絕不遲於新石器時代晚期。大河村遺址中幾件彩陶碗殘片上，繪有帶光芒的太陽，可能是古大河村人觀測到日暈後在彩陶上的藝術表現。

仰韶文化繁榮期——廟底溝

發源於半坡類型的仰韶文化，經過史家類型的發展，在約西元前四〇〇〇年至前三六〇〇年左右進入繁榮期，形成廟底溝類型。廟底溝類型的分佈地區很廣，以關中、晉南、豫西為中心，北到河套，南達江漢北部，西至洮河，東抵鄭州附近。

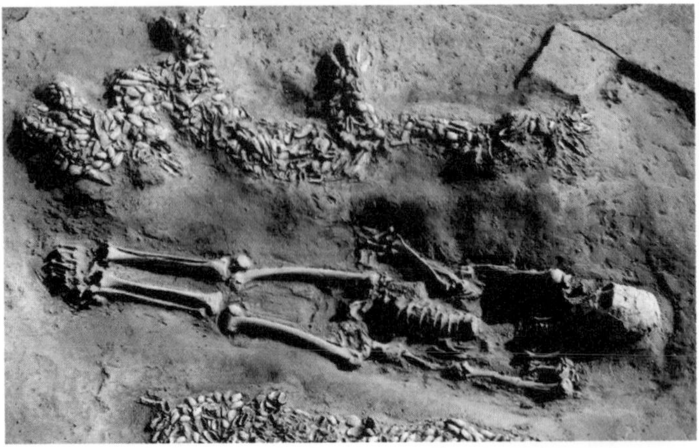

擺塑龍虎圖案。河南濮陽出土，距今五千多年。墓主爲男性。龍虎圖案用蚌殼擺塑而成。

廟底溝類型的彩紋進入了成熟發展期，是仰韶文化彩陶藝術的高峰。這時紋樣構圖一變過去作風，以圖案裝飾爲主旨。以弧線、弧邊三角、曲線、圓點和半圓形等元素，採用二方連續的裝飾方法，構成整組花紋，環繞器壁，顯得絢麗多彩。此外還有多種姿態的鳥紋裝飾。這種紋飾構圖上的變化，也是與當時器物形制的特點相協調的。廟底溝類型還出現了多彩紋飾，白地或紅地白邊，紫紅彩白彩相間，更顯富麗美觀。

河南鄭州大河村出土的彩繪雙連壺

廟底溝類型的典型彩陶器是捲唇曲腹盆和斂口曲腹碗，其紋飾主要施於曲腹以上向外圓鼓的肩部，側面視之，成爲球體，用曲弧形的母題加以裝飾，球形越顯凸出，同時，線條的曲弧度也顯得越大。而半坡類型所以採用直邊三角和直線紋裝飾，是因爲陶器折肩以上爲微弧的平面。這是仰韶文化居民審美觀念的發展和藝術創作上發生的變化。

鸛魚石斧紋陶缸，河南出土廟底溝類型文物。此缸由夾砂紅陶製成，體積較大，是古人的甕棺。腹壁用白色繪一隻高大白鸛，口啣一條白鰱魚。陶缸右側豎立一柄裝飾講究的石斧，充滿神秘氣氛。

廟底溝類型以廟底溝遺址爲代表，位於河南省陝縣東南的廟底村西，面積約二十四萬平方公尺。仰韶文化遺存的年代爲西元前三九〇〇年左右，該遺址的發掘，確立了仰韶文化主要階段之一的廟底溝類型，揭示了它的豐富內涵和特徵；由這裡發現的廟底溝二期文化遺存，屬於早期龍山文化的範疇，它爲仰韶文化向龍山文化的過渡提供了大量證據，使中原地區新石器晚期文化的傳承關係漸趨明朗。

馬家窯文化鼎盛

馬家窯文化集中反映了甘青地區的原始文化，延續仰韶文化的一支並揉入了地方特色，形成一個以甘肅爲中心，展至陝西、河西走廊和青海、甘肅、寧夏、四川邊部的地方性原始文化，延續至齊家文化。它含括了石嶺下類型、馬家窯類型、半山類型和馬廠類型四個發展階段。

人面彩陶壺，青海樂都縣柳灣出土馬家窯類型文物。

彩陶束腰罐，甘肅省永登縣出土

馬家窯文化的自然環境很適宜人類生存。北方地區較普遍的旱地農業比較發達，主要種植粟和黍；農業生產工具有翻地用的石鏟，收割用的石刀、骨梗刀，用作穀物加工的磨盤、磨棒、石杵、石臼等。飼養業在馬家窯文化中佔有重要地位，主要飼養牛、羊、豬、狗等家畜和雞等家禽。漁獵業已退居二位，作爲食糧補充；狩獵工具多爲石製或骨製，如石鏃、骨鏃和石彈丸、矢箙等，狩獵對象主要爲鹿類。

馬家窯文化的製陶業：

馬家窯文化的製陶業相當發達，創造了燦爛的彩陶文化。當時的製陶規模相當大，原始氏族公社成員有組織地進行生產，基本上具備製陶、彩繪、燒窯等程序，並由專業工匠來完成。所以，製作相當精美，彩繪絢麗

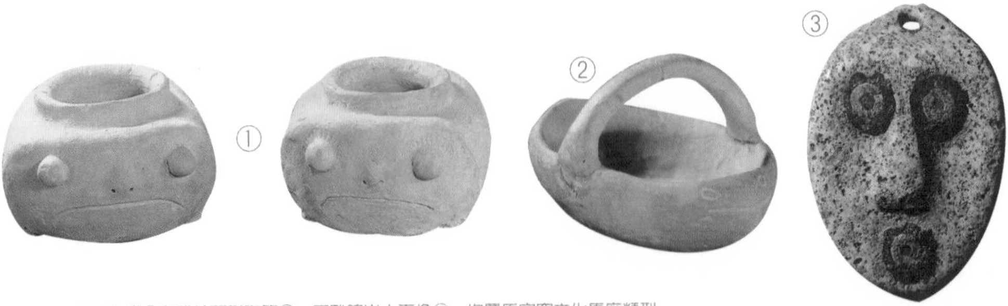

蛙形陶罐①和雙蛙頭形陶籃②、石雕鑲嵌人面像③，均屬馬家窯文化馬廠類型。

繁縟，產量也很大，達到了很高的藝術水準。

彩繪成爲馬家窯文化的一大特徵，圖案主要有人像紋、幾何紋、動物紋、S形紋、葫蘆紋等，並且出現了五人連臂的舞蹈紋和相當完整的人體全身塑像彩陶，工藝水準達到了新的階段。部分彩陶上出現了「十」、「|」、「×」、「○」等十多種用黑筆寫的符號，可能是作爲記數之用而出現的。彩陶一般飾以一層紅色或紫色陶衣，而圖案則用黑色描畫。到馬廠時期出現了慢輪修整陶器的技術，逐漸走向成熟。

建築與墓葬：

馬家窯文化的房屋主要分佈在黃河及其支流兩岸的佔地上，緣水源而居的情況相當明顯。房屋的建築形式較多，有半地穴式的方形房屋，平地起建的圓形房屋和多間相套、平地起建的房屋。房屋結構的演變，說明氏族大家庭逐步向小家庭過渡。

馬家窯文化的墓葬反映了當時母系氏族社會向父權社會過渡的情況，出現了嚴重的貧富分化。墓葬的形制有長方形、方形土坑豎穴墓、圓形墓、橢圓形墓、不規則形狀墓等。在蘭州土谷台發現的土洞穴墓，把中國洞室墓產生的歷史上溯到新石器時代。葬具主要有木棺和石棺，也有無葬具的。葬式主要有仰身直肢葬、屈肢葬、俯身葬、二次葬和孩童用的甕棺葬。以單人葬爲主，也有多人合葬墓，並出現了家族合葬、集體合葬及主僕合葬的現象，表明當時已經出現了階級分化。隨葬品有生產工具、生活用具和裝飾品三大類。隨葬品的多少差異很大，有的空無一物，有的卻有原始的鼓；多用日用陶器及珍稀陶器隨葬的，則爲氏族中有地位之人。

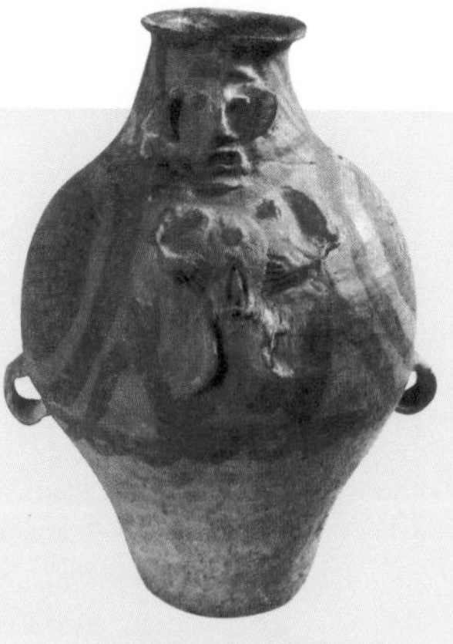

人像彩陶壺，馬家窯文化後期馬廠類型遺物，是一尊兼具男女兩性特徵的複合雕塑。

文化小事典

馬家窯文化出現性崇拜雕塑

馬家窯文化製陶業十分發達，陶器上有彩色人物塑像作附飾物。馬家窯文化陶塑人像發現於黃河上游的甘肅、青海兩省，這些陶塑反映了當時流行男性崇拜的習俗，被視為當時的性崇拜雕塑。

現已出土的馬家窯文化陶塑作品有人頭形紅陶瓶、人像陶甕、帶頭像的陶勺等，最有代表性的作品是一九七〇年代中期青海樂都柳灣出土的人像彩陶壺，屬四千多年前馬家窯文化後期馬廠類型的遺物。作者運用浮雕和彩繪相結合的手法，在壺頸和壺腹上部堆塑著一個正面站立的裸體人像。該像乳房很小且在嘴旁塗有黑彩，是男子形象，但它刻畫的性器官形狀卻屬女性，說明這是一尊兼具男女兩性特徵的複合體雕塑。此表示馬家窯文化後期已出現性崇拜雕塑。

新石器時代南方主流——良渚文化

良渚文化是從新石器時代馬家濱文化發展而來的一種文化，首次發現於浙江省餘杭縣良渚鎮。類似的文化遺址分佈在太湖流域周圍，主要有浙江吳興錢三漾，杭州水田畈，江蘇省吳江梅堰、吳縣草鞋山、張陵山、上海市上海縣馬橋俞塘等。年代約爲西元前三三五〇年至前二二〇〇年，這一時期與它同時存在的還有山東大汶口文化、山西陶寺文化、湖北屈家嶺文化、廣東石峽文化。

良渚文化除製陶外，在農業、紡織和製玉等方面都很有成就，是史前時期中國南方文化的主流。農具磨製精細，農作品種類亦多，包括花生、蠶豆、芝麻、甜瓜等。紡織方面，則開闢了家蠶飼養和絲織品生產的新領域，讓養蠶和織絲始成爲人們的主要經濟活動。

竹編器和木器已大量生產。玉器也很有特色，數量之多，工藝之精，爲中國新石器時代其他文化所罕見，主要的玉器有珠、管、墜、璜、瑗、鐲、琮、璧、蟬等。其中玉琮和玉蟬都是中國早期玉器中的珍品，是財富

獸面紋玉琮

和權力的象徵，尤其以玉琮最具特色，數量多，但結構基本相同，上面刻有構圖相同的神祕的獸石紋，是種用於宗教祭祀活動的禮器。

一九八六年在浙江餘杭發現的一處墓地，隨葬品多達數百件，大多是玉器，其中還有首次發現帶按柄痕跡的玉鉞。墓葬中隨葬品的數量和品質，反映了隨著私有制的發展和貧富分化加劇，良渚文化已處於原始社會的末期。

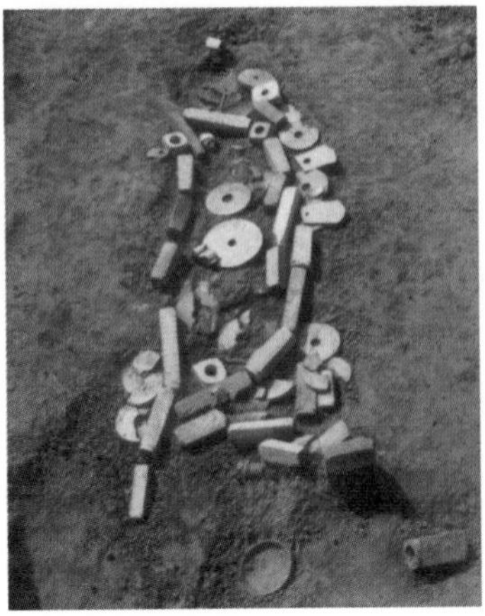

良渚文化遺存寺墩遺址玉斂葬。寺墩遺址中人的肢骨和部分隋葬的玉璧、玉琮、石斧有明顯的火燒痕跡，說明埋葬時舉行過火的斂葬儀式，這是中國祭禮活動的首現。另外，璧、琮是貴重禮品，刻有象徵威武的獸面紋飾，在中國一直是權力、地位和身分的象徵。寺墩遺址墓葬的內涵，反映出當時的原始氏族制已走上解體之路。

良渚文化是中國文明起源時期南方文化中最爲發達的一系，影響深遠。中國最早的幾個奴隸制國家都先後繼承了良渚文化某些成分，同一時期的其他文化中也可看到良渚文化的某些特徵。在距今四二〇〇年前，良渚文化因突發洪水而衰亡，代之而起的是太湖流域的馬橋四層文化。

江南新石器文化繁榮

江南新石器文化遺存覆蓋面相當廣泛，主要可劃分爲長江中下游地區和南方地區兩大區域。在這片廣闊的地域上，新石器文化遺存異常繁榮。

長江中下游地區新石器文化十分發達，從文化面貌和分佈狀況看，可再分爲太湖地區、寧紹地區和寧鎮地區，包括了今江蘇省大部、浙江中北部及皖南部分地區。

太湖地區文化遺存被正式考古發現的有二十多處，一般坐落於向陽的土坡或山腳、高大的土墩上，表明當時的人們已能根據自然環境條件，有意識地對居聚地加以選擇。以太湖爲中心，依次分佈著馬家濱文化、崧澤文化、良渚文化等，其中馬家濱文化是迄今發現年代較早的新石器文化之一，距今約七千至六千年前左右。考古發現，這時的人類已培植出了粳稻，標示著水稻種植業已經歷了相當長的時間。

寧紹地區文化分佈於杭州灣以南的寧紹平原上，其中河姆渡文化距今約七千至五千年前左右，延續長達兩千年。

在太湖平原以西，以寧鎮山脈為中心的丘陵和河脊平原交錯的地帶發現的南京北陰陽營、太崗寺，及安徽潛山薛家崗等文化被合稱為「寧鎮地區文化」。在北陰陽崗，出土了大量石製的農業生產工具。陶器以夾砂陶居多，並有大量泥質紅陶和少量灰黑陶及夾砂灰陶。

除狹義的江南以外，長江以南各地也出現了許多同類的文化遺存，在許多方面表現了類似的文化特色。

在江西萬年縣大源，一九六二年發現了仙人洞。其新石器文化積層厚約二公尺，分上、下兩層，代表了前後兩個階段的文化遺存；據測定，仙人洞文化的時間上限可推到一萬年前，這時原始農業尚未出現。山背文化分佈於江西修水以山背村為中心的小盆地四周，約三十餘處，以跑馬嶺、楊家坪文化遺存最為豐富。

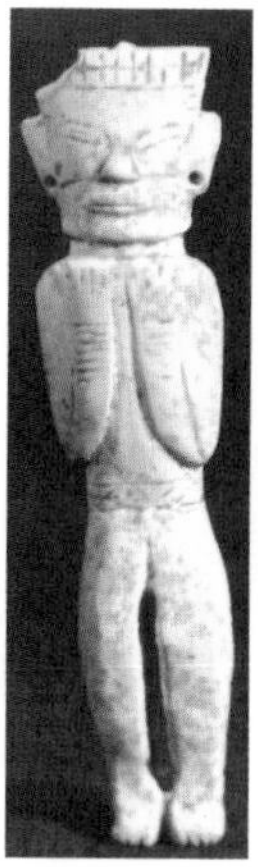

安徽含山凌家灘出土玉人，距今四千五百年左右。玉人長眼粗眉，蒜頭鼻大嘴，頭戴扁冠，腕部戴環，腰間束帶，再現了江淮地區原始人的面貌和風采。

在廣東，新石器時代遺址多為洞穴，如陽春獨石仔洞穴、封開洞穴、英德青塘洞穴等，以陽春獨石仔洞穴最具代表性，這裡的人類活動年代為西元前一萬二千年至前九千年間。而發現於廣東曲江縣石峽遺址的石峽文化，新石器時期文化內容最為豐富。這裡的人類生活於西元前二萬年至前三千年間，時間跨度較長。

此外，廣西的新石器文化以桂林市獨山西南麓的甑皮岩洞穴遺址，年代約在西元前七〇〇〇年至前五五〇〇年。

綜上所述，在中國南方新石器文化遺存十分繁榮，其景況絕不亞於北方及中原地區。其文化價值也不低於北方。

崧澤文化彩繪碗形豆，上海青浦崧澤遺址出土。

北陰陽營文化形成

北陰陽營文化分佈在江蘇省寧鎮

地區和安徽省東南部，反映了長江中下游地區新石器時代的文化成就，因頗具代表性的南京北陰陽營文化遺址而得名，同類遺存還見於江蘇江寧太崗寺、卸甲甸、廟山、江浦蔣城子，安徽滁縣朱勤大山等地，年代約爲西元前四〇〇〇年至前三〇〇〇年間。

北陰陽營文化水稻種植發達，農業生產工具多使用磨製穿孔的石器。飼養業和漁獵業也有發展，漁獵工具有骨鏃、石球、陶彈丸等，獵取的動物有鹿、水獺、黿、龜等。

北陰陽營文化的手工業以陶器爲主，並能用蛀紋石、透閃石、陽起石、石英等琢磨成小件裝飾品，如玦、璜、管、珠、墜飾等。陶器製作尚處於手製輪修階段，胎壁較厚。從質地來看，以夾砂紅陶和泥質紅陶爲主，灰陶次之，彩陶數量很少；從形狀看，三足器、圈足器普遍，有著牛鼻式的器扳，角狀把手和彎曲的器足，代表性器具有罐式鼎、雙耳罐、三足盉、高柄豆、圈足碗等。北陰陽營文化的彩陶製作別具一格，先抹上橙色或白色陶衣，再以紅彩或黑彩繪成寬帶、網狀、十字、圓圈等簡單紋樣，內壁畫彩相對稀少。

墓葬反映了當時的社會狀況。北陰陽營遺址中有居民共用的氏族公共墓地，以仰身直肢葬爲主，多爲單人一次葬，頭部朝向東北方。由於都無葬具和墓坑，也沒有出現男女合葬墓，隨葬品的數雖有不等，相差並不懸殊，可見北陰陽營文化還處在母系氏族社會。但是，墓葬中出現了一些玉器隨葬品，並有象徵財富的豬下顎骨，在農業爲主體的社會經濟結構中，孕育著父系氏族社會的萌芽。

北陰陽營文化因所處的特殊地理位置，與東鄰的馬家濱文化後期遺

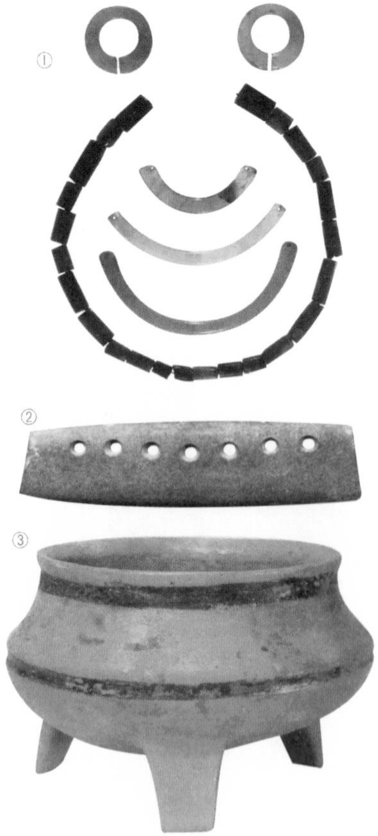

①玉質裝飾品
②七孔石刀
③彩陶鼎

存，與西北的安徽潛山薛家崗遺址及北部邳縣劉林遺址的大汶口文化遺存，都存在著某些聯繫。

陶器文化達到頂峰

陶器是新石器時代文化的主要標誌之一，陶器形制的變化往往反映了文化的不同和發展，中國陶器文化在新石器中晚期達到頂峰。

這一時期，中國製陶工藝技術相當純熟，已由手工製陶發展到快輪製陶，這是新石器時代製陶術的一項重要成就。快輪製陶工藝的出現，可以製作出壁薄而均勻的器物。山東龍山文化出土的漆黑光亮、壁薄如蛋殼的高柄杯，尤其反映了史前製陶術的最高水準。

此時，人們對製陶材料的性能已有一定認識，有意識地選擇不同的陶土來製作用途不同的器物，泥質陶主要用來製作緻密度較高的一些器物，如碗、瓶、甑等，仰韶文化彩陶、龍山文化黑陶則多是細泥質的。尤其是，黃河流域發明了高鋁質白陶，長江流域發明了高鋁質和高鎂質兩種類型的白陶，這對中國陶瓷技術的發展，以及由陶向瓷的轉變均有十分重要的意義，中國也因此成爲世界上最早發明白瓷的國家。

船形彩陶壺，陝西省出土

黑陶蛋殼杯，龍山文化典型文物。輪製，造型規整，器壁薄如蛋殼且厚薄均勻。

陶器表面修整和裝飾工藝更趨成熟，主要有陶紋、表面磨光、塗施色衣（又叫陶衣）、彩繪等方式。

此期陶窯的構造都是地穴式的，即穴地爲窯（東周之後才建到地面上），並分爲橫穴式和豎穴式兩種，更有利於控制溫度。

製陶術的發展，在物理化學知識、高溫技術上，爲製瓷術、冶金術

女神像，遼寧紅山文化文物。此像具有典型的蒙古人種的女性特徵。

的產生打下了良好的基礎。

在新石器時代，陶器幾乎是當時物質與精神文化的總和。彩陶的出現，意味著人的審美能力進化，彩陶藝術的光芒輝映了新石器時代中期的歷史。從仰韶文化及馬家窯文化等彩陶的紋飾來看，那些流暢而又挺健的線條長達周圈，沒有能夠蓄色的工具來進行描繪，幾乎是不可能的。由此可以推見，當時必定有陶工和畫工的相對專業化。

陶器本身是中國造型藝術的先軀，到目前為止，中國還沒有發現比陶器年代更早、更完美的造型藝術作品。中國最早的人物畫，是馬家窯文化彩陶舞蹈盆；最早的動物畫，是河姆渡文化的夾炭黑陶豬紋缽上刻劃的豬紋，以相當寫實的手法，活現出一頭肥豬呆拙粗壯的特徵。

渦紋雙耳彩陶壺，甘肅省出土

紅山文化遺址「女神廟」中，不但發現了孕婦神象，還發現了一尊相當真人原大小的完整女性頭像。女性頭像各部位塑造得十分準確而又加以誇張，嘴唇外咧、微笑欲語，面頰有肌肉起伏感。這一尊極富生命力而又高度神化的女神頭像，是中國最原始的祖先陶塑像。「女神廟」中還有一些大小不等的塑像，從一些殘跡可知，最大的塑像三倍於真人，體內有木製的支架，內外層泥質不同；其塑製方法與現代大型雕塑的做法很相似，預示著中國雕塑藝術的濫觴。

新石器時代晚期的陶器文化，為青銅時代的來臨準備好了造型的場所，使它們在火光的焙燒中迎接冶煉鑄造藝術形體的降臨。

文化小事典

數字刻符出現

隨著原始社會生產力的發展，各種剩餘消費品的數量日益增多，為了計數物品，人們想出一些刻劃符號用來表示較大的數，形成了各種數字刻符。西安半坡、上海馬橋遺址第五層、浙江良渚、山東城子崖下層及青海樂都柳灣、甘肅半山馬廠等處出土的陶器上，都發現一些代表數字的刻劃符號。

原始的計數方法有結繩、契刻、擺竹片等許多種。據說到二十世紀中期，雲南紅河元陽地區的哈民族人還用麻繩打結來表示自己的田價銀子數；而新疆巴里坤草原的哈薩克牧民至今還保留著用羊毛繩打結來記羊的數目。

契刻記數用刻在骨片、竹片、木片等上面的刻口多少表示一種數的記錄。在西安半坡遺址中出土的陶器表面，出現了一些代表數字的刻劃符號。這些以半坡為主的關中地區的刻劃記數文字中，和甲骨文、金文中的數字有某種內在的演化發展關係。經初步認識，以半坡為主的關中地區的刻字刻劃號|、×、∧、+、)(、|、||、|||等分別代表一、五、六、七、八、十、二十和三十等數字。時代稍晚於半坡的馬橋及城子崖的陶片上，均有相類似的刻劃符號，如用|=表示十二，以U表示二十，而用山、山、**山**、**火**等表示三十。

由此可見，在新石器時代，隨著社會經濟的發展，大量剩餘產品的出現，為了貯存和分配的需要，原始的數字刻劃計算方法已運用到生活當中，為後人研究空間形式和建立數學學科提供了基本的參考因素。

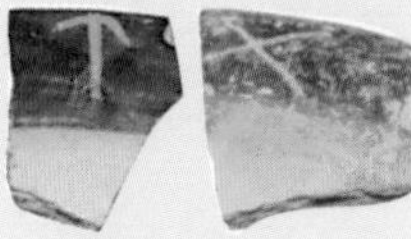

刻有符號的彩陶片，西安半坡遺址出土

龍山文化出現於山東

新石器時代晚期，在黃河下游地區，出現了一種新的文化格局——山東龍山文化，由於在山東章丘縣龍山鎮被發現遺址而得名。山東龍山文化由大汶口文化發展而來，年代約爲西元前二五〇〇年至前二〇〇〇年，覆蓋範圍包括山東省中、東部及江蘇淮北地區，主要遺址除龍山外，還有濰坊姚官莊、濰縣魯家口、膠縣三里河、日照兩城鎮和江蘇徐州高皇廟等。

陶器工藝：作爲一種獨立文化的出現，山東龍山文化以精湛的黑色陶器製工藝爲其特性，當時的製陶工藝已達到了前所未有的高水準。陶器造型規整，器壁薄且均勻，有的器皿壁厚僅有〇．五毫米，重量尚不到五十克。器皿表面打磨光亮，並附有劃紋、弦紋、竹節紋及鏤孔等等紋飾。根據黑陶在當時的數量及製作工藝，一般可將山東龍山文化分爲三大時期：（一）早期，黑陶所佔比例較少，代表作有大口深腹罐形扁鑿足鼎；（二）中期，黑陶比例約達一半，代表作有蛋殼黑陶高柄

陶鬹，山東龍山文化遺存。

打製大石磬

杯；（三）晚期，黑陶已佔絕對優勢，代表物有各式精巧的陶盒、匙等。

社會經濟：由於山東龍山文化是由大汶口文化發展而來的，因此其社會經濟在很大程度上帶有大汶口文化的繼承因素，也是以原始農業爲主，以漁獵、家畜飼養及各種原始手工業爲輔。山東龍山文化以粟作爲其主要農作物，生產工具則有扁平穿孔石鏟、蚌鏟、骨鏟、雙孔半月形或長方形石刀、蚌刀、石鐮、帶齒蚌鐮等，比大汶口文化時期的工具有明顯進步，反映了當時農業經濟的繁榮。由於山東瀕臨大海，故當時的漁業也佔有一定比例，經發現的捕魚工具有石鏃、骨鏃、蚌鏃、陶鏃等。狩獵的對象則是以鹿類爲主。在農業的支持下，飼養業也有較大的進展，家畜以豬、狗、牛、羊等，家禽有雞，且已能進行豬的人工繁殖。至於手工業，除了前面提到的製陶業，製玉業在當時也達到了較高的水準，主要代表作有扁平穿孔玉鏟，陰刻獸面紋玉錛、三牙璧及鳥形、鳥頭形等各種玉飾。

建築與墓葬：山東龍山文化時期的居民建築，主要有長方形或圓形半地面式、圓形地面式和夯土台基地面式三種，其中夯土式建築開創了中國古代夯土建築的先河，爲後來各種大型宮殿的建築奠定了基礎。墓葬習俗則和大汶口文化大致相同，同一墓地墓葬方向一致，而不同墓地的墓葬方向則有所不同。葬具有木槨和石槨兩種；葬式以仰身直肢葬爲主，個別還是屈肢或俯身葬，均爲單人葬。隨葬物品因被葬者的身分不同而變化，半數以上墓地無隨葬品。

由於山東龍山文化的繁榮，對其後續文化——岳石文化的產生和發展，無論在農業經濟，還是製陶業、製玉業等手工業，都產生了很大的影響。

山東龍山文化出現的同時，在河南也出現一種與之關係較爲密切的文化格局——河南龍山文化，這兩種文化在當時交流較爲頻繁，相互影響著對方的發展，特別是在製陶業方面。

龍山文化陶寺類型出現

大約西元前二六○○年以後，晉、陝一帶出現了龍山文化，取代了仰韶文化。山西龍山文化以約西元前二五○○年至前一九○○年的陶寺遺山西襄汾陶寺墓地發掘現場。陶寺遺址年代約為西元前2500～前1900年，在此發掘出的居址、墓葬及各種文化遺存，對研究中國古代國家的誕生及夏文化的發展，均具有重要的學術價值。

址爲代表，陝西龍山文化則以約西元前二三〇〇年至前二〇〇〇年的客省莊遺址爲代表。

陶寺遺址位於山西省襄汾陶寺林南，包括小型地面、半地穴式和窯洞三種形式的住房和一千餘座氏族墓葬，出土了大量陶器、玉器、木器和生產工具。陶器中以彩繪蟠龍圖形盤最具特色，是目前中原地區發現最早的蟠龍圖案。彩繪陶器和彩繪木器構成了陶寺龍山文化的兩大特色。出土的一件鈴形紅銅鑄品，標誌著生產領域的重大進步。

在陶寺墓地發掘的一千多座墓葬中，大型墓僅有九座，墓主都是男性，使用木棺，內撒朱砂，隨葬品多達一、二百件，有彩繪陶器、彩繪木（漆）器、成套玉器和石器等，還有整隻豬骨架。中型墓較多，也使用木棺，隨葬品有成組陶器、玉器和少量彩繪木器，或有幾副至幾十副不等的豬下顎骨。小型墓最多，墓坑窄小，除少數有骨笄等小件隨葬品外，絕大多數沒有任何器物。由此可見，極少數首領人物執掌大權，獨佔龍盤、石磬、鼉鼓等重要禮器，私有財產十分豐富。

陶寺墓地說明了陶寺龍山文化時期社會的分化，陶寺人已使用木器和玉器，具有較高的工藝水準和審美意識。

出現階級和軍事體制的齊家文化

齊家文化上承馬家窯文化，是新石器時代晚期至青銅時代早期的文化，早期年代約爲西元前二一〇〇年，主要分佈於黃河上游地區甘肅、青海境內，黃河的主要支流渭河、洮河、大夏河、湟水流域也有零星分佈。齊家文化反映了父系氏族社會的特點，出現了階級分化並產生原始軍事民主制。

經濟生活：

齊家文化的經濟生活以原始農業爲主，種植粟等農作物，人們過著較穩定的定居生活。生產工具主要是石器和骨器，有石鐮、石刀、石斧、石磨盤、石磨棒、石杵等。齊家文化的畜牧業相當發達，飼養的家畜有豬、羊、狗、牛、馬等，其中養豬業最爲興旺。手工業也發展到一定水準，製陶、紡織及冶銅業都取得較大成就。齊家文化的陶器獨具特色，主要有泥製紅陶和夾砂紅褐陶，還有少量的灰陶和泥製彩陶。紡織品以麻織布料爲主。冶銅業發達，出現了紅銅、鉛青銅和錫青銅，表明齊家文化晚期已進入青銅時代。

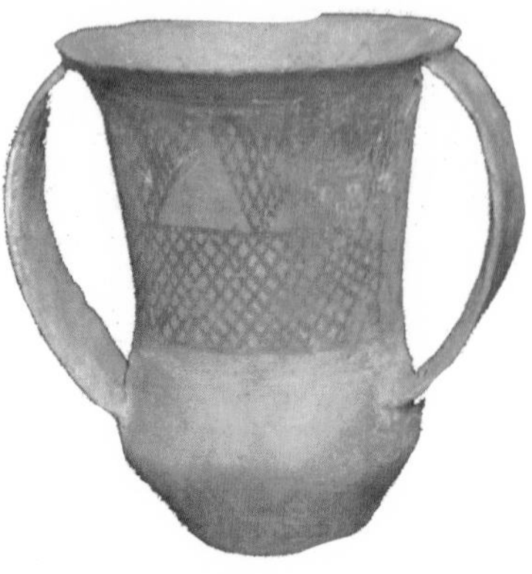
雙大耳彩陶罐，齊家文化遺物

階級和軍事體制：

生產力的發展促進私有制的產生，齊家文化中原始的貧富均等的狀態已被打破，出現了貧富差別以及人與人之間社會地位的高下之分，男子在社會上居於統治地位，產生了階級和軍事民主制。齊家文化中這些社會生活狀況都反映在墓葬中。

迄今發現的齊家文化墓葬共約八百多座。大都是成片的氏族公共墓地，規模不一。墓葬的形制以豎穴土坑墓爲主，墓壁垂直平整，墓坑大小不一。葬法有單人葬與合葬兩種：單人葬以仰身直軀葬爲主，也有俯身葬、側身葬、甕棺葬等；合葬墓以成年男女二人合葬較爲普遍，此外還有成人和兒童合葬以及多人合葬等葬法。秦魏家的成年男女二人合葬墓，男性爲仰身直肢，女性位左，側身居

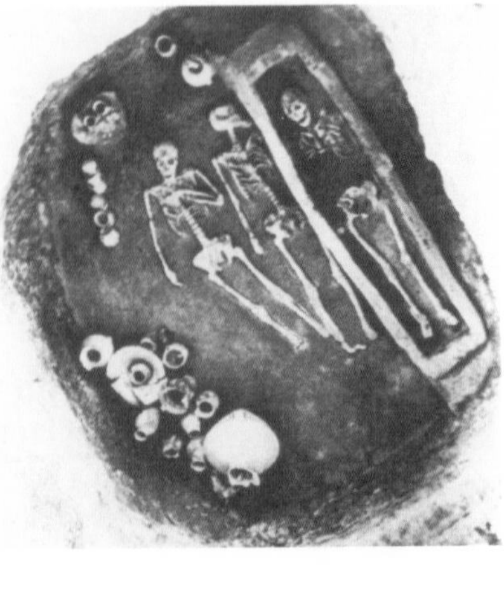
青海樂都柳灣出土齊家文化墓葬

肢面向男性；皇娘娘台的成年一男二女的三人合葬墓，男性仰身直肢位在正中，二女分列左右，屈附其旁；成年人與兒童合葬中，中年男子與六、七歲的兒童合葬，兒童緊附在男子的身邊。這些合葬墓說明齊家文化中的婚姻形態已由對偶婚制過渡到一夫一妻制，只有少數富裕的家長過著一夫多妻的生活，男子在社會上居於統治地位，女子降至從屬和被奴役的地位。父子合葬的習俗表明齊家文化中已有按父系的血統來計算世系的習慣，反映了父系氏族社會的特點。

以人殉葬：

齊家文化中還存在以人殉葬的風俗，殉葬者爲奴隸和部落戰爭中的受害者。柳灣三一四號墓中，一成年男子仰身直肢平躺於木棺內，另有一青年女子側身屈肢於棺外，一條腿骨被壓在棺下，她是爲墓主殉葬的奴隸。另外在齊家坪發現八人和十三人同坑的墓，仰身者爲墓主，其餘都是殉葬者。殉葬的習俗反映了社會地位的差別與階級分化。墓葬中隨葬品的多寡顯示出貧富不均的狀況。如皇娘娘台墓葬的隨葬器物，陶器少者一兩件，多者三十七件，玉石璧少者一件，多者八十三件。這種情況表明，齊家文化中以冶金業爲主導的手工業的增長，促進了生產力的發展，社會內部發生了深刻的變化，階級出現，私有制產生，原始社會行將崩潰，齊家文化進入軍事民主制階段。

文化小事典

齊家文化開始鍛造

西元前二〇〇〇年左右，齊家文化的人們已認識了金屬的性質，並運用鍛造和鑄造製作出各種銅器。齊家文化中冶煉技術的普遍應用，為商、周時代的青銅文化奠定了基礎。

中國古代鍛造分為冷鍛和熱鍛兩種，齊家文化時期冷鍛工藝普遍應用，一些出土的刀、斧等銅器上的鑄範痕跡可作例證。一九七八年以前在甘肅武威皇娘娘台齊家文化遺址出土的刀、鑿、錐等紅銅器和一些飾物均經過冷鍛，錘擊痕跡非常明顯。在秦魏家出土的青銅錐也經過冷鍛。這些出土的器物表明，齊家文化的冶銅和鍛造技術都達到了較高的水準。人們可以利用單金屬礦冶煉出紅銅，也能利用多金屬共生礦冶煉出青銅，鍛造工藝隨著冶金業的發展得到推廣，鍛造技術不斷提高。齊家文化朵馬台出土的銅鏡保存較好，直徑九公分，厚〇．四公分，正面光滑，背部飾有七角星圖案，為中國目前發現最早的銅鏡。齊家坪還發現迄今為止最大的一件銅器製品——斧，長十三公分，一端有長方孔，便於安柄。這些器物展示了齊家文化鍛造工藝之精。

齊家文化鍛造工藝的產生，適應當時冶煉技術的發展，製造出各種各樣的金屬工具和用於日常生活的銅器及飾物，促進了農業生產發展的同時也豐富了人們的生活。

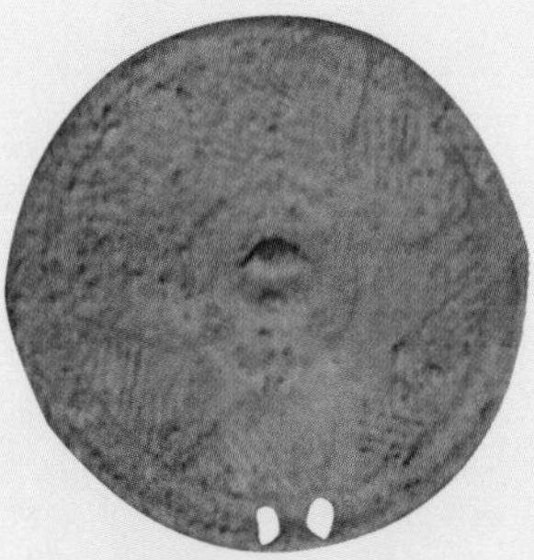

目前最早的中國銅鏡在齊家文化遺址中發現

王城崗遺址和平糧台古城遺址文化出現

王城崗遺址和平糧台古城遺址約發生於西元前二二五〇年至前一八七〇年。

王城崗遺址位於河南登封告成鎮西約一公里處，其城址規模很小，呈方形，分兩次築成。西城牆長九十二公尺，南城牆長八十二・四公尺，東端留有一個寬約十公尺的缺口，作爲城門。現存基槽深約兩公尺，寬四・四公尺，底寬約二・五公尺，由此斷定其城牆的基部厚度應不少於四・四公尺，基槽內塡夯土十至二十公分不等。從城內中部和西南部較高地帶所殘存的斷續夯土殘跡來看，此處應爲城內重要的建築遺址。

平糧台古城遺址位於河南淮陽縣城東南約四公里的大朱村西南隅，一九七九年發現，屬河南龍山文化晚期的城址，距今約四千三百多年。城址的平面呈正方形，長寬各約一百八十五公尺，總面積達三萬四千餘平方公尺，大於王城崗城址。城牆殘高三公尺，採用小版築堆築法建成，係夯土牆，夯層清晰，約厚十五至二十公分，夯窩明顯，有些係由四根木柱綁在一起而成。城門設於南、北城牆的中段。就現已發掘出的南城門來看，南門寬約一・七公尺，門道東西兩側有兩座房基，當屬門衛房。門道下有陶製排水管道，每根長約三十五至四十五公分，爲目前中國發現最早的排水管道。此外，在城址內發掘出十餘座房基。多爲長方形排房，或爲平地起建，或爲夯土高台建築，並普遍使用土坯砌牆，土坯的普遍使用，是建築史上的一大進步。城內還發現陶窯、墓葬、灰坑等遺跡，並在一灰坑中發現銅渣，表明當時人們已初步掌握冶銅技術。

王城崗遺址和平糧台古城遺址是中國現存最早的城址，它們的發現對研究中國古代城市的起源和建築以及國家的形成，均具有重要意義。

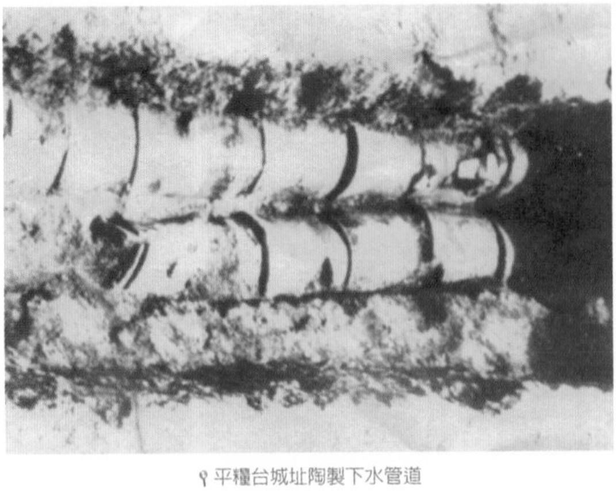

平糧台城址陶製下水管道

文化小事典

半穴居房屋鼎盛

半穴居既有穴居的某些優點，又有地面建築物的某些特徵，成為一種頗具特色的由穴居向地面土木建築的過渡形式。中國早期的半穴居房址出現在新石器早期的半坡文化遺址中，晚期的代表性建築以當時氏族公房為主。

早期的半穴居住房，屋址平面尚沒有通用的固定形狀，穴壁四周沒有明顯的柱洞及構造遺存，還沒有產生相對獨立、能夠承重的牆體。屋蓋的形狀，多類似圓錐或方錐，以樹枝相互交叉形成骨架，骨架間隙塞以細小的樹枝、樹葉及葦草，再塗抹上草筋泥。如果棚屋比較大、重，下部則設有支撐柱。中期半穴居建築表現在承重立柱的出現、牆體的增高。

到了半穴居的晚期，出現西安半坡、鄭州大河村、甘肅秦安大地灣等原始氏族群落聚集的大房子。其中大地灣大房屋遺址是代表了原始社會建築技術的最高成就。該大房屋以長方形的主室為中心，兩側有東西側室對稱佈置；主室後部還有與之同寬的後室；主室的前方有些附屬建築，並有廣場。大房屋佈局秩序井然，主次分明，屋前有近千平方公尺的廣場，不難看出，它應是氏族部落或聯盟的公共活動中心。大地灣大房屋具有宏偉規模、複雜的結構以及精湛的建築技術，更有意義的是這座建築的設計已超越了原始的、簡單的庇護所的概念，而具有了某種形式的審美，建築已經作為一種文化藝術形式而出現了。

新石器時代陶屋模型，江蘇邳縣大墩子遺址隨葬品。

二里頭文化開啓商朝二里崗文化

二里頭文化從西元前二十一世紀延續到前十七世紀，遺留在河南中西部的鄭州和伊、洛、汝、潁諸水流域一帶，山西南部的汾水下游也有所分佈。它得名於河南偃師二里頭遺址，屬於青銅時代文化。

二里頭文化的工藝：

在二里頭文化時期，青銅器不論數量還是種類都相對較多，當時已有爵、鈴、戈、鏃、戚、刀、錐、鉤等，其中銅爵的合金成分爲銅九十二%、錫七%。二里頭文化顯然已經進入了青銅時代，這和青銅器大量出現的二里崗商文化較接近。二里頭文化時期，製陶業發展迅速，遺留的器物群突顯了二里頭文化的特徵。以陶器爲參照，二里頭文化可分成四期：第一期以褐陶爲主，磨光黑陶佔一定比例，紋飾以籃紋爲主，有少量方格紋、細繩紋；第二期陶器中黑陶數量減少，以細繩紋爲主，藍紋和方格紋明顯減

二里頭文化的獸面銅牌飾（左）和柄形玉飾

少。這兩期的器形多折沿、鼓腹、小平底，基本上保有龍山文化時期的陶器特徵。第三、四期的陶器顏色普遍變爲淺灰，以繩紋爲主，出現粗繩紋，籃紋和方格紋幾乎絕跡。早期常見的鼎、深腹盆、甑等一直延用，到晚期，新出現了鬲、斝、大口尊、小口高甕等器物，已和二里崗商代文化陶器有著更多的相似之處。

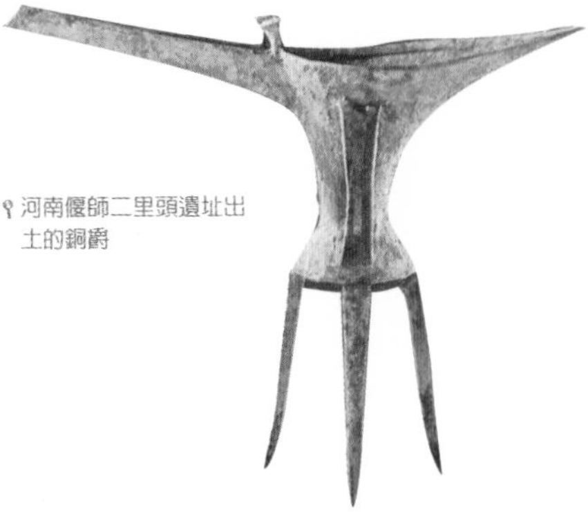
河南偃師二里頭遺址出土的銅爵

二里頭文化的建築：二里頭文化的居址有半地穴式、平地起建築和窖洞式等幾種，做成圓形、方形圓角和長方形等形狀，適合幾口之家居住。同時出現了大型宮殿的建築，普遍使用的夯土築台基技術和二里崗商文化前期基本一致。整個宮殿由堂、廡、庭、門等單位組成，佈局嚴謹、主次分明，是迄今爲止所知中國最早的宮殿建築。宮殿的出現，表明貴族和平民之間明顯的階級對立，也預示著新的社會——奴隸制社會已經到來。

二里頭文化晚於龍山文化，而早於二里崗期商文化。有學者認爲，二里頭文化的一、二期遺存是夏文化，而第三期遺存中出現了一組與二里崗期商文化有相同或相近的代表性器物，且數量愈來愈多，這正好表明第三期遺存已進入商代紀年，三、四期遺存應是商代早期的遺存，其遺址應是商湯都城西亳。因此，二里崗期商文化是由二里頭文化發展而來，商朝文明淵源於二里頭文化。

新石器時代 海拔最高遺址——卡若

約西元前二三〇〇年至前二〇〇〇年，西藏卡若遺址是中國目前發現海拔最高、經度最西的一處新石器時代遺址。遺址位於瀾滄江上游西藏昌都城東南卡若村西，遺跡範圍約一萬平方公尺。

卡若遺址的遺存可分爲早、晚兩期，遺址中發現房屋遺跡二十八座。早期房屋以半地穴式或地面營建的草拌泥牆建築爲代表，平面呈圓形、方形或長方形；爐灶一般設在房子中部，也有不挖灶坑而僅用三塊石頭支燒；屋頂是鋪排椽木並塗抹黏土而

卡若人的骨針

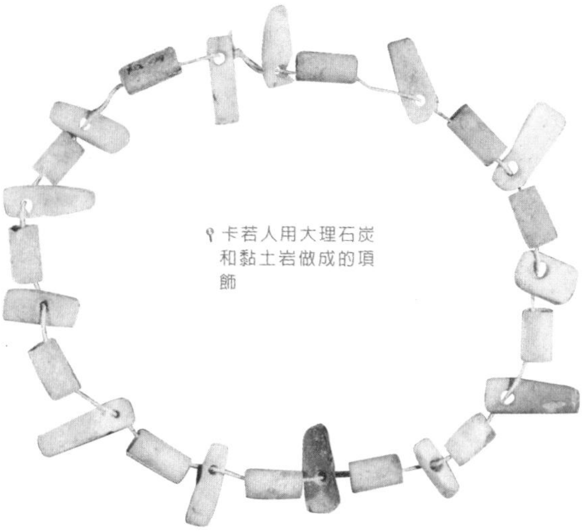
卡若人用大理石炭和黏土岩做成的項飾

成，屋頂和牆壁的內面都經過燒烤。晚期房屋以半地穴式石牆建築爲代表，平面呈方形或長方形；牆壁是用礫石貼靠坑壁壘砌而成，石牆周圍及屋內均有柱洞；石牆房屋顯示了較進步的建築技術和獨特的建築形式。

遺址中出土遺物有大型打製石器、細石器與磨製石器及骨刀、骨錐、骨針、骨飾。陶器多爲夾砂陶器，器類簡單，常見爲罐、缽、盆，多屬小平底器。還發現有炭化的粟和豬、牛等家畜骨骼，以及各類獸骨和鳥骨。遺址雖臨江河，但未見漁具和水生動物遺骸。與生產工具相印證，反映當時的經濟生活以農作物粟爲主，狩獵也較重要。

卡若人居住的石牆半穴式房屋

約2000 B.C.～1551 B.C.

- 約西元前2100年至前1700年，傳說禹死，原定繼位人伯益讓位禹子啓。一說啓殺伯益而嗣位。
- 傳說啓時有樂舞《九韶》、《九辯》、《九歌》等。
- 傳說啓傳太康。
- 出現世界上最早的日蝕紀錄。
- 傳說杜康於此時造酒。
- 傳說中國最早記錄地震。

1551B.C.

約西元前16世紀

- 帝桀為商湯所滅。

夏朝

夏朝年表

2033B.C.~1551B.C.

根據文獻記載和古史傳說，約西元前二一〇〇年，聚居在中原地區黃河中下游兩岸的夏部族，透過與周圍地區其他部族聯盟的形式，首先建立了中國歷史上第一代王朝，史稱夏。

2033B.C.

・二里頭文化，1959年在河南偃師二里頭考古發掘，中國已知最早的宮殿遺址；其一、二期遺存年代與夏代相當，學者多據以探索夏文化。

大禹治水像

夏禹治水

根據文獻記載和古代傳說，堯、舜之時，鯀奉命治理水患，失敗被殺，其子禹受推舉繼承父業，平息水患。禹不辭辛苦，排除萬難，居外十三年，三過家門而不入，終於疏川導滯，治水成功。

禹汲取其父失敗的教訓，改變方法，不採取修堤築壩、壅防百川的辦法，而是開溝修渠，以導爲主，依據地勢高低排除積水和疏浚滯淤，使原來的沼澤「渥地」變成「桑土」良田。

結合河南豫西地區的考古發掘材料來看：原始氏族社會末期的仰韶文化和龍山文化早期的文化，還多分佈在淺山區和丘陵地區河谷兩岸的台地上；而龍山文化中期與晚期的聚落遺址，不但數量較前顯著增多，且在靠近河岸兩側地勢較低的地帶，特別是在河南豫東大平原地區，也多有分佈。這很可能和禹治水成功，使農業生產發展，從而促進整個地域發展有關。

傳說中第一個王朝——夏朝

古籍文獻記載夏朝的史料很少，關於夏朝的研究至今仍處於探索階段。考古工作者在文獻記載中夏朝的主要活動地區，進行了大規模的考古發掘工作。目前，河南西部地區古代文化發展的序列已大抵清楚，屬於河南龍山文化晚期和二里頭文化早期的文化，很可能與夏文化有關。

夏王朝的統治中心地帶，大致西起今河南省西部與山西省南部，東至河南省與山東省交界處，北入河北省，南接湖北省。這一區域的中心是嵩山及其周圍的伊、洛水流域、濟水流域和潁水與汝水上游地區。

根據文獻記載和古代傳說，約西元前二十一世紀起，黃河流域地區已形成了強大的部落聯盟，夏族部落是其中重要一員。傳說，部落聯盟的首領舜，按傳統的推選方式傳位給禹。舜死後，禹欲讓位於舜之子商均，但天下諸侯朝禹而不拜商均，禹遂在陽城（今河南登封東南）即位。

禹繼位後，連續發動征討位於今漢水上游丹江一帶的南蠻三苗的戰爭，並取得勝利，鞏固了王權。爲了鞏固統一，禹南巡塗山（今安徽懷遠境內），大會諸侯。各諸侯執玉帛對禹朝貢，行臣服禮，夷、夏諸侯首領亦完全臣服於夏禹的統治。其後禹再會諸侯於茅山（會稽山），防風部落的首領略有異心，姍姍來遲，遂被禹斬殺。

禹在晚年，曾推選夷人首領皋陶爲繼承人。皋陶先死，又推舉伯益。但當禹死後，部落聯盟中一些有權勢的貴族，卻起來反對伯益，擁立禹的兒子啓繼任。啓趁勢殺了伯益，奪得了王位；傳統的「禪讓」選舉制度從此被破壞，代之以父傳子的王位世襲制。

王位世襲制的確立，是形成奴隸制國家的重要標誌之一，是一場重大的社會變革。夏部落中的同姓邦國有扈氏起兵反對，啓親率大軍進行討伐，雙方大戰於甘（今陝西戶縣），有扈氏戰敗而被「剿絕」。

啓經過鞏固王位的激鬥，確立了王位世襲制。於是眾多邦國首領都到陽翟朝會，啓在鈞台（今河南禹縣境內）召開諸侯大會。這就是歷史上有名的「鈞台之享」，鞏固了新王權。

隨著王位世襲制的確立，以國王爲中心的國家機構等體制亦逐漸建立起來。據說，禹鞏固王權後，把當時所知悉的全部土地劃爲九個行政區域，即「九州」。這說明，夏代已打破血緣關係爲基礎的原始部落界限，開始按照居住地域把居民劃分爲若干區域，並設置地方官吏進行管理。《左傳》中「芒芒禹跡，畫爲九州」的記載，就是這一情況的反映。這是國家區別於舊原始氏族組織的特點之一。古籍文獻中還記載有夏代已出現了牧正、庖正、車正（管理畜牧、膳食、車旅）等一系列的職官。從夏代不斷地對外戰爭可以看出，當時夏有一支強大的軍隊，並在戰爭中把成批的戰俘變成奴隸。夏時已經產生了刑

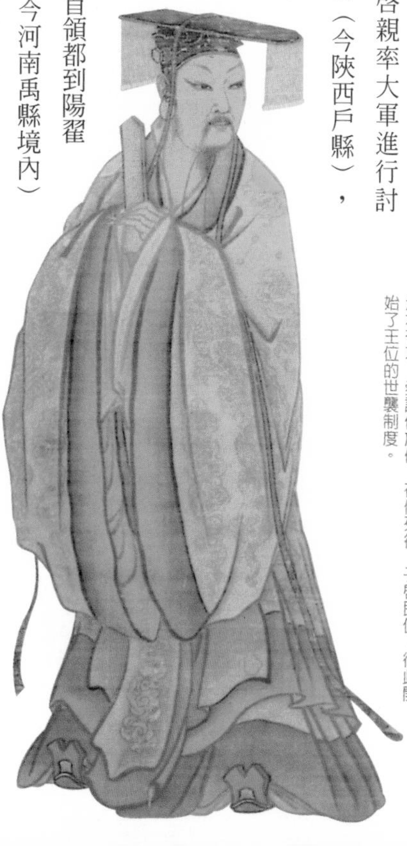

夏禹王像。禹，傳說中夏朝的第一個王，鯀之子。因禹治水有功，舜讓位於他。在他死後，子啓即位，從此開始了王位的世襲制度。

罰，《左傳》中說，「夏有亂政，而作禹刑」。禹刑是中國歷史上被提及的最早刑法。

羿、浞生亂與少康中興

根據文獻記載和古代傳說，夏啓死後，子太康繼位。這兩朝君主均安於逸樂，不恤民命，於是在夏王朝的統治集團內部，先發生太康兄弟五人爭奪王位的變亂，後出現武裝叛亂，雖被平息，但夏王朝統治力量已削弱。

太康死後，子仲康立。仲康死後，子相立。這時東夷族中勢力較強大的有窮氏首領后羿（又稱夷羿），趁夏王朝內部發生王權之爭，攻入夏都，「因夏民以代夏政」，奪取了王位，號稱帝羿。羿掌權後，不汲取教

后羿射金鳥

訓，自恃善射，不修民事，終日以田獵爲樂。不久后羿被他的親信東夷族伯明氏成員寒浞所殺，寒浞自立爲帝，又奪羿妻子，生子澆及豷。

寒浞又命其子澆滅夏的同姓斟灌與斟鄩，並追殺逃亡的夏帝——相。結果，相被殺，但相之妻從牆洞逃出，躲藏到母家有仍氏（今山東金鄉境），生子少康。

少康長大後做了有虞氏（今河南虞城）庖正。有虞君主虞思以二女爲少康妻，並封之於綸（今虞城東北）。當時少康「有田一成，眾一旅」，積極爭取夏眾與夏民，志在復國。他在斟灌與斟鄩餘眾的協助下，滅掉了寒浞及其子澆，又命其子杼滅掉了豷，結束了后羿與寒浞四十年左右的統治，恢復了夏王朝的政權。

少康死後，子杼立。他重視發展武裝和製造兵甲。杼執政後曾「征於東海」，東夷諸侯都臣服於夏，受其爵命。夏代中興局面得以形成。

夏王世系表

禹
↓
啓
↓
太康 → 仲康 → 相 → 少康 → 予（杼）
↓
槐（芬）
↓
芒（荒）
↓
泄 → 扃 → 胤甲（廑）
↓
不降
↓
孔甲
↓
皋（昊）
↓
發（敬）
↓
履癸（桀）

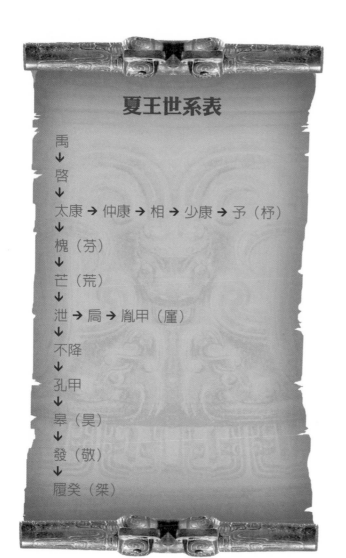

約前12世紀

- 現存最大青銅器司母戊鼎，即文丁為其母戊所鑄。
- 古公亶父（公叔祖類子）因戎、狄侵逼，由豳遷岐山下之周原（今陝西岐山北），周族始強。1976年在岐山發現周原遺址，出土大量卜甲、卜骨。
- 1986年發現的四川廣漢三星堆遺址，或是前12世紀巴蜀文化遺存。出土青銅雕像及其他文物一千多件，有身高約170公分以上的青銅人像一尊；與真人頭部相當的青銅人頭像數十尊；大型人面形青銅像高約140公分。

1067B.C.

約前11世紀

- 紂（帝辛）屢征夷方，國力虛耗；又暴虐民衆，寵妲己，致諸侯叛離。周武王遂率諸侯伐紂，戰於牧野，紂兵敗，走入鹿台，自焚死。殷亡。
- 傳文王曾被商紂王囚於羑里（今河南湯陰北），演《易》之八卦為六十四卦。

約前13世紀

- 帝武丁（小乙弟）即位。武丁舉傅說於版築之間，任以為相，國大治，號中興。
- 小屯村西北發現約武丁晚期的婦好（武丁諸妻之一）墓，隨葬品多達一千九百餘件，並出土迄今出現最早的編鐘。

商朝

商朝年表 1551B.C.~1067B.C.

約前16世紀～前15世紀

‧湯用伊尹執政，國力強盛，與夏桀戰於鳴條，桀敗死，滅夏。

‧傳湯時曾大旱七年，湯祈禱於桑林，果降甘霖，人們歌舞以慶，舞稱《大獲》，歌為《晨露》（已佚）。

‧鄭州商代遺址發現房基、墓葬和鑄銅、骨器、陶器、石器等手工業作坊遺存及遺物。出土的印紋青釉原始瓷尊表明瓷器實肇基於這個時期。鄭州二里崗遺址發現兩個相疊的商代文化層。

1551B.C. —— 1350B.C.

約前14世紀

‧帝盤庚（陽甲弟）遷殷（今河南安陽小屯村），自是定都於殷二百餘年。

‧1899年始發現甲骨刻辭。

‧1928年以來殷墟發現大量甲骨、青銅器等，並有宮殿、作坊遺址和陵墓，及大量生產工具和生活用具。出土鑄作青銅器的熔鍋、模、範、金屬原料和大爐等，已有規模甚大的鑄銅作坊。用複合範鑄造青銅容器，並能合理使用銅、錫、鉛的配比鑄造青銅合金，冶鑄技術已趨成熟；模、範均精工雕刻，工藝發達。

商王修建二里頭宮室宗廟

約西元前十六世紀，商王利用前代建築遺留下來的基址，在今河南偃師二里頭村南修建宮室宗廟。宮室宗廟建在面積約一萬平方公尺的近似正方形的夯土台基上，巨大的夯土台可發揮防潮、衛生、加固的作用，並使宮室顯得更加雄偉壯觀。夯土台東西長一〇八公尺，南北寬一〇〇公尺；台基中間建土台，長三十六公尺，寬二十五公尺。宮室就建在土台上。經過對遺址的考古挖掘和復原工作，大致可以推測二里頭宮室宗廟是一組圍廊四合、宮室居中的建築。

宮室是一座長三〇・四公尺，寬一一・四公尺的四門重屋式殿堂。殿前為廣庭，面積達五千平方公尺，殿堂四周還有一面坡或兩面坡式的廊廡。屋頂以縱架結構，即以外檐柱和與外檐柱平行的牆頂為支點架設斜梁，或稱大叉手屋架，轉角處斜架形

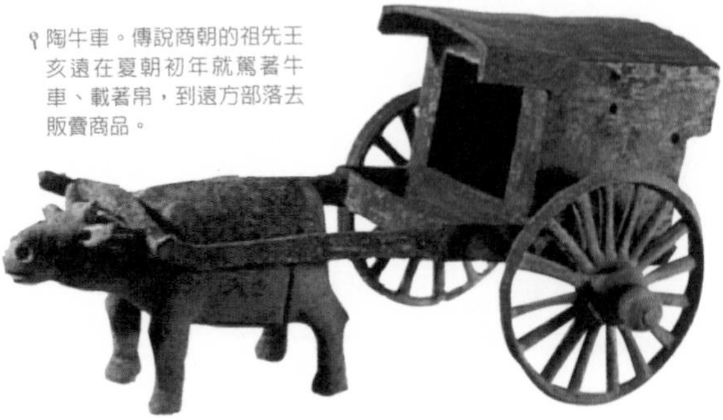
陶牛車。傳說商朝的祖先王亥遠在夏朝初年就駕著牛車、載著帛，到遠方部落去販賣商品。

商王世系表

契
↓
昭明
↓
相土
↓
曹圉
↓
昌若
↓
冥
↓
王亥→王恆
↓
上甲微
↓
報乙
↓
報丙
↓
報丁
↓
主壬
↓
主癸
↓
大乙（湯）
↓
太丁→外丙→仲壬
↓
太甲
↓
沃丁→太庚
↓
小甲→雍己→太戊
↓
仲丁→外壬→河亶甲
↓
祖乙
↓
祖辛→沃甲
↓
祖丁→南庚
↓
陽甲→盤庚→小辛→小乙
↓
武丁
↓
祖庚→祖甲
↓
廩辛
↓
康丁
↓
武乙
↓
文丁
↓
帝乙
↓
帝辛（紂）

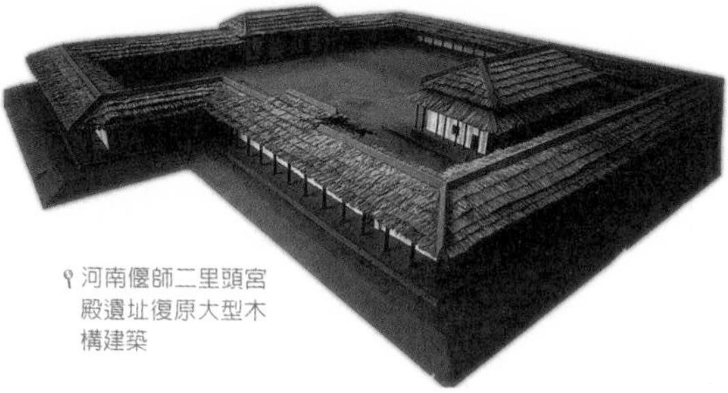

河南偃師二里頭宮殿遺址復原大型木構建築

簡狄像。簡狄，古代傳說中帝嚳之妃，因吞玄鳥卵而生契（即商之始祖）。

成角樑。整體結構屬面闊八間、進深三間的平面佈局。

院內的殿堂基本位於後部院的正中，前部大門也基本位於前院的正中，因院落前後部寬度不同，兩座建築就不在同一軸線上。院牆與院牆，建築與院牆並不嚴格平行，表現出當時建造的隨意性；同時也反映出當時的建築觀念僅是將個體簡單地疊加在一起而形成群體，而無建築群體的藝術搭配。

二里頭宮室宗廟建築遺址於一九五九年發現，是目前所知中國最早的宮室宗廟建築，其建築形式與風格對後世具有較大的影響。

人物小事典

伊尹囚禁商帝太甲

約西元前一五四四年，商老臣伊尹立太丁之子、成湯嫡長孫太甲繼位，傳說還親作〈伊訓〉、〈肆命〉、〈徂後〉等教導太甲。太甲繼位後，「不明、暴虐、不遵湯法、亂德」，伊尹屢諫不止。太甲三年，伊尹將太甲囚禁在王都郊外的桐宮（今河南偃師），自己代行天子職權，攝政當國。

太甲居桐宮三年，在伊尹的耐心開導下，悔過反省，開始棄惡從善，施行仁義。伊尹便迎太甲歸朝當政。太甲復位後，果然政通人和，諸侯歸順，百姓安居樂業，大有成湯之風。傳說太甲死後，伊尹作〈太甲訓〉三篇，頌揚太甲，並尊他為太宗。

伊尹為商王朝開國功臣，曾輔佐商湯推翻夏桀，建立政權，又輔佐外丙、仲壬、太甲三王，立下汗馬功勞。有傳說，伊尹名阿衡，地位卑賤，看到湯是個有作為的人，便乘有莘氏嫁女之機，以陪嫁奴僕身分來到商。伊尹善烹調。到商後為湯掌廚，他利用侍奉湯進食的機會，為湯分析天下形勢，歷數夏桀暴政，進獻滅夏建國的大計。後來，他得到湯的信任，並被任命為「尹」，即右相，從此跟隨商湯滅夏立商，成為商政權中一位赫赫元老。

伊尹像

太甲之後，沃丁即位，伊尹自覺年老，不再參與朝政。沃丁八年，伊尹病死，相傳已有百年之壽。沃丁以天子之禮隆重地安葬伊尹，用牛、羊、豕三牲祭祀，並親自臨喪三年，報答他對商王朝的貢獻。

伊尹的名字見於甲骨文，記載他歷享後代商王的隆重祭祀。

貝幣成爲貨幣形式

原始社會末期，貝就開始作爲交換的媒介，這是貝幣的萌芽時期；到商和西周時期，貝幣已成了流通中的主要貨幣形式。

貝殼最初是作爲貴重裝飾品傳入北方的，到商代時才眞正成爲貨幣形式，這一點已得到考古資料的證明。在史前的仰韶文化和二里頭夏代文化的遺址中都發現有貝，但數量很少，主要作裝飾之用；在商代，用貝作爲隨葬品的現象已相當普遍，到商代晚期，墓中隨葬的貝的數量明顯增多，從數百枚到數千枚，最多達到六、七千枚。

同時在商代金文中也出現有商王將貝賞賜給臣下的記載，這說明貝已不僅僅作爲裝飾品，而是具有特殊價值的物品了。將單個貝幣用索穿連成串，每五個貝爲一系，二個系爲一朋，十貝一朋，爲一個計量單位。在商代墓葬中，還出現了石貝、銅貝、玉貝、骨貝等仿製品，說明人工鑄幣也開始使用。從文字學上看，甲骨文中貝字和從貝的字很多，所有從貝的字都含有財富、珍寶、貯藏的意思，這也說明貝具有普遍的貨幣作用。

貝幣，中國最早的貨幣，大約在夏代開始使用，商代和西周時期已成為主要貨幣。貝幣是產於南方暖海的海貝，由於它攜帶方便、堅固耐用，所以被古人從饋贈、賜賞的裝飾品轉化成集市交易的原始貨幣。圖中大貝為商代遺物，河南安陽殷墟出土；小貝為商代後期遺物，河南安陽婦好墓出土。

商人用甲骨占卜

占卜是中國古代的一種預測方式，先民們在萬物有靈觀念的支配下，往往就某件事的吉凶成敗向神靈請示，以期瞭解神意，求得神靈保佑。占卜活動在古代被看作是溝通人神關係的最靈驗方法，早在新石器時代，先民就開始用獸骨進行占卜。到商代，占卜問卦的活動開始規範化，人們用龜卜和獸骨占卜，並根據卜兆的紋路來判斷事情的發展結果。這些用以占卜的龜甲和獸骨稱爲甲骨，刻在其上的卜辭就稱爲「甲骨文」。

殷墟的發現與發掘，爲我們瞭解商人甲骨及占卜提供了有力的證據。殷墟總面積二十四平方公里，出土了十六萬片甲骨，甲骨上契刻的文字多是商王占卜的卜辭。

甲骨文記載了殷商社會生活方面的內容，藉助於這些實物史料，我們可更充分地瞭解商人占卜的情況。由於龜腹甲勻稱悅目、易於處理，在商代成爲主要的占卜材料。除龜甲外，商人占卜還用骨，其中以牛肩胛骨爲主，也有少量鹿、羊、豬、馬等獸骨，甚至還有個別人頭骨。

甲骨占卜主要爲商朝王室向神靈或先祖問事的儀式，由專職的占人來操作。商人極爲迷信，幾乎每事都要占卜，且一事往往反覆卜問多次。每次占卜的程序一致：

首先，在甲骨上進行鑽鑿，經鑽鑿的位置較其他位置爲薄，因而經灼烤後就容易爆裂呈現兆紋。鑽鑿是商人的發明，商朝以前龍山文化遺址中的卜骨，就只有灼痕而無鑽鑿的痕跡。所謂「鑽」，是在甲骨上鑽出深而圓的穴；「鑿」，則是在鑽穴的一側鑿出口寬底窄的棗核形長槽。鑽、鑿可合用也可單獨使用，但都不能鑽透骨面。鑽鑿之後，再用一加熱金屬器在鑽鑿處進行灼燒，灼燒後甲骨便發出「ｐｕ」的爆裂聲，並在正面出現「卜」形裂紋，即告占成。卜者可根據兆紋的紋路和走向來判斷所問事項的吉凶。人們之所以稱占卜爲「卜」，其實字形正取自兆紋之形，而讀音則擬自甲骨爆裂之聲。

然後，占人根據兆紋判定吉凶，並把卜辭刻在兆紋附近。有時爲了美

龜甲上的文字。商人用龜甲和牛胛骨占卜，並將占卜的結果記錄於其上。圖為河南安陽殷墟小屯南地出土的龜甲。

宰豐骨匕刻辭。此刻辭記載帝乙或帝辛時，宰豐受到商王賞賜之事。這塊牛骨所刻文字，已有精妙的間架結構，熔奇變的章法、佈局於一爐，顯示出卜辭的書法，在結構上重心安穩、錯落有致，有疏密得當、疊展分明的藝術效果。

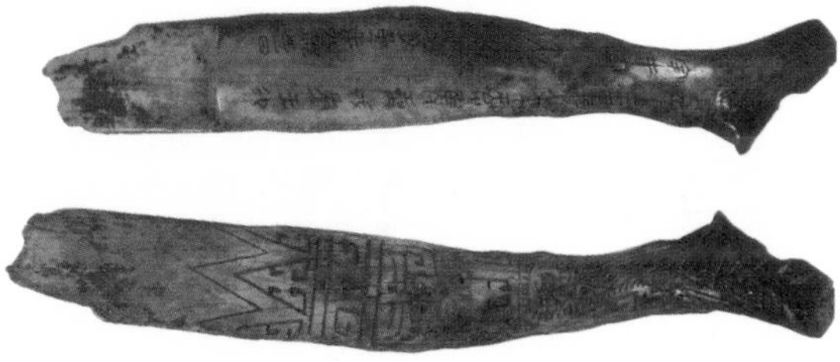

觀和顯示鄭重，還把字畫塗上朱砂或塗墨。對於反覆多次的貞卜，有時還標上占卜的次數。這一套用甲骨占卜的方法一直延續至漢代，且歷代都設有專司占卜的官職。

刻在甲骨上的卜辭，就是今人所稱的「甲骨文」，它主要用於記錄占卜的內容，字數多寡不同，每條卜辭多者近百字，少者三、四字，通常在二、三十字左右。

商人占卜的內容很豐富，田獵之外，還包括收成、天象、祭祀、征伐等，甚至生病做夢也必占卜。另外，歷代商王在每旬之末，都要貞問下旬的吉凶，因而甲骨卜辭中占旬之辭也就特別多。

占卜職業都是師徒相授，他們可憑技術經驗在一定程度上控制龜上兆紋的走向和紋式，也可迎合占問者的心理進行解說闡釋。不過，龜甲占卜畢竟受工具本身物理屬性的限制，比如龜甲的質地、鑽鑿的深淺、火焰的強弱，都可能影響兆紋的形狀，無法隨心所欲，因而自漢代以後，甲骨占卜漸漸湮滅；而那種可以憑現實需要妄加解釋的形式，如占夢等，因爲成功率高而迅速發展和流行。

殷人問病

大約在西元前十四世紀，商朝先民們就開始了使用中草藥的歷史，在殷商古墓中發現的桃仁、郁李仁是考古發現的中國最早藥物，表明殷商時代，中草藥已用於治療疾病。在西元前一〇〇〇年左右，中藥草的使用已趨廣泛，在《詩經》中記載了芣苜（車前草）、蝱、蓷（益母草）、葛、苓、芩、蒿、芍藥等植物藥材，恰好可以證明這一點。

殷墟中出土的記錄殷人活動情況的十六萬片甲骨中，有三百多片、四百多條與醫學有關。其中主要記錄

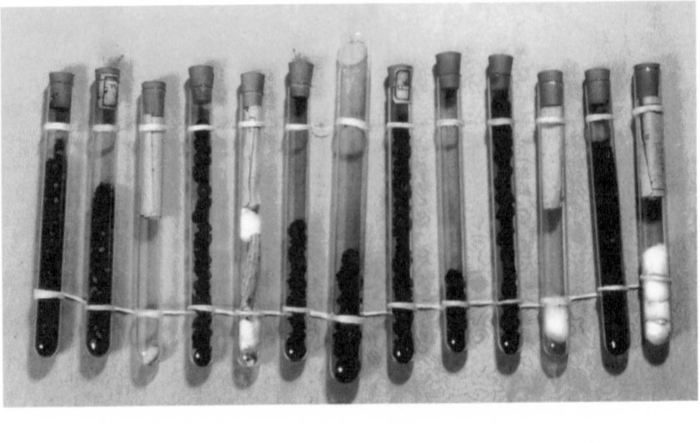

商代藥材標本。河北藁城商代第十四號作坊遺址出土，計有桃仁、郁李仁等。

甲骨文「疾手」刻辭

王室成員的疾病情況，涉及二十多種疾病，如疾首、疾目、疾耳、疾腹、疾止（足病）等。大部分以疾病部位來命名，也有按人年齡、性別命名的，如疾子（小兒病）、疾育（婦產科病）等；也有按疾病的特徵來命名的，如蠱、齲、瘧、疥等，包括了後世的內、外、腦、眼、耳、鼻、喉、牙、泌尿、婦產、小兒、傳染等科。特別是殷人已有了關於疾年的記錄；「疾年」指多疾之年，被認爲是流行病的最早紀錄。

商代已設有專司醫藥疾病事務的官職——「小疾臣」。商人對於疾病，除祭祀鬼神以求福佑之外，治療的方法見於卜辭的有針刺、艾灸及按摩。最早的針刺是用砭石，《說文》中說「砭，以石刺病也」，河北槁城的商代遺址中就出土有用於醫療的砭鐮。

從這些資料中，可清楚地看出殷人對疾病和醫學知識的掌握程度。

商代紡織業興盛

中國在新石器時代晚期便已掌握了絲綢織造技術。進入奴隸社會以後，奴隸主競豪奢華、錦衣玉食，大力發展紡織技術，到商代時紡織業呈現出一片興旺景象，其中尤以絲綢技術爲最。

在甲骨文和金文中，載有不少跟衣著服飾或紡織有關（如原料、繅紡、編織和絲織品等）的文字，與商周時期的其他文物互相印證，反映出這一時期紡織技術發展的脈絡與紡織業興盛的景象。

甲骨文中有許多涉及到蠶桑的字和卜辭。桑字有多種寫法，且其用法可分爲表示桑樹、桑林和採桑的，直接反映了商代的蠶桑生產。關於蠶的象形字，甲骨文中約有十餘種，出土的殷代玉蠶和骨蠶實物的形態與它們極爲相似。甲骨文中還有關於蠶桑的完整卜辭，比如有關乎人省蠶事的事例有的竟多達九次之多，可見蠶桑生產在當時所處的重要地位。在商代，人們有祭蠶神的隆重儀式，以求蠶桑的豐收。甲骨卜辭中的這些記載，說明蠶桑事業在商周時期已成爲相當重要的生產內容。

商代已設立了「上絲」的職官，專門管理發達的蠶桑絲織業。甲骨文中有關「繅」字的象形文字構成了熱繅法的操作圖景，這說明商代已基本具備了繅絲工藝技術和工具。

商代紡織業絲綢門類裡出現了技藝水準很高的織花紋綺，尤值一提。紋綺的形式多種多樣，有迴形的菱形斜紋織花（平紋織地）、異向緯斜紋顯花（平紋織地）；有的紋樣由平排連續的雷紋與三根平行線組合的橫條圖案，佈局勻稱，極爲美觀。河南安陽出土的一把商代青銅鉞，上面附有迴紋綺殘痕，足以說明商代的絲綢織花技術達到了很高水準。

婦好墓藏

婦好是商王武丁六十多位妻子中的一位，即祖庚、祖甲的母輩「母辛」，生活於西元前十二世紀前半葉武丁重整商王朝時期，是中國最早的女政治家和軍事家。據甲骨卜辭記載，婦好曾多次主持各種類型和名目的祭祀和占卜活動，利用神權輔佐商王朝統治。此外，婦好還多次受武丁派遣帶兵打仗，北討土方族，東南攻伐夷國，西南打敗巴軍，爲商王朝拓展疆土立下汗馬功勞。武丁對她十分寵愛，授與她獨立的封邑，並經常向鬼神祈禱她健康長壽。然而，婦好還是先於武丁辭世，武丁十分痛心，將之葬在今河南安陽小屯村西北約一百公尺處。

婦好墓出土玉鷹

婦好墓是一九七六年由中國科學院考古研究所進行發掘的，也是目前唯一一座能與殷商甲骨文相印證而確定其年代和墓主身分的商代貴族墓葬，同時也是殷墟發掘五十年來唯一保存完整的商王室墓葬。墓塘呈長方形豎穴，南北長五・六公尺，東西寬四公尺，深八公尺；葬具爲木槨和木棺，木槨長五公尺、寬約三・五公尺、高一・三公尺，木棺腐爛不堪，裡面遺骸也已腐朽。十六名奴隸被武

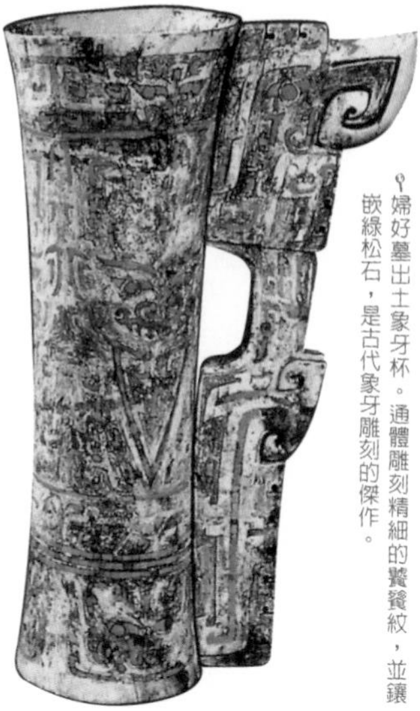

婦好墓出土象牙杯。通體雕刻精細的饕餮紋，並鑲嵌綠松石，是古代象牙雕刻的傑作。

丁殺死，成為婦好的殉葬品，反映了商代奴隸制壓迫的殘酷性。

從婦好墓發現的遺物來看，各類隨葬品多達一千九百二十八件，其中許多是前所未有的藝術珍品。青銅器共四百六十多件，重逾千斤，其中禮器二百一十件，樣式多種多樣，有不少紋飾華麗的大件器物，造型最為奇特者當屬偶方彝和三聯甗。刻有「婦好」或「好」的禮器多達一〇九件，佔禮器總數一半以上。鑄有「司母辛」銘文的銅器是一對大方鼎、一對帶蓋四足觥和一件帶鋬方形圈足器。兵器之中當數四把銅鉞最為矚目，特別是其中兩把有八、九斤重，上刻「婦好」兩字，表明婦好生前擁有頗高的軍事權力。另外，墓中出土的四面銅鏡鏡面平薄，直徑分別為一二．五公分、一一．七公分和七．一公分，表明中國使用銅鏡的信史可遠溯到武丁時代。玉器共七百五十多件，大部分都是軟玉，具有較高的工藝水準；各種立體或浮雕的人物和動物像比例基本恰當，形態逼真、栩栩如生、線條流暢，表明當時造型藝術和琢玉技術達到較高的水準，堪稱商代玉器中的精品，對研究古代動物的形象具有一定的價值。六十三件石器主要以大石岩、石灰岩為原料，有些石器上面雕刻虎、鴿、龜等各種動物形象，工藝較為精細，堪與玉雕相媲美。五百六十多件骨器中以笄為數最多。第一次完整出土的三件象牙杯製作十分精緻，是罕見的瑰寶。十一件陶器則對斷定墓葬年代具有重要意義。此外，婦好墓中還發現了六千八百多枚海貝，這是商代的貨幣。

從發掘婦好墓的情況來看，武丁建造的婦好墓在現已發現的殷代大墓中是規格很高的一座墓葬，一方面反映婦好地位的顯赫，另一方面也反映了武丁時期文化藝術上的傑出成就，對研究商王朝的社會經濟也具有重要價值。

原始青瓷出現

商代中期，原始青瓷開始出現。

在鄭州、湖北、河北、江西等地都有原始青瓷的產地，其中又以長江下游爲盛。

原始青瓷具有瓷器的基本特徵，但又不具備眞正瓷器的薄胎半透明性質。它以含鐵量低於一．五％的高嶺土爲原料，坯體施青色石灰釉，經過攝氏一千二百度左右窯溫燒成，胎質較堅硬緻密，胎色青中泛白，故名，亦常稱爲「原始瓷」。它的吸水率較低，初具瓷器的特質。

原始青瓷從商代中期出現後，其產量即呈現上升的趨勢。它的原料基本上是就地取材的，只有在選擇和加工上較講究。中國南方的許多地方因爲具有豐富的瓷石礦，所以原始青瓷先在長江下游得到長足發展。在成形技術上，原始青瓷在商、西周時多用泥條盤築法，外表通常透過修理，所以很少留有泥條盤築痕跡；部分產品在器表也留有拍印殘痕，內表留有「抵凹」，唯有少數的生產工具如瓷刀、瓷紡輪等，可能是模製或手捏的。

在原始瓷的產生和發展中，原始瓷釉也形成並不斷發展。北方最遲在仰韶文化時，就發明了在陶器表面上塗刷白色塗料，即所謂「白衣」、「陶衣」的工藝；在南方，湖南澧縣新石器時代早期陶器就採用了塗刷紅色陶衣的技術——這便是「釉」的前身。「釉」實際上是人們經過了選擇和配製，所含助熔劑更多的一種塗料。商、周的原始瓷釉叫「石灰釉」，它的主要優點是熔融溫度較低，高溫黏度較小，釉面光澤較好，硬度較大，透明度亦較高，坯體上刻劃的花紋圖案、浮雕人物都可一一清晰透映出來。石灰釉在中國沿用了很長一段時期，對古代陶瓷技術的發展

商代青褐釉原始瓷尊

西周原始瓷三系罐。釉極薄，黃褐色，直口、短頸、鼓腹、圈足，肩有三橫系。肩腹遍飾弦紋。

有其重要貢獻。春秋戰國之後，施釉技術有了明顯的提升，紹興富盛區出土的原始青瓷雖釉薄至十至五十微米，而胎釉結合卻較前稍好。

在影響原始青瓷產品品質的諸多工藝因素中，最爲重要的有兩個：一是原料的選擇和加工，二是陶窯構築、窯內空氣、溫度的控制。以易熔黏土爲原料時，就只能燒出普通的灰陶、紅陶、黑陶來；以瓷石、高嶺土爲原料時，就可燒出白陶，印紋硬陶，以及原始青瓷器來。白陶、印紋硬陶的發展，陶衣、彩繪、泥釉技術，分別在胎質、釉質上爲原始瓷的出現準備了條件；而升焰式窯的不斷改進，及半倒焰窯和平焰窯的出現，才使原始青瓷得以誕生。

中國是世界上最早發明瓷器的國家。原始瓷的出現和發展，說明當時在陶瓷原料的選擇和加工，在窯的構築和燒成技術上都達到了較高的水準。原始青瓷從原料選擇、成形、施釉到燒成，都還比較原始，故不管胎還是釉，與眞瓷都存在著相當的距離。但原始瓷畢竟是眞瓷的前身，它的出現是個偉大的起點，預示著東漢時期眞正瓷器的誕生。

中國金銀器工藝產生

中國最早的金器產生於商代。在河南、河北、北京、山西等地的商代遺址和墓葬中均有金器出土。其中商殷中心區域出土了金片、金葉、金箔等飾件，而離這一區域較遠的地方則出土了一些金首飾。北京平谷商代中期墓葬中出土的金臂釧、金耳環等，經化驗含金度達八五%，雜有較多的銀和少量的銅。其中金臂釧用錘鍱法

商代金臂釧和金耳環（最左圖）

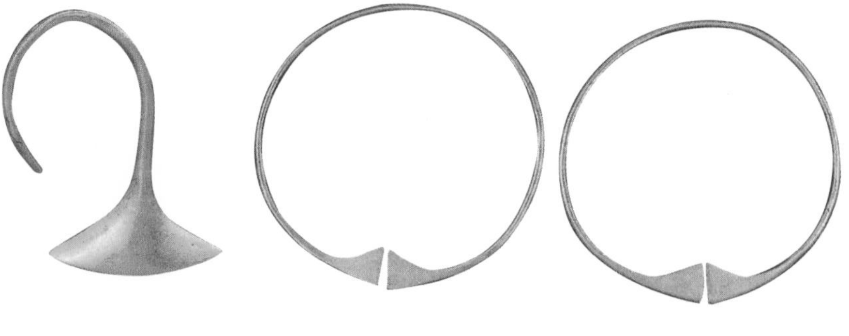

製成，兩端錘成扇形，再彎成環狀；金耳環一端錘成喇叭口狀，一端錘成尖狀，整體彎成圓形。

商代晚期金器主要出土於山西石樓後蘭家溝，這裡可能就是商代北疆，這批金器應是商文化與北方文化的結合體。這裡出土了三件金珥形器，其中兩件大小相同，另一件較小，都有一粒串珠，一端尖捲如渦紋，另一端較平，伸出一條細絲尾柄，串珠後又從中彎曲，尖部折上呈乙形，造型奇異，可能也是少數民族製品，在青海屬辛店文化的大通縣上孫家寨還出土了金耳環和金貝等。

這些情況說明在商代，中國金銀器工藝已發展到了相當水準，尤其是北方少數民族地區，更是具有自身特點，而這一特點在以後的發展過程中更爲突出。

河伯娶婦甲骨文。洪水帶給先人們的災害十分可怕，因而「河伯娶婦」這類對河水既恨又媚的故事，就不只流行在漳水流域。殷墟甲骨文中刻有河伯娶婦的事件（見右圖）。大意是丁巳日貞卜，是否要隆重祭祀河神並「沉嫏」？

商人崇信上帝和祖先

商代的宗教觀念，可從殷墟出土的十幾萬片卜辭甲骨中反映出來。從這些詳細的記錄中足以顯見商人十分崇信上帝和祖先，形成了以上帝爲最高神，與宗法血緣制度緊密結合的國家宗教。

從商人問卜的對象及卜辭中可以看出，他們相信有日、月、風、雨、雷等天空諸神和土、地、山、川等地下諸神，但在一切神示鬼魅之中，威信最高、權力最大，有著人格、意志、情感的神，乃是上帝。上帝是宇宙的主宰、萬王之王，管理自然及人間一切事物。

商人對鬼神的崇信，還表現在他們的祭祀活動中。卜辭中有許多祭日、月的條目，屬火祭，即將犧牲投於烈火中，使之焚化的青煙上達天廷。對於同屬天空神的風、雨、雲、雪諸神，也多用火祭；祭山川等地上神祇則採用沉埋法，如祭河就把牛羊、玉璧及奴隸沉入河中。祭地神最爲隆重，卜辭中祭地又寫作祭土，這與農業社會土地的重要性有關。

但是卜辭中卻沒有明顯祭祀上帝的紀錄。既然上帝是最高主宰，爲什麼會沒有直接的祭祀活動呢？原來，在商代宗教中，人的靈魂是不死的，也沒有輪迴轉世之說。鬼魂永恆地留存於天地之間，唯有商王死後「賓於帝」，靈魂回歸帝廷隨侍上帝；時王只能透過祭祖才能把自己的意志轉達上帝，同時上帝也不能直接作祟於時王，而是透過先王先祖之靈對世人降禍、降福。因此先王之靈便成了連接上帝與現世間的唯一橋樑。祖先崇拜不僅僅是維繫宗族內部團結的需要，也是上帝崇拜的必要環節，所以祭祖是商代宗教中最受重視的活動。

商人祭祖不僅隆重，而且極虔誠、頻繁。據卜辭記載，商人祖先均以忌日天干爲廟號，祭日與忌日相應。到商末，要祭先公先妣共一百六十八位，一年中商王平均二天就要祭祖一次。商人甚至還用人作犧牲品來祭祀祖先，或殉葬。在河南安陽西北岡商王大墓區發現了一百九十一座葬坑，其中所埋無頭屍體，全軀人骨、人頭、祭器等物，證明是商王室祭祀祖先的公共祭場，一般每坑有十幾具屍骨，與卜辭可互爲驗證。殺殉一次可多達數百人，被殺者除了少數親屬、隨從外，多是奴隸和戰俘。

商王祭祖活動受其宗法影響，也形成了一套宗法祭祀制度。其祭祖制度可分兩類，一類是「周祭」，即用羽、彡、劦三種祭法輪祭所有先祖先妣；另一類是「選祭」，一次合祭五世之內直系先祖先妣若干名。商王供奉於祖廟的神主稱爲「示」，「大示」是直系先王，「小示」是旁系先王；祭祀大示用牛牲，祭祀小示用羊牲。

文化小事典

祖甲始創周祭之法

為了報效先祖功德，商人盛行祭祀，但所祭對象和順序都很零亂，沒有一定的規矩。

祖甲即位後，創造了「周祭」之法，周祭以旬為單位，每旬十日，依王、妣廟號的天干為序，致祭之日的天干必須與廟號一致。如此逐旬祭祀，一直祭到祖甲之兄祖庚。用一種祭祀法遍祭上甲到祖庚的先公先王，需要九旬。祭畢，再分別用另兩種祭法遍祀，直到全部祭遍為止。周祭之法，使殷人的祭祀系統更為嚴密規範，因此盛行於商代後半期，並逐漸達到最高峰。

祖甲創立的周祭之法，是祖先崇拜和宗族制度的最佳體現。在上古文明中，各大民族都有自己的祭祀體系、周祭之法，和古巴比倫、古埃及的祭祀法各不相同，是中國古代特有的祭祀系統。

小屯祭祀場，商代古文化遺址。從這些祭祀坑中的遺骨數量，可見商代盛行的人殉和牲殉之殘酷。

商代服裝上衣下裳

商代手工業頗爲發達，已初具規模。特別是紡織業的發展，使商代在體現人類裝飾自己的欲望方面邁開了一大步，即行上衣下裳制。

商代已能生產各種各樣的麻絲製品，它的絲織品除有紋絹外，還生產出世界上最早的提花織品——綾紋綺。紡織技術的進步，必然使衣著日趨精美，隨著生活觀念的變化而不斷更新。「上衣下裳」制一方面是技術進步的結果，另一方面也反映了社會分層和風俗習尚。

中國古代以「衣」作爲各類服飾的統稱，分爲頭衣、體衣、脛衣、足衣、寢衣；在社會生活中，則統稱上身所穿爲「衣」，下身所穿爲「裳」。在春秋以前，沒有褲子，男女都穿裙，所以當時的「裳」實際上就是裙。

早在夏代，衣和裳就有一定程度的分離；到了商代，成爲普遍現象，形成中國古代服飾的兩種基本形制之一。

夏商周時代的服飾，多爲上衣下裳制，如：元端、袴褶、襦裙。「元端」爲國家法定服裝，自天子以至庶民皆可穿服，唯天子服之以燕居，諸侯服之以祭宗廟，大夫和士則朝服元端，夕服滌衣。元端因其形有端正之意而得名，衣袂皆二尺二寸，衣長也二尺二寸，玄色（指黑色），正幅不削。「袴褶」是上身穿褶、下身穿袴的一種服式，「襦裙」指上襦下裙的女服，二者皆於東周以後流行。

商代學校教育出現

商代的學校分爲序、庠、學、瞽宗等。從《孟子・滕文公上》、《禮記・王制》等文獻材料推知，商代的序和夏代的序沒有多少區別，皆具有養老、習射等職能，是講武習禮的場所。

學有「左學」、「右學」之分。左學即下庠、小學，位於國中王宮之中；右學爲大學，設於西郊。《禮記・王制》中說：「殷人養國老於右學，養庶老於左學。」孔穎達的注疏中稱養老在學，目的是宣揚孝悌之道、學習養老之禮。殷商卜辭中的「大學」是指獻俘祭祖的場所，且與宗廟的神壇連在一起，以祭祖、獻俘、訊馘、養老爲主要職能，以教授

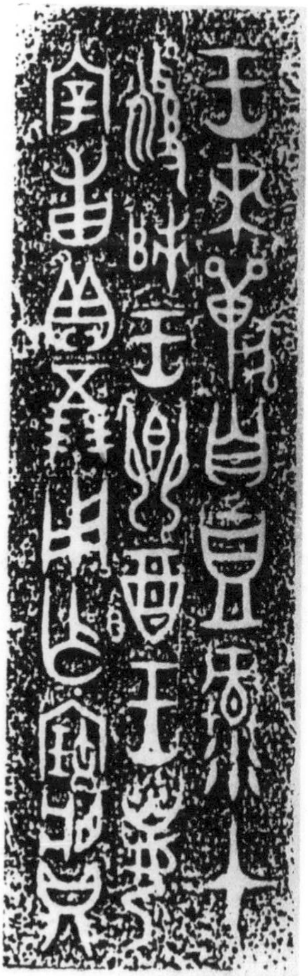

商代宰卣銘文。宰甫受到商王的賞賜和榮寵而作器。銘文鑄刻熟練精工，書法遒勁深峻，為金文書法藝術中傑作之一。

有關宗教祭典等禮儀知識爲主要內容，非具有完整意義的高等教育機構。

殷人重視祭祀、崇尚禮樂，特設「瞽宗」。瞽宗本是樂師的宗廟，用作祭祀的場所；祭祀中禮樂相附，瞽宗便逐步變成了對貴族子弟傳授禮樂知識的機構。序、庠、學和瞽宗說明商代出現了較完備的學校機制。

由於殷人幾乎無事不占不卜，和宗教有密切關係的數術成爲商代教育的重要內容。從甲骨卜辭看，商代最大的位數已達三萬，並能進行一般的算術運算和繪製較爲複雜的幾何圖形。殷商數學教育爲天文曆法的發展提供了有利條件，出土的一個骨片上就重複刻著從甲子到癸丑十天的干支表。據《史記》等文獻和甲骨卜辭考證，商代教育具有官師合一的特點，即執掌國家宗法祭典大禮的職官往往也在學校教授禮樂知識，這種身兼兩職的職官和教師統稱爲「父師」。

商代貴族爲了培養自己的子弟，鞏固國家統治，建立了序、庠、學、瞽宗等學校；教師由國家職官兼任，教學內容以宗教和軍事爲主，此外還有倫理和一般文化知識。「六藝」教育初露端倪，爲西周時期的教育開闢了道路。

商朝在青銅器上鑄造文字

殷商時期，隨著青銅器鑄造技術的提高和在人們生活中的廣泛使用，一種刻在青銅器上的文字產生了，稱爲「金文」。金文不僅刻在青銅禮器上，還刻在青銅兵器、青銅雜器甚至青銅生產工具上，但刻得最多的是青銅禮器中的鐘和鼎，因而又稱爲「鐘鼎文」。

商代金文的字體和甲骨文相近，字數較少，形聲字比甲骨文多，結構比甲骨文簡單，字體仍不固定。金文的內容主要是記載器物歸誰所有和紀念先人的稱號，還有的記載了製作青銅器的原因，並附記了年、月、日，少數記有較重要的歷史事實，反映了晚商記事文字有了進一步發展。商代前期銅器上的銘文一般只有一、兩個字，多爲族徽和其他圖形文字，筆道剛勁，有的還出現波磔。

目前最早發現的青銅器銘文，是商代二里崗文化期出土一件銅鬲的「亙」字，其意當爲族氏名號。殷墟出土的青銅器銘文中許多是屬於族氏標記，如婦好墓出土銅器上的銘文「婦好」、「亞啓」、「來泉」、「共」等。此外，銘文中也出現了祖先廟號的標記，主要見於祭器上，如父某、祖某、母某、妣某等，目的是將祭祀某位祖先的供品與祭祀其他祖先的供品區別開來。如：婦好墓中的「司母辛」方鼎，就是祖甲或祖庚專

金文象形款識。象形文字是文字發展史上的重要階段，圖為商代銅器上的「龜」字銘文和銅器上的象形款識。

門鑄造出來祭祀其母「母辛」的祭器，「母辛」是婦好的廟號；著名的司母戊方鼎，也是商王文丁專門用於祭祀自己的母親「母戊」而鑄造的祭器。在商代後期，出現了一些篇幅較

商代象尊，湖南醴陵出土。象尊是象形青銅酒器，是商、西周鳥獸形青銅器中較多見的器類。此象尊造型精美，象作站立狀，四腿粗壯有力，長鼻上捲；象身滿佈三層飾紋：耳下為鳥紋、獸面紋，前腿立虎紋，後腿獸面紋。紋飾極為華美但絲毫不損大象的整體造型效果，體現了一種繁麗之美。

長的銘文，筆道多有波磔；現已發現的最長銘文有四十多個字。

商人在青銅器上鑄造的金文，標誌著漢字的發展已從甲骨文字逐漸走向金文階段，對研究中國漢字的發展歷史和商代社會經濟文化狀況具有重要價值，並爲周代金文的通行奠定良好的基礎。

商代青銅禮器上的波浪紋飾

青銅技術勃興

夏商時期，中國古代青銅技術逐步走向鼎盛時期。它的整個發展過程大致可分爲三個階段：一是夏至商代早期的發明期，人們開始有意識地生產青銅器；二是商代中期的發展期，青銅器的生產逐漸大型化和複雜化，並開始走向社會應用；三是商代晚期至西周時期的鼎盛期，這是中國古代青銅器發展史上的第一波高峰，並在各生產層面得到極爲廣泛的應用。

商代人面鼎

合金成分的選擇及配置，在古代青銅技術中佔有重要地位。商代中晚期，中國發明了銅—錫—鉛三元合金；東周時期則產生了著名的「六齊」合金規律。

隨著青銅技術的發展和繁榮，以及青銅器的普遍使用，在歷史上出現了以青銅器藝術爲主導的工藝美術，我們稱之爲「青銅文化」。青銅器藝術主要表現在青銅器的造型、紋飾及藝術表現手法上。

青銅器藝術中的紋飾在工藝美術中也具有不凡的地位。其主要紋飾包括商代的饕餮紋、夔龍紋、雲雷紋等，商代後期到西周初期的鳳鳥紋等動物紋，和西周中期的竊曲紋、波紋等。

商代銅鼓

青銅器技術的出現及發展，正是中國歷史從原始部落向奴隸制國家的轉變時期，且青銅器是作爲一種禮器而出現的，由此形成一系列的「青銅文化」，如青銅雕塑、工藝美術及金文。因此，研究青銅文化，對研究國家的形成、禮制的興起及以後的中國工藝美術發展史，都有一定的意義。

車戰代替步戰　成爲主要作戰方式

車戰最早起源於夏代，約在夏末商初已有小規模的車戰。從商代晚期開始，車戰逐漸代替步戰，已出土的一批戰車就是商代晚期的遺物。在商代晚期的甲骨文中，還出現了最早的「車」字，並出現了有關車戰和召集戰車射手（登射）的卜問，也證明了這一點。至西周時期，車戰基本上取代了步戰，成爲佔支配地位的作戰方式，造就中國古代戰爭型態的首次劇變。

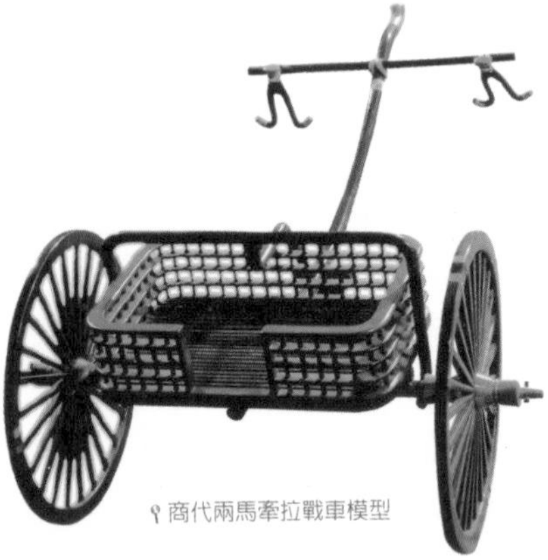
商代兩馬牽拉戰車模型

征射手甲骨文。商代征戰是每乘戰車有一名弓箭手。征三百名，說明已達三百乘。

據考古學家推測，商代可能擁有三百輛戰車。商代和西周時期軍事角逐的中心區域是黃河中下游的關中和中原地區，戰場都是廣闊的平原，特別適於戰車馳騁。《詩經》中有關西周的篇幅，凡寫到命將出征，都要提備車備馬；如《小雅・采薇》：「戎車既駕，四牡業業」，反映了車戰的興盛和威力。

早期車戰戰術非常呆板，一般要待雙方都列好陣形後，才以擊鼓爲號，發起攻擊。但商代車陣已出現右、中、左的配置，商代晚期軍隊建制中右師、中師、左師概念的出現，反映了當時已具有中軍和兩翼相配合的意識，較之單一的方陣是很大的進步。

青銅兵器廣泛使用

商代晚期，青銅兵器已廣泛使用，殷王近衛部隊、商軍主力和戰車兵均裝備青銅兵器，但一些消耗量特別大的兵器如箭鏃等，則仍用骨石和蚌質兵器。

這一時期，青銅兵器數量不但激增且器類齊全，形成了包括格鬥兵器（戈、矛、戟、殳、鉞、刀）、射遠兵器（弓箭）和防護裝具（冑、甲、盾）的完備組合。由於青銅冶鑄技術的發展，青銅兵器已能用純銅、錫和鉛來冶鑄，增加了兵器的硬度；又出現了青銅冑表面鍍錫的做法，既可防鏽又更為美觀。主要的青銅兵器有：

戈：主要功能是勾、啄。由青銅戈頭、柄、裝於柄頂端的龠和裝於柄末端的鐏四部分組成。

矛：主要功能是刺擊。由矛頭、柄和柄末端的鐓組成。商代銅矛頭較寬大，後逐漸變得窄而瘦。

鉞：由石鉞發展而來的劈砍兵器。商、周銅鉞頭形體很大，紋飾精美，屬於權杖之器，是國君和統帥權力的象徵物。而一些形體較窄小、兩邊平直的鉞，當時又稱「戚」，則多用於實戰。

刀：有短刀、長刀、大刀三種，但在商周時期並不是重要的格鬥兵器，而主要用於貴族佩飾。

戟：以戈、矛結合，具有勾砍和刺殺雙重功效。商周已出現，但實戰效果不佳，經過多次改造，直到春秋時始成為主要作戰兵器。

殳：棍棒類打擊兵器，周代始有。主要用於車戰。柄長三公尺，兩端套有銅帽和銅鐏。

箭：商代銅鏃、骨鏃、石鏃兼用，西周主要使用銅鏃，東周時期骨、石鏃被淘汰。

甲、冑：商代已用青銅鑄造，甲則仍用皮製。西周時期出現青銅胸甲和用青銅甲片綴連而成的身甲。甲的防護部位已達胸、背、腹、胯、頸和胳膊。

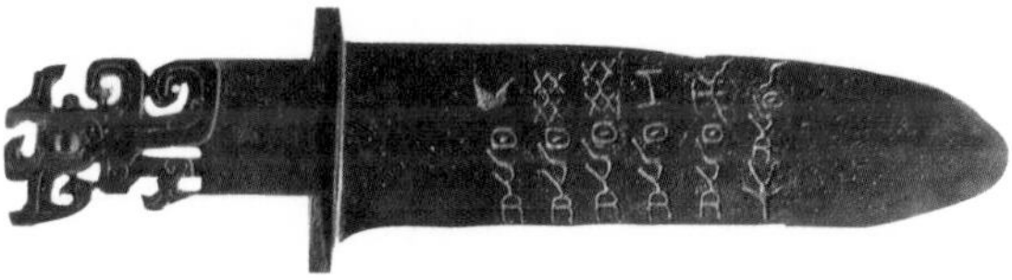

鳥紋戈。商代後期文物，由三戈成組，上有銘文。內容為祖、父、兄各世廟號，當為古人祭祀時的儀式用器。

盾：以木、皮等材料製作，並裝有青銅飾件。盾高一般有六十多公分，寬約四十五公分。

最早的蜀文化——三星堆青銅人像

距今三千餘年前，蜀地先民創造了具高度藝術價值的獨立青銅雕塑藝術品。一九八六年在四川省廣漢縣三星堆蜀文化遺址出土了大量青銅人頭像，呈現出蜀文化的藝術成就及其地域特點。

三星堆遺址出土的商代大型青銅雕塑作品，以人物雕像最具特色。青銅人頭像的大小與眞人相當，共十餘件，有貴族頭像，也有奴隸形象。青銅人像都頭戴冠帽、頭部有衣領等；面部均作誇張的表情，五官線條清晰有力，眼大，呈杏葉形，但未表現出眼珠；耳朵形如扁尖的扇子，耳垂有穿；抵嘴，形容堅毅冷峻。此與中原地區出土的雕塑人像有很大的差別。其中有一具完整的全身銅像，高達一七〇公分，形象生動，服飾華麗。

三星堆出土青銅立人像和人頭像

小的青銅人像通高十五公分，雙手撫於膝蓋之上，作跽坐狀，頭上有冠，腰間束帶。小型青銅人面相高六・五公分，頭部特徵與人頭形象相似，面部普遍呈扁闊狀。

三星堆還出土有青銅方座大型立人像、人頭像、人面像、人面罩及雕刻於其他器物上作爲裝飾的人頭像。這些人像由不同的製作模型鑄造，所以無一雷同，神態各異，精緻優美，顯示了不同人物的個性和身分。這說明當時的青銅鑄造技術已十分成熟。

三星堆大型青銅雕像的發現，表明商周時期確實存在著獨立的雕塑藝術品，並具有高度的技藝水準和宏大的規模。如果我們將五千年前紅山文化的大型陶塑，和兩千多年前秦始皇陵的兵馬陶俑聯繫起來，廣漢青銅人像雕塑群正是中國雕塑史中一個承上啓下的環節。

文化小事典

巴蜀文化

三星堆遺址是時代最早、面積最大的蜀文化遺址，它的發現為研究古蜀文化提供了寶貴的實物依據。巴蜀文化歷史悠久，其主要民族是傳說記載中的廩君蠻或廩君的後裔。蜀地農業發達、水利建設較早，歷史上它與中原保持聯繫，其文化一方面受中原文化的影響，另一方面又具有本地的特色。三星堆銅器如實地刻劃出古蜀民族的獨特風格，與中原地區的雕塑作品相比，它在造型和紋飾加工方面都達到了較高的藝術水準。此外，巴蜀文化還創造了自己的象形文字——巴文。

日蝕甲骨文，早於巴比倫的可靠日蝕紀錄。

天文曆法學迅速發展

夏代時，曆法已有很大的進步。相傳中國最早的曆法便是出於夏代的《夏小正》，是透過觀察授時的方法進行編制的自然曆。

到了商代，大規模的祭祀和占卜，要求準確的祭祀時間和祭祀週期，加之農業生產的進步，社會生活的更高需求，使得商代曆法在夏代的基礎上進一步發展。

商代曆法是迄今已知較爲完整的最早曆法。其曆法爲陰陽曆，陽曆以地球繞太陽一周，即三百六十五又四分之一日爲一回歸年，故又稱「四分曆」。陰曆以月亮繞地球一周，即二十九日或三十日爲一朔望月。商代用干支記日，數字記月；月有大小之分，大月三十日，小月二十九日。十二個朔望月爲一個民用曆年，它與回歸年有差數，所以陰陽曆在若干年內置閏，閏月置於年終，稱爲十三月。季節與月份有大體固定的關係。

商代每月分爲三旬，每旬爲十日，卜辭中常有卜旬的記載，又有「春」、「秋」之稱。一天之內，分爲若干段時刻，天明時爲明，以後有大采、大食；中午爲中日，以後有昃，小食、小采。旦爲日初出之時，朝與大采相當，暮爲日將落之時。對於年歲除稱「歲」、「祀」之外，也稱作「年」。

商代天文學中許多天象在卜辭中均有記載，如「日月有食」、「月有食」，在日蝕時並有「大星」等現象出現，可見對日蝕、月蝕的觀察之精細。卜辭還記載了觀察到的「大星」、「鳥星」、「大火」等，不僅有恆星，還有行星，後世的二十八宿中的一些星座名亦見於卜辭；卜辭中「有新大星並火」，即是說接近火星有一顆新的大星。當時已有立表測影以定季節、方向、時刻的方法，卜辭的「至日」、「立中」等，就是這方面的記載。

商代觀測天象與觀察氣象是相聯繫的。由於農業、畜牧業以及田獵等活動的需要，對氣候的變化特別重視。卜辭中記有許多自然現象，「啓」、「易日」爲天晴，「𣅳」爲陰天及濃雲密佈，「暈」爲出現日暈。記錄自然界變化的有風、雲、雨、雪、雷、虹、霖、雹，風有大風、小風、驟風。卜辭中還有祭東南西北四方風神的名稱，如咎（和風）、凷（微風）、彝（厲風）。記錄雨量的有大雨、小雨、多雨、雨少、雨疾、從雨、絲雨、延雨、緝雨。商人不只對一日之內，並且對一旬、數旬及至數月的氣象變化進行了連續的記錄。

商代天文曆法的進步爲後世提供了寶貴的經驗。

八卦出現於甲骨文、金文、陶文

商代、西周的甲骨文和金文以及陶文中出現八卦數學符號是三千多年以前的事實，但直到一九七〇、八〇年代以來才得到較初步的認識。

宋代出土「安州六器」之一的「中方鼎」，銘文末尾有兩個數字組成的「奇字」（見圖甲），王黼在〈博古圖〉中釋爲「赫赫」，郭沫若《兩周金文辭大系圖錄考釋》中講「末二字殆『中』之族徽」，唐蘭〈在甲骨金文中出現的一種已經遺失的中國古代文字〉中收集了更多的材料，認爲是「特殊形式的文字」，而且是「殷和周以外一個民族的文字」，都沒有揭開其中之謎。

後來李學勤在〈談安陽小屯以外出土的有字甲骨〉中指出「這種記數的辭和殷代卜辭顯然不同，而使我們想到《周易》的「九」、「六」，顯然已經著邊，但無深入考查，因此仍沒引起大的注意。一九七八年長春召

八七六六六六
七八六六六六

圖乙

圖甲

開的古文字學術討論會上，張政烺第一次具體地運用《易．繫辭》所載八卦揲蓍法的原理，來解釋周原出土甲骨文上的這類記數符號，確認它們是八卦數字，並按奇數是陽爻，偶數是陰爻的原則，解釋爲（見圖乙），經卦爲（見圖丙），別卦爲剝和比。這在商周甲骨、金文、陶文中八卦字的研究上走出了關鍵一步，並引發了學界對此問題的深入探討，逐步達成許多共識。

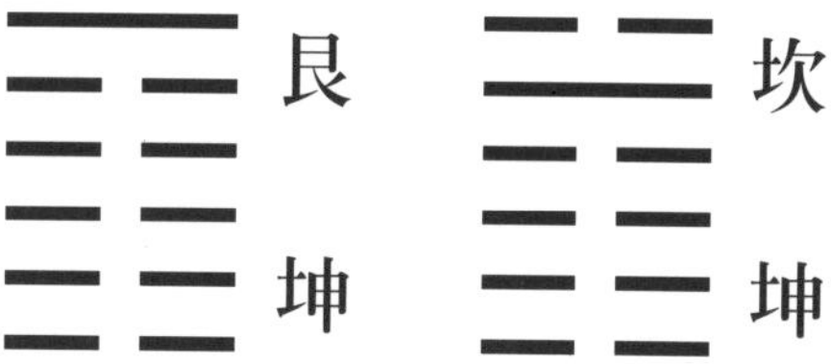

圖丙

商、西周時期甲骨文、金文、陶文中出現的記數符號，的確是八卦數字記法的實證。目前已發現有八卦的器物計二十九件，記有三十六條八卦數字記號，這些符號廣泛見於商和西周的甲骨、銅器和陶器上，包括青銅禮器鼎、簋、甗、卣、罍、盤，製銅器的陶範，日用陶罐，龜甲、獸骨和骨製箭鏃等。而且在地域、社會階層、時間的分佈上，都體現出八卦已是商周時代流俗的特點。

從現有材料看，筮法的出現，最遲不晚於武丁，甲骨文的「十」是很好的證據，商代後期的重卦，有的略早於文王，有的與文王活動時代相當。組成八卦的數字都是「一」、「五」、「六」、「七」、「八」，而且早期形態的單卦符號較普遍在西周出現，揭示出商周筮、法同源，大可能「周因殷禮」，即八卦首先出現於商，後傳至周。這就破除了兩千多年來對於八卦起源說，特別是《史記．周本紀》記載的「文王發明重卦說」的「迷信」。

《易經．繫辭傳下》載，「古者包犧（伏羲）氏之王天下也。仰則觀象於天，俯則觀法於地，觀鳥獸之文與地之宜，近取諸身，於是始作八卦，以通神明之德，以類萬物之情」，由於缺乏考古材料的佐證，對於原始社會是否有筮法可以存而不論。

779 B.C. 周幽王三年

・幽王納褒姒，有寵；廢申后和太子宜臼，立褒姒子伯服為太子。褒姒不肯笑，幽王舉烽火，招諸侯入援，以博其笑。

776 B.C. 周幽王六年

・《詩．小雅．十月之交》是中國古書中「朔日」兩字的最早出現，也是明確記載日期（十月初一）的最早一次日蝕。又「彼月而食，則維其常」，係世界上最早的月蝕紀錄。

820B.C.　771B.C.

841 B.C. 共和元年

・周「國人」起義，攻王宮。厲王奔彘。由周公、召公共行政事；此年史稱「共和」元年，係中國歷史確切紀年之始。

828 B.C. 共和十四年

・周厲王死於彘。太子靜即位，是為周宣王，「共和」行政結束。

822 B.C. 周宣王六年

・宣王命秦仲伐西戎，秦仲為西戎所殺。

782 B.C. 周宣王四十六年

・宣王死，子幽王宮涅立。宣王時「內修政事，外攘夷狄，復文武之境土」，史稱宣王中興。

・宣王時所鑄毛公鼎銘文497字，為現存銘文最長的青銅器。

774 B.C. 周幽王八年

・鄭桓公為周司徒，知周將亡，言于王，遷其民於雒東，虢、檜獻十邑以居之，號曰新鄭（今河南新鄭）。

771 B.C. 周幽王十一年

・申侯（宜臼外祖父）聯合繒、犬戎攻破鎬，犬戎殺幽王、鄭桓公，擄褒姒而去。諸侯擁立宜臼，是為平王。西周結束。

西周

西周年表

1066B.C.～771B.C.

前11世紀

- 周武王十一年，武王伐殷，戰於商郊之牧野，遂滅商。
- 武王都鎬（今陝西西安西），分封王子諸侯。豐鎬遺址發現房屋、窖穴、墓葬、車馬坑、水井、手工業等遺跡。
- 周成王（名誦，武王子）即位時年幼，周公旦攝政。武庚、管叔、蔡叔與東方夷族反周。周公東征，殺武庚、管叔，放逐蔡叔；二年（或云三年）平定叛亂，大封諸侯，主要有魯、齊、衛、宋、蔡、晉、楚。
- 成王七年，營建雒邑（今河南洛陽），東為成周。
- 周公制禮作樂，建立周代典章制度。今存儒家經典之一《周禮》，舊傳周公旦所作。儒家經典之一《儀禮》，舊傳亦周公旦作，經孔子編定。

1066B.C. —— 1000B.C.

前10世紀

- 周康王（名釗，成王子）即位。舊傳成康之際，天下安寧，周初勢力已達長江下游。
- 周穆王（名滿，昭王子）即位。曾命司寇呂侯作《呂刑》，制定贖罪的法律。穆王曾西擊犬戎，並遷其部分族衆至太原，又東攻徐戎。
- 周穆王、共王時所鑄「衛簋」、「衛盉」、「五年衛鼎」、「九年衛鼎」四器均有銘文，記載衛領受天子的賞賜，與他人的土地糾紛，及以物交換土地、林場等史實。
- 傳穆王曾周遊天下，與西王母相見。《穆天子傳》六卷係戰國時人根據穆王西行故事與西王母的神話傳說，結合當時地理知識、少數民族情況等編撰成書。
- 周共王（共亦作恭，名伊扈，穆王子）即位。共王時，史牆鑄史牆盤，銘文歌頌文、武、成、康、昭、穆諸王業績，並自敘家世。

雅樂成爲官方禮樂

周朝建立使奴隸制經濟空前發展，音樂文化顯著提高。西周初期的統治者建立起中國歷史上完整的宮廷禮樂制度。統治階級在宗教、政治等儀式典禮中所用的音樂和樂舞，後世稱爲「雅樂」。雅樂的黃金時代在西周，到春秋時期漸趨衰落。

雅樂的始創者是周武王姬發，在他興師伐殷的過程中，軍中常表演歌舞以鼓舞士氣，滅殷後又作了《象》和《大武》等大型歌舞慶祝勝利。西元前十一世紀周成王姬旦在位時，制定各種貴族生活中的禮儀和典禮音樂，以此來加強宗法社會的階級制度，鞏固王權。後繼的統治者把禮、樂、刑、政並列，使音樂的社會功能，與政治和法律等統治手段結合在一起，成爲貴族統治的支柱。據《周禮》、《儀禮》、《禮記》等古籍記載，西周各種貴族禮儀應用雅樂的場合有：一是祭祀，二是宴饗，三是射禮，四是軍事演習和軍功慶典。顯然，雅樂是爲維持統治階級內部秩序而設，普通百姓與之無涉。

雅樂的主要形式包括：一是六代樂舞，包括黃帝、唐堯、虞舜、夏禹、商湯、周武王留下的最高規格樂舞，用於祭祀神明天地祖先；二是小舞，有羽舞、皇舞、杆舞、人舞等名目；三是詩樂，大都載於《詩經》中的「大雅」、「小雅」、「頌」；四是宗教性樂舞。

在禮樂制度中，其歌唱、舞蹈、器樂演奏所用的調式、樂曲及演奏順序，甚至樂器種類、數目、表演時間、地點、場合都有繁瑣的規定，予人一種沉重的壓抑感，反映了貴族階級莊嚴神祕而沉悶呆板的美學觀念。

雅樂所用樂器如編鐘、編磬的製作要耗費大量人力、物力，只有貴族才能配置。湖北隨縣出土各種樂器一百二十四件，其中一套六十五件的編鐘最爲精美，從實物上印證了周朝雅樂的奢侈和輝煌面貌，反映春秋時代中國古代音樂所達到的高度水準。

周王室爲了推行雅樂，設置了專門機構「大司樂」，掌管音樂行政和貴族子弟的音樂教育，目的是培養大批音樂專才，擔任各項儀式典禮的表演任務，貴族子弟受教育的內容規定爲「四術」，即詩、書、禮、樂。他們必須按規定的時間和嚴格程序來接受教育。

西周成熟的禮樂制度和音樂教育體系，使得貴族和知識階層普遍重視音樂修養，將之視爲日常生活要素之

一，這對於鞏固宗法統治和累積音樂素養，以及發展樂器、樂制等音樂文化方面無疑是有利的，西周禮樂制度和音樂教育體系的完備和成就，在當時世界上是絕無僅有的。

但其嚴格的社會階級分隔，禮制的呆板森嚴，阻礙了音樂欣賞的發展與大眾化，因而雅樂的制度和體系隨著周朝中央政權的瓦解而衰落，形成春秋時期「禮崩樂壞」的局面。貴族諸侯深感雅樂的沉悶壓抑，轉而喜愛世俗音樂，一種新的音樂潮流以獨立之姿在民間勃興，這就是以「鄭衛之音」爲代表的新樂潮流。

冠冕服裝成熟

服飾的進化是文明發展的一種表現。西周時期出現的冠冕服裝反映出周代禮儀制度的成熟與完備。冠制是先秦服飾中的重要組成部分，冠帽與衣裳的產生相始終，二者合起來才形成一套完整的服裝，所以冠帽與衣裳必須同步發展，才能搭配協調。冕服是周代天子帝王在祭祀、登基、婚禮、朝會、壽日、冊封等重大活動時穿的衣服，代表周代服裝設計的最高成就。

記載西周重要歷史的牆盤。牆盤是1976年陝西扶風莊白村出土的微氏家族銅器群中最重要的一件，從銘文中微氏家庭的發展史看來，可見出周王朝對殷商遺民的採取接納的政策。微氏家族自武王時受封居於岐邑周原，歷任周朝史官，這一點有助於研究者進一步認識周原遺址的性質，理解它在西周歷史上的重要地位。

冠冕服作爲帝王、諸侯及卿大夫的專用服裝，其嚴格的階級規定本身就有十分鮮明的政治色彩。周代頌教銘記載：「易（賜）女（汝）玄衣黹屯，赤市朱黃。」銘文中所說的「賜汝」就是當時周天子賜命於諸侯及有

虢季子白盤是目前所見商周青銅水器中最大的器物，此盤銘文111字，記載了宣王時征伐玁狁的戰事，是研究西周晚期政治、軍事及與北方少數民族關係的重要材料，提到戰爭在「洛之陽」展開，對研究西北歷史地理亦具有重要價值。虢為周文王弟的封國。

西周夔紋禁。禁在青銅器中屬罕見，已發表者以此最為巨大。

功臣僚的服飾，連衣服及鞋子的顏色也做了規定。此外，冕服上束在腰間的大帶和革帶也有階級之分。總之，冕服作爲官服，應周代禮儀制度的發展而不斷完善。

周代服裝豐富多彩，除官場專用的冕服外，日常生活中的服飾也很有特色。從冠帽來說，除冕外，還有用鹿皮縫合的皮牟（武冠），以及頂上有延、紅中帶黑的爵牟（文冠）。男子長到二十歲行加冠禮，小孩、女子、平民、罪犯和異族人不戴冠，平民以巾裹頭，不得戴冠。上衣的式樣很多，有齊腰或到膝蓋的短衣，即「襦」，也有上下衣裳合爲一體的「深衣」，類似今天的連衣裙，鑲有彩色花邊。周代服裝實用美觀，其樣式與採用的衣料隨四季冷暖不同而變化。有夏天穿的單衣，春、秋兩季穿的帶裡子的夾衣和用以禦寒的裘、袍等，貼身穿的內衣也有專門設計。

周代以冠冕服爲代表的服裝習俗及其制式表明，這一時期的衣服已不像史前時期那樣完全出於實用目的而設計，而是伴隨社會發展和文明進化的歷程不斷演變，成爲周代文化的一個重要部分。

六藝教育的形成

西周在繼承商代教育體制的基礎上，建立起政教合一的古典教育官學體系，形成當時先進的六藝教育。

西周國學教育內容以禮、樂爲中心，附以射、御、書、數的六藝教育。禮教是有關政治、宗法、人倫道德規範等知識的教育，在六藝教育中佔有核心地位。西周國學禮教包括吉、凶、軍、賓、嘉五個方面，由師氏主掌；鄉學有冠、婚、喪、祭、饗、相見等「六禮」，由大司徒主掌。

樂教主要學習宗教祭祀樂舞知識，即樂德、樂語、樂舞的教育。樂禮教與樂教相結合，可緩和統治階級內部矛盾，調和尊卑貴賤之間的衝突，有利於鞏固西周王權。

六藝中的射、御是訓練武士的軍事技術，也是一種綜合性的教育，包括道德情操、內心志向和技藝的培養。當時射最受重視，射藝的高下常作爲士子獎勵、提升的標準。貢士也要經過射禮考核才定優劣。書、數是有關讀、寫、算的知識教育，主要在小學階段講授，稱爲小藝；而射、御在大學階段學習，稱爲大藝。禮、樂之教，是最高境界的道德學問，是學爲人君、治理天下必備的修養，故稱爲大道、大德。

天亡簋，作於周武王時期，是目前所見周代最早的銅器，清道光年間出土於陝西岐山。銘文記載了周武王滅商以後在辟雍內的明堂為父文王與上帝舉行祭典，追述了武王在文王等先王的護佑下滅商的成就，是研究西周初年祭祀制度和歷史文化的重要資料。

西周六藝教育的特點是學在官府、官師合一，教師既行教又兼管國家事務。這與古希臘羅馬教育截然不同，後者爲私立學校，教師地位低；西周的學校均爲官辦，執教者也爲現任官吏。這種官與私的兩種類型，反映了東西方兩種教育形態最初的歷史淵源，中國古典教育在西周已初具規模。

周人始用陶瓦

西周初期，陶瓦出現。在西周早期的遺址中發現，周人在建築房屋時已使用陶瓦，但數量較少，只用於屋脊和屋面，無筒瓦、板瓦之分。瓦片上仰面和俯面區分得很清楚，兩面分別有陶釘或陶環，背面飾有繩紋，青灰色。陶瓦有大有小，形制不一。

西周中晚期，陶瓦的使用擴展到全屋頂。從陝西扶風出土的西周晚期遺址中發現，這時的陶瓦，一是數量多，遺址中留有大量的瓦片堆積；二是種類多，有板瓦、筒瓦、大板瓦，還出現了一種面飾繩紋充地黼黻紋小

西周瓦當。西周早期大型宮室建築已全部用瓦，同時也出現了瓦當。

西周建築遺址瓦件，瓦分板瓦和筒瓦兩種。

筒瓦和頭帶素面的半瓦當；三是瓦面上飾有精緻的花紋，有迴曲紋、繩紋、黼黻紋等，呈青灰色，反映了周人已把陶瓦的使用和美觀有意識地結合起來。

陶瓦的出現，解決了屋頂的防水問題，提高了人們抵抗自然災害的能力，使中國建築脫離了「茅茨土階」的原始簡陋狀態而進入了較高級的階段。

《周易》本經形成

《周易》是一部有關古人卜筮的書籍，也稱《易》，漢代人通稱爲《易經》，是中國儒家典籍，六經之一。「易」字，一說爲「簡易」之義；另一說爲「變易」之義。而「周」字，有人說是指周代人的筮法，但又有人說是指周遍之易，即探求普遍的變易法則。漢代人所說的《周易》，包括經、傳兩部分，傳是對經的解釋。

關於《周易》的成書，過去傳說伏羲畫八卦，周文王將八卦推衍爲六十四卦。現在大體認爲《周易》是先民們和古代卜筮之官長期積累的卜筮記錄，它成書約在周代初期。

《易經》的具體內容，是由八卦推衍爲六十四卦的兆象符號（即卦圖）部分和六十四卦卦名、卦辭，以及三百八十四爻和爻辭語言部分所組

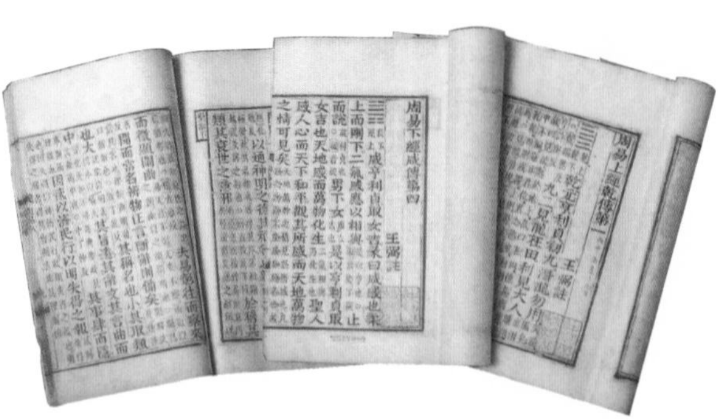

《周易》書影

成。卦圖的結構，是由稱作陽爻的「—」和稱作陰爻的「--」這兩個基本符號組成，三行一組排列而成八個「經卦」，即乾、坤、震、巽、坎、離、艮、兌；又由八個經卦兩相重疊組合成六十四個「重卦」，如乾卦、坤卦、屯卦等等。這些卦象是占卜判斷吉凶的主要依據，它們各有卦辭、爻辭加以說明。卦辭和爻辭的內容大致有三類：一是講自然現象的變化，二是講人事的得失，三是判斷吉凶的辭句。

《易經》雖屬卜筮之書，籠罩著神學迷信，但在其神祕的形式中蘊含著一些合理而深刻的思維和觀念。八卦的製作，原是自然界物質現象的概括和象徵。現在認爲易卦中的陽爻和陰爻兩種基本符號的最初含義是來源一、六、七、八等幾個數字。中國歷史上最早反映陰陽的觀念，就是透過

西周青銅龜紋盤，龜的形象生動可愛。

岐山西周甲骨文

《易經》的卦爻表現出來的。八卦是象徵著由陰陽構成宇宙物質世界的八種基本成分，而萬物都是由它們所衍生出來的，由此可知《易經》中蘊涵了純粹唯物論和無神論世界觀的萌芽。《易經》的六十四卦由三十二個對立卦組成，這反映了古人們從對自然運動與社會矛盾的長期觀察中，萌生了對立又融合的思想，體現了中國古代辯證法的思想，因而在中國哲學史上佔有重要地位。

西周新型土地制度——井田制普及

井田制是由原始氏族公社土地公有制發展演變而來的一種土地制度，據《孟子》等古代文獻記載，它存在於西周以前一段相當長的歷史，但直到西周才臻於完善。這一制度因耕地

劃作井字形塊狀而得名，其特點是實際耕作者對土地無所有權，而只有使用權。

甲骨文中田字作田、田等形，被認爲是井形塊狀耕地的證據，可見井田制的久遠。西周時，每長、寬各一里（周里）的土地稱一井，每井計有土地九百畝，八家農戶耕種其間，中間百畝爲公田，八家合種其中一部分爲公用菜地、住宅地等；其餘八百畝每戶各分種一百畝，這就是《孟子》中所載的八家共井說。而《周禮》則以九夫爲井，方一里爲一井，方十里爲「成」，即百井；方百里爲「同」，即一萬井；構成井田體系。因而井田制大致可分爲兩個系統：八家爲井而有公田，與九夫爲井而無公田。

西周時代的汲水具

在井田制下，凡遇須休耕輪種的土地，或土地品質相差懸殊，可根據實際情況調整各農戶土地分配數額，甚至有時土地在一定範圍內實行定期平均分配。成年農民，按一夫百畝的標準受田，至老死歸田，對土地只有使用權，因此田地不能買賣。

井田制下勞動者的經濟負擔除田地稅以外，還有賦。田地稅不僅要繳納地產實物，還要向領主以耕種公田的形式提供勞役地租。賦是軍賦，軍隊的裝備連同士兵的服役合在一起的統稱，它既有一部分以勞役支付，又有一部分以實物支付，因此井田制下受田的夫，也就是戰爭服兵役的丁壯；作戰所用的器械、糧食、草料、牲畜，也由國家按井數來規定。

由於對夏、商、周三代的社會性質認識各異，因而對井田制所屬性質的認識也不相同，有的認爲是奴隸制度下的土地國有制，有的認爲是封建制度下的土地領主制等，雖眾說紛紜，但在承認井田組織內部具有公有向私有過渡的特徵，其存在是以土地一定程度上的公有做爲前提這一點上，則認識基本一致。

西周中期，土地在長期佔有的情況下很容易轉化爲個人私有，貴族之間已出現土地交易現象，土地的個人私有制至少在貴族之間已經出現。春秋時期，晉國的「作爰田」、魯國的「初稅畝」等，也都是在事實上承認土地個人私有制普遍存在的情況下進行的改革，說明井田制逐漸趨於瓦解。西元前三五〇年商鞅變法，廢井田，標誌井田制的崩潰，但是這種均分共耕之法對後世的影響卻極爲深遠。

後宮制度和宦官制度建立

後宮制度，是中國古代帝王的內職機構和組織形式，主要由后妃、女官、內侍、宮省等構成。

自夏朝開始，中國歷史上「家天下」的局面形成。隨著王位傳子的繼承制，尤其是形成和確立嫡子繼承制，階級分明、身分有別的后妃嫡庶制度也隨之建立起來。到周朝時，傳說開始制定正后、三夫人、九嬪、二十七世婦、八十一御妻，共一二一

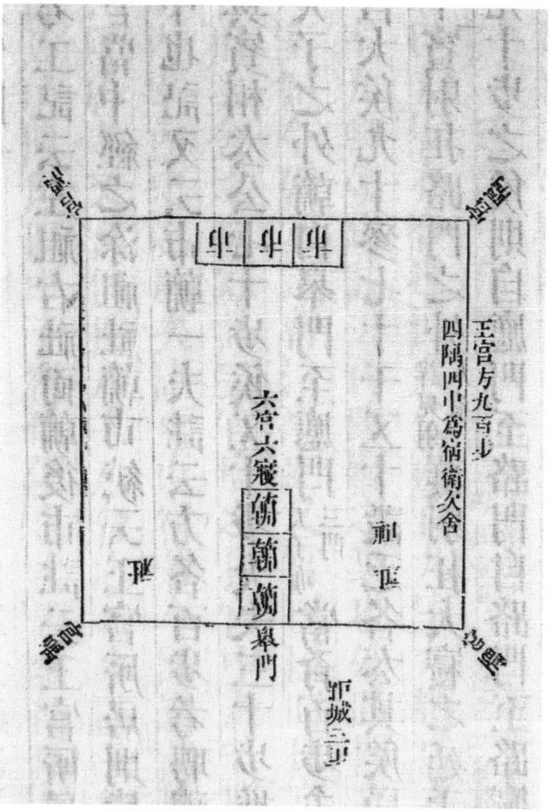

周代宮室圖。《考工記》中有「左祖右社，前朝後市」的記載，宮圖中明確表示出左祖（太廟）右社（社稷壇）的佈局，說明修建明代宮城時仍嚴格按《周禮》的要求設計。

玉人，甘肅省靈台西周墓出土。頭頂上有蛇盤狀的髮髻，其首作虎形。其形象似與以虎、蛇為神的巴族有關。因此這件像是被俘的少數民族奴隸形象的玉雕人，作為隨葬的俑，應含有獻祭的意思。

人的后妃制度。這個制度是否實行過，目前尙難有定論。但從西周至戰國所出現的后、妃、夫人、嬪、世婦、女御、姬、八子、女史等後宮名號看，後宮嫡庶制度是十分嚴格的。秦滅六國後，規定「帝母稱皇太后，祖母稱太皇太后，嫡稱皇后，妾皆稱夫人」。

除后妃外，後宮制度中還有其他組成元素。一是女官，因按傳統規定，皇帝治理國事，爲「天下之父」；皇后治理內事，爲天下之母。爲了使皇后能「母儀天下」，設置一些官屬輔助皇后治理內事，也是增強皇家威儀的一種措施。二是內侍，是皇帝及后妃的侍奉官，專門伏侍君主和后妃的生活。三是宮省，宮省是皇宮的建築形式，統治者建築宮省的本義是崇宮室以威四海。

宦官制度是皇宮中專用宦官侍奉帝王及其家族的制度。宦官是指經過閹割，失去正常性能力後進入皇宮侍奉皇帝及其家族的男性。宦官制度建立於周代，《周禮》中對帶有各種職銜的宦官人數、職掌已有明確的記載。這時宦官人數不多，是家臣的一部分，主要負擔看守宮門、傳達命令、侍奉起居等雜役，地位低賤。但由於宦官常侍君側，容易得到君王的寵信，甚至參與政治。

秦漢時，隨著君主專制的加強，對宦官的任使已越出宮內範圍，正式進入政治領域；如秦朝宦官趙高任中丞相，勢力足以總攬朝政，策動廢立。但從制度上來說，宦官仍屬少府，要受大臣的監督。東漢以後，內官職屬全部由宦官擔任，宦官可與廷臣同享俸祿、食邑、食租。從此宦官正式有了自己的權力體系，成爲一股干預國家政治的特殊勢力。「宦官」一詞亦正式見於《後漢書》。

宦官的來源不一，有自宮、有因罪被宮、進貢、拐賣、挑選後被強行閹割而成等。史書上對宦官稱謂很多，如以曾經閹割稱爲閹宦、刑臣，以任職宮中稱爲內侍、中宮，以官職稱爲軍容、太監，以服飾稱爲貂璫，尊之稱公公，貶之稱宦孽等。

周人劃分月相

西周銘文除初期尚有少量沿用商代記干支於銘首、記月祀於銘末之外，大量的則是按年、月、日的順序紀於銘首，而且多有「初吉」、「既生霸」、「既望」、「既死霸」這類一月四分記時法。

分一月爲四分月相，是西周時代特有記時法，每一月相分配七、八日爲一周，視大小月再定。即從月牙初露到月亮半圓叫「初吉」，從月亮半圓到滿圓叫「既生霸（魄）」，從月亮滿圓到半圓叫「既望」，從月亮半圓到無光叫「既死霸」。王國維還把這四段的第一天分別叫做「月出」（相當於初三）、「哉生魄」（霸，相當於初八）、「望」（相當於十六）、「哉死魄」（霸，相當於二十三），稱爲「月相四分法」，比商代的曆法更爲精細。

周公測景台。周公姬旦在陽城（今河南告城鎮）設台觀測日影，後人稱為周公測景台。這是中國保存最完整的古天文遺跡！

最早的法律判決書——𠑇匜

周厲王時𠑇匜的銘文是一篇中國最早的判決書，是中國法律史上的重要文獻。銘文敘述了一場訴訟案件的始末，其大意爲：某年三月既死霸甲申日，周王在葊京的上宮，跟隨周王的伯揚父在那裡定下了判決詞。

伯揚父譴責牧牛說：「牧牛！你該受重懲。你竟敢與你的上司爭奪財產，對他進行誣告。你違背了先前的誓言，誓約在先，這次必須執行。你應去嗇與𠑇修和，交還那五個奴隸。你既已遵從了判詞，實行了誓約。現在我赦免你，該鞭打你一千下，給你施墨刑。現在我大赦你，對你施以鞭刑五百下，並罰你銅三百鋝。」伯揚父又命牧牛立誓說：「從今以後，我豈敢以大事小事來擾亂你？」伯揚父最後告誡說：「你的上司如再來控告你，就要對你處以鞭刑及墨刑。」牧牛立了誓。於是把這次判審告知官吏，結了案。牧牛的案子和誓約都定下來，罰了銅。

這次案件處理，是依據奴隸制的刑典判決的，牽涉了原告師𠑇、被告牧牛、司法長官伯揚父，參加聽斷的司盟官史，人員齊備；涉及的刑罰有鞭刑、墨刑以及罰金，適合對牧牛這種人的身分和地位的有關規定；判詞從定性、量刑、赦宥到定刑有一定格式；訴訟從判決、立誓、到報告有關官吏到結案等，過程完整清楚，銘文還清楚說明了西周獄訟中的盟誓制度。從被告與原告的關係上，我們可以知道當時法律的性質即維護上司或主人的利益，對下屬或婦僕則反覆警告並加以懲戒。

𠑇匜

〈𠑇匜〉這篇完整的訴訟判決書，作爲有關西周法制完整的第一手資料，比史籍追記的事件更爲可靠，是研究西周法制史的一件極重要文獻。

西周青銅器及金文鼎盛

青銅器早在夏朝就已出現，經過商代的發展，到西周時達到巔峰，進入社會各階層和生產部分，並得到廣泛的應用。從考古發現來看，西周時的青銅器無論從數量，還是從分佈區域，均遠遠超過了商代。東起洛陽，西到寶雞，北抵東北，南至長江流域的現四川、雲南地區，均有大量的青銅器考古發現。

西周初期青銅器的特徵，基本上是商代青銅器的翻版，如簋的方座、鼎、卣、方彝等器物上突起的扉稜。

西周晚期的毛公鼎是金文的經典名作。因作者毛公而得名，銘文鑄在鼎上，有32行，共499字，是現存青銅器銘文中較長的一篇。全文追述周代國君文王、武王的豐功偉績，感嘆現時的不安寧。毛公將此事鑄於鼎上，以資紀念並流傳後世。

西周初期青銅器對商代青銅器傳統的沿襲特別表現在紋飾方面，基本上繼承了商末青銅器花紋縟麗的作風，如一九七六年在陝西扶風出土的方彝，通體紋飾縟麗，有三層花的饕餮紋、雙身一首龍紋和小立鳥的夔紋等。此外，西周初期的青銅器紋飾依然將很多動物紋飾有意地組合在一起，構成相互追逐、戲耍的場面，富有獰厲的色彩。

西周太保鳥卣

西周中期，青銅器紋飾逐漸改變初期對商代傳統的沿襲，逐漸出現寫實性的竊曲紋和波紋，將早期紋飾中以動物神祕圖形爲主的花紋加以分解，削弱其神話意義。這可能是當時禮制的宗教色彩減弱並走向儀式化的傾向，在藝術上的表現。

西周時期青銅器具包括酒器、飲食器及樂器等。酒器主要以壺爲主，有方、圓兩種，束頸、鼓腹、有耳、圈足、多數有蓋，代表作有頌壺和三斗瘓壺。炊器以大鼎爲主，圓腹、立耳、柱足、鼎耳寬厚，腹部上端內陷，下端略凸。

青銅器在動物雕塑上的體現也基本與青銅器的變化類似，早期基本沿襲商代作風，後來才開始慢慢向寫實方向演變，如遼寧喀左旗馬廠溝出土的鴨尊紋飾單純，陝西郿縣李村出土的盠駒尊，均具有強烈的寫實傾向。

西周人形銅車轄

隨著青銅器的產生和發展，人們逐漸在青銅器上鑄造和刻鑿銘文，這就是所謂的「金文」，又稱「鐘鼎文」。金文最早出現在商代，在商王帝乙、帝辛統治時期，有了初步的發

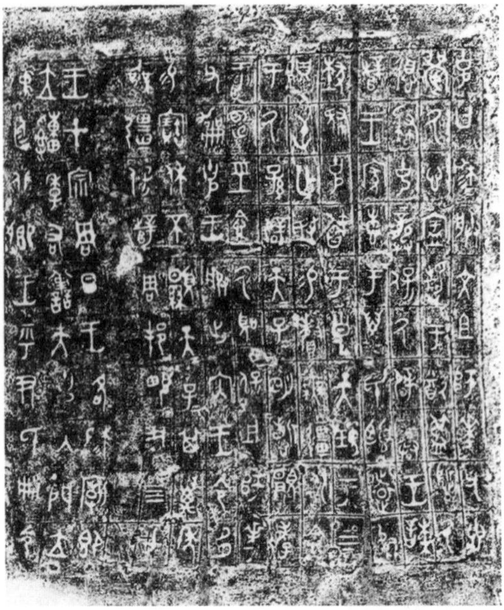

大克鼎銘文

展，開始在青銅器上鑄造十幾個字乃至幾十個字的銘文，內容涉及具體的歷史事件及人物的活動，目的是爲了祭祀祖先，同時傳給後代，作爲永久的紀念。西周時期，金文也發展到了鼎盛時期，每篇銘文的字數遠遠超過商代，內容也更加擴展，涉及冊命、賞賜、征伐、訴訟和頌揚祖先功績等，如昭王時期的「令鼎」，講述的是令參加周王的藉田禮，擔任王室車隊先導，因功勞大而被賜於臣僕三十家；厲王時期的「朕匜」講述的則是牧牛宜與朕打官司，被施以鞭刑的事。金文中記載最多的還要數戰爭事件，幾乎包括所有西周時期內外戰爭。

西周金文的發展過程基本上可分爲三個階段。早期金文類似於商代金文，字數較少，內容依然以頌贊祖宗功績爲主，如成王時期的「眉縣大鼎」等；這一時期歷經武、成、康、昭四位皇帝。中期金文以穆、恭、懿、孝四位皇帝統治期爲時間區段，篇幅開始加長，風格也一改早期的波礫且肥筆的字劃，轉而均勻、圓潤、飽滿、結構簡單，較爲質樸；如孝王時期的「大克鼎」等。到夷、厲、宣、幽四世，西周金文進入到它的高峰期，筆畫均衡對稱，波磔消失，並開「篆」之端；如宣王時期的「毛公鼎」，字劃圓勁、氣勢強雄，銘文也多達四百九十九字之多。

金文的出現及普及，反映了西周到春秋六百年間中國文字的使用情況。

刺繡工藝誕生

刺繡是中國古老的手工技藝。《尚書・益稷》記載虞舜時就用五彩繡製作禮服。什麼是繡，古人和今人在概念上有所不同。今人謂繡，是指以繡花線在紡織物上繡出花紋；而古人謂繡，也包括五彩的畫繢在內。

在原始社會，人們用紋身、紋面、紋繢服裝等方式來美化生活。但服裝上紋繢的花紋，畢竟會在運動中磨擦時剝落毀損。後來人們乃漸知繡，用絲線將花樣繡在衣服上既美觀又牢固。周代《詩經・秦風・終南》中「黻衣繡裳」，《豳風・九罭》中「袞衣繡裳」等詩句，說明西周已出現了刺繡這種工藝。《考工記》記載周代官府「設色之工」中的畫繢，也包括刺繡在內。

辮子股刺繡印痕

西周時，繡是「人君后妃」之服或「天子之服」，其他人是不能越級服用的。當時列國諸侯間也常以高貴的錦繡作爲相互饋贈的禮物。春秋戰國時期，隨著列強兼併，政治鬥爭劇烈發展，諸侯間的政治交往日益頻繁，生活享受日益奢侈，刺繡的產量也不斷提高。《史記・蘇秦列傳》記載蘇秦說趙，趙王「乃飾白乘，黃金千溢（鎰），白璧百雙，錦繡千純，以約諸侯」。當時貴族厚葬之風盛行，按禮制規定，諸侯之棺，如衣綈繡。甚至楚莊王有愛馬，也以文繡爲衣。可見刺繡數量較多，而且價格也相當的高昂。

商周青銅生產工具發達

青銅製造業在中國的商、周時期達到全盛階段，青銅生產工具日趨多樣化，主要品類有針、錐、刀、鑽、鏟、鋸、削、斧、鏟、鋤、鐮、鍤等，分別用於農業、手工業生產和建築。

從夏、商到周，中國農業生產工具有了飛躍性的改良，經歷一個由木石至青銅的發展過程。商代的農具爲斧、鐮、鏟、鉼等，從質料上看，青銅農具數量較少。

西周農具品類較商代有所發展，從《詩經》等文獻資料和出土文物中可知，有耜、錢、鎛、銍、艾、刀等。青銅農具生產和使用的最高峰是

商代鑄銅陶範。商代的鑄造技術已十分發達，從這些精細的陶範即可見一斑。

在春秋時期，雖然其形制和種類未超出商和西周，但其數量和品質今非昔比。

侯馬晉國遺址出土幾千塊鑄造青銅工具的陶範中，钁、斤類等農具的陶範佔九〇%以上，這是黃河流域生產工具的代表。而長江流域使用青銅農具更普遍，在當時吳、越地區內都出土了鍤、鋤、鐮、斤、耨等農具。這一地區出土的鋸鐮，或稱齒刃銅鐮，用鈍後只要在背部稍磨，便又會鋒利，它是近代江、浙、閩、鄂等地仍在使用之鐮刀的祖型。冶鑄業以農民之家「人而能爲鎛」的小手工業形式存在，反映出青銅農具使用的普及。當然石、蚌、竹、木製農具在農業生產中仍發揮著不可替代的作用。

手工業生產工具在青銅時代也有不斷發展和改進。迄今已發現商朝早期遺址中留下的青銅器工具達三十件，種類有鏃、錛、鑿、刀等。四壩文化僅一九七六年在玉門火燒溝三一二號墓中就出土了二百多件青銅器，主要是刀、斧、錐、鑿、針等手工業生產工具。這些工具的特點有：一是種類和數量增長，形制複雜；二是青銅工具含錫量明顯提高；三是錫青銅和鉛青銅器在手工業生產工具中佔八〇%，這些是中國進入青銅時代的主要標誌。

商周時期建築工具類的青銅器有四種：一爲斧、钁、錛，主要用於挖

西周青銅調色器。此器出土時內有礦物粉末，可證明其用途。

土；二爲鏟類，亦屬挖土工具，河南安陽大司空村出土的一件完整的銅鏟，其形狀與現代的鏟相同，另外兩件銅鍤與鏟的功能相同，同屬鏟類；三是鑿，與近代鑿相似，截面成梯形，用於竹木加工；四是鑽和鋸，鑽是穿圓孔工具，鋸是剖截竹、木、骨、角材料的用具，在安陽殷廢墟、黃陂黃龍城、歷城大辛莊等商周遺址中均發現銅鋸，可見青銅工具在建築業中得到廣泛使用。

商周時期共出土青銅生產工具四千件以上，長江流域和黃河流域均有發現。到春秋晚期和戰國時代，由於冶鐵業的發展，各種青銅生產工具逐漸被鐵製工具所排擠，農具、手工業生產工具、建築用的工具進入一個新的時代。因此商周青銅生產工具的發達在中國文明史上起著承上啓下的作用。

鐘發源

鐘在古代被稱爲「聲之主」，《周禮．春官》已記載古時有鐘師的官職，「掌全奏。凡樂事以鐘奏《九夏》……凡祭祀、饗食奏燕樂，凡射……，掌鼙鼓縵樂」。《詩經．關雎》已有「鐘鼓樂之」語。馬承源主編的《中國青銅器》一書中，對鐘有過這麼一段陳述：「鐘，西周和東周的青銅打擊樂器。鐘的形式是從鐃演化而來，基本形式是在兩側尖銳的扁體共鳴箱上部的平面上，有一個可懸的柄。」宋代薛尚功《歷代鐘鼎彝器款識》中收錄了數枚商鐘，但學術界已一致認爲這幾枚鐘有問題，有的應是戰國時器。西周中期，鐘才開始大量出現，均爲青銅所鑄；演奏時或手

西周甬鐘。舞及篆間飾雲紋，鼓飾相對顧首鳥紋，右側有立鳥。銘文在鉦間。年代為西周中期偏晚，甬鐘形制特點業已成熟。

㝬鐘銘文

持鐸、鐃，或置於座上，稱鉦、大鐃。

《說文解字》說：「鐘，樂鐘也。秋分音，物種成，從金童聲。古者垂作鐘。銿，鐘或從甬。」這種說法完全不可信。在甲骨文裡，沒有「鐘」這個字，這是不是說鐘這種樂器是周人發明的？商代應該已有這類打擊樂器，只是當時把它叫「庸」。「庸」甲骨文，從用從庚，在卜辭中也是一種樂器名；如《甲編》六四一片：叀祖丁庸奏，意思就是祭祀祖丁時演奏「庸」這種樂器。《詩經．商頌》有「庸鼓有斁」句，《商頌》雖然出現年代較晚，但應該還保留下商民族的一些傳統語言特點。毛詩《傳》云：「大鐘曰庸。」漢代經師極講究考證，注解應該可信。而《爾雅．釋樂》也有「大鐘謂之庸」之。

從音韻方面考察，「鐘」，古音屬章母東部。而「庸」，古音屬餘母東部，兩字是韻母全同，只是聲母部位略有不同。另外，《說文》中提及的「鐘」又用「鐘」又用「銿」，其聲符「甬」與「庸」在古時是完全同音的。而古文獻中，庸鼓連用的例也不難找到。像上引「庸鼓有斁」名，跟《關雎》「鐘鼓樂之」是完全可替換的。這也可作一輔證，證明「鐘」、「庸」只是不同民族對同一樂器的不同稱呼。總之，「鐘」在西周以前，或更準確地說，在商民族中，被稱爲「庸」，所指的該是單個的打擊樂器，亦即大鐃；稱爲「鐘」或「庸」，都是模擬這種樂器的聲響。這種樂器在後代有所發展和演進。

「鐘」在西周中期（恭王）以後，才越來越普遍。但是，從西周中期到春秋末期，鐘在形制上有所發展。這主要和音樂知識的提高有關。

從銘文上的自名看，西周中期以後，「鐘」的主要稱謂有「龢鐘」和「林鐘」兩種。有時也稱「寶鐘」，相信只是一種泛稱。但春秋以後，「林鐘」這種稱謂已不再用。「龢鐘」還不能如某些專家所說，指一套套的編鐘。雖然，被自名爲「林鐘」的器往往不止一枚。但我們現在稱爲「編鐘」的，主要是從音律的觀點出發的；也就是說專指一套包含不同音階的樂器鐘。假如「林鐘」的概念指的是一套套的鐘，我們就很難解釋爲什麼有些稱爲「林鐘」的，卻只一枚？如《師臾鐘》。當然，「龢鐘」或「寶鐘」也有數枚的。我們認爲稱作「龢鐘」主要是取相協之意，這當中包含古人對音樂審美的要求。

春秋時期，在南方楚、吳、越一帶，「鐘」的名稱較獨特，相信是受到方言的影響。比如稱「鴉鐘」（者減鐘）、「訶鐘」（蔡侯鐘）。而在齊、魯、秦、晉等廣大的地域上，則還是延用「龢鐘」之稱。到了春秋晚期，連南方的吳、越、楚、徐等地都習稱「龢鐘」了。

在西周中期，鑄鐘已有同時鑄數枚的套鐘，但單個的鐘還是較普遍。當時鐘的性質應該還局限於祭祀時用作禮器。反之，到了春秋以後，禮崩樂壞，當時鑄鐘喜尚一組組的套鐘，性質已完全爲了宴饗諸侯。《晏子春秋外篇》八記載景公鑄大鐘，正想懸掛起來，適逢晏子、仲尼和柏常騫三人來拜見景公，都以爲「鐘將毀」。晏子的理由是：「鐘大，不祀先君而

西周獸面紋轅飾。古代車上轅部的裝飾，呈圓筒狀，上端封閉，呈圓頂，中空，套住轅的頂部。此器形制較小，但在裝飾方面卻是別具匠心。

以燕（宴），非禮。」這則記載正反映當時的風氣已不復虔敬。

西周人食用飴糖

中國是世界上最早製糖的國家之一。早期製得的糖主要有飴糖、蔗糖，而飴糖佔有更重要的地位。

史前時期，人類就已知道從鮮果、蜂蜜、植物中攝取甜味食物；後發展爲從穀物中製取飴糖。西周的《詩經·大雅》中有「周原膴膴，堇荼如飴」的詩句，意思是：周的土地十分肥美，連堇荼和苦苣也像飴糖一樣甜。說明遠在西周時人們就開始食用飴糖。

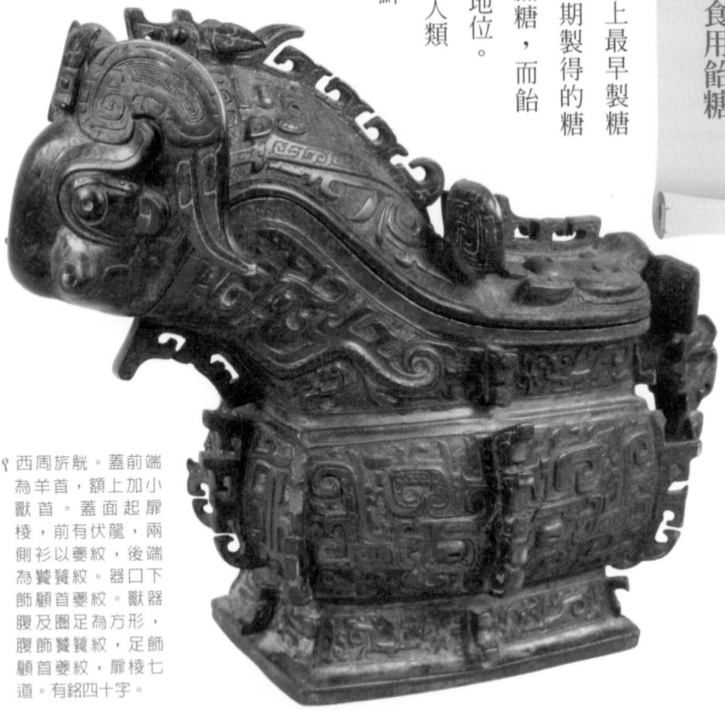

西周旂觥。蓋前端為羊首，額上加小獸首。蓋面起扉棱，前有伏龍，兩側衬以夔紋，後端為饕餮紋。器口下飾顧首夔紋。獸器腹及圈足為方形，腹飾饕餮紋，足飾顧首夔紋，扉棱七道。有銘四十字。

飴糖是一種以米（澱粉）和以麥芽經過糖化熬煮而成的糖，呈黏稠狀，俗稱「麥芽糖」。飴糖被認爲是世界上最早製造出來的糖。中國自西周製出飴糖以來，民間流傳普遍，廣泛食用。西周至漢代的史書中都有飴糖食用、製作的記載。其中，北魏賈思勰所著的《齊民要術》記述最爲詳盡。

螺鈿漆器工藝產生

螺鈿漆器工藝產生的時間，有不同的看法，有認爲產生於西周；有人認爲螺鈿鑲嵌技術在南北朝時已能運用，到中唐時朝就達到成熟的階段。但從琉璃河漆器的發現，說明前一種看法是有所根據的。

一九八一年至一九八三年在北京琉璃河燕國基地十二座基葬中發掘出來的豆、觚、罍、壺、簋、杯、盤、俎等多種木胎漆器。漆罍和漆觚都是朱漆地、褐漆花紋。漆豆則是褐地朱彩。豆盤上用蚌泡和蚌片鑲嵌，與上下的朱色弦紋組成裝飾紋帶；豆柄則用蚌片鑲嵌出眉、目、鼻等部位，與朱漆紋樣合成饕餮圖案。喇叭形的觚身上除了由線雕的三條變形夔龍組成的花紋帶外，上下還貼有金箔三圈，並用綠松石鑲嵌。

西周彩繪獸面鳳鳥紋嵌螺鈿漆罍

漆罍的裝飾紋樣最為繁縟，除在朱漆地上繪出褐色的雲雷紋、弦紋等紋樣外，器蓋上還用細小的蚌片嵌出圓渦紋圖案，頸、肩、腹部也用很多加工成一定形狀的蚌片，嵌出鳳鳥、圓渦積饕餮的圖形。此外，在蓋和器身上還有附加的牛頭形飾件，器身中部有鳥頭形器把。這些鳥獸形象的附件上也用蚌片鑲嵌，使牛頭和鳳鳥的形象更加突出。而鑲嵌用的那些蚌片表面光滑平直，邊緣整齊，蚌片之間接縫十分緊密。當時蚌片的磨製和鑲嵌技術都已達到相當的水準，絕非螺鈿初始階段所及。說明中國的螺鈿漆器可上溯到西周。

西周漆器自一九三〇年代以來，在河南、陝西、湖北等地不斷有所發現，可惜也大都殘壞。一九三三年在西周衛國基中發現蚌泡，因出土時多環繞在其他器物的周圍，意識到蚌泡是其他器物的飾物。二十年後在陝西長安普渡村西周一號基發現圍繞在陶器周圍的蚌泡，上面留有附著的漆皮。由於漆皮有摺皺和重疊，推測漆皮裡面原有一層木質或編織的「腔」。所謂「腔」，實際上就是漆器的胎骨。

680 B.C. 周僖王二年

・春，齊桓公請周師與陳、曹共攻宋。

・六月，鄭厲公自櫟入鄭都，殺鄭子嬰而復位。

679 B.C. 周僖王三年

・春，齊桓公會宋公、陳侯、衛侯、鄭伯於鄄，始霸諸侯。

・冬，曲沃武公滅晉侯，以寶獻周，周僖王使虢公命曲沃武公以一軍為晉侯，列為諸侯，於是盡併晉地而有之。

678 B.C. 周僖王四年

・秦武公卒，葬於雍，初以人殉葬，死者66人。

676 B.C. 周惠王元年

・秦初作伏祠社，磔狗於邑四門以禦蠱。「伏」節令由此始。

675 B.C. 周惠王二年

・周王子頹作亂。

・楚文王死，在位十五年。《左傳》講文王「作僕區之法」，即隱藏逃奴者與其同罪。

673 B.C. 周惠王四年

・夏，鄭伯、虢公攻入周，殺王子頹，奉周惠王復歸於王城。

672 B.C. 周惠王五年

・春，陳殺其太子御寇，公子完出奔齊，齊桓公任以為卿，是為齊田氏之祖。

670B.C.

659B.C.

669 B.C. 周惠王八年

・冬，晉獻公盡殺曲沃桓伯、莊伯之子，從此晉無公族。

667 B.C. 周惠王十年

・夏，齊桓公盟魯侯、宋公、陳侯、鄭伯於幽，陳、鄭皆服齊。冬，周惠王使召伯廖賜命齊桓公為侯伯，且請齊伐衛。

664 B.C. 周惠王十三年

・春，周大夫樊皮叛惠王，惠王命虢公討樊皮，夏，四月虢公入樊，執樊皮，送於王城。

・冬，齊桓公攻山戎以救燕。

659 B.C. 周惠王十八年

・六月，齊桓公遷邢於夷儀，齊師、宋師、曹師為邢築城。

・八月，楚人侵鄭，齊侯、魯公、宋公、鄭伯、曹伯邾人盟於檉，謀救鄭。

658 B.C. 周惠王十九年

・齊桓公率諸侯為衛築楚丘城，恢復衛國。

656 B.C. 周惠王二十一年

・齊桓公率魯侯、宋公、陳侯、衛侯、鄭伯、許男、曹伯謀侵楚。諸侯先侵蔡，蔡潰；師次於陘，遂侵楚。楚遣大夫屈完來與諸侯兵講和，盟於召陵，遂服楚。

春秋

春秋年表 770B.C.～480B.C.

770 B.C. 周平王元年
・晉文侯、鄭武公、衛武公、秦襄公率兵護送平王，入雒邑。自是年起史稱東周。
・周平王賜以秦襄公岐山以西之地，秦始列於諸侯。

763 B.C. 周平王八年
・秦文公大敗戎師於岐，收周之餘民而有之。

746 B.C. 周平王二十五年
・秦初用族刑（誅三族）。

745 B.C. 周平王二十六年
・晉昭侯封其叔父成師於曲沃，晉由是分裂。

722 B.C. 周平王四十九年
・魯國編年史《春秋》始於是年。《春秋》記事用干支記日，此後中國古代之干支記日從未間斷，為世界上使用最長的記日法。

720 B.C. 周平王五十一年
・四月，鄭莊公派其臣祭足率兵侵周，取溫之麥，秋又取成周之禾，周、鄭遂成仇敵。

712 B.C. 周桓王八年
・周桓王將屬於鄭國之鄔等地據為己有，而以溫、原等地與鄭，作為交換。

770B.C. —— 690B.C.

707 B.C. 周桓王十三年
・蔡、衛、陳三國從周桓王伐鄭，戰於繻葛，周師敗。

704 B.C. 周桓王十六年
・楚武王三十七年，始自稱王。

703 B.C. 周桓王十七年
・秋，周命虢仲、芮伯、梁伯、荀侯、賈伯伐曲沃。

694 B.C. 周莊王三年
・春，正月，魯桓公與夫人文姜如齊。夏四月，齊侯使公子彭生殺桓公。魯大夫立太子同，是為莊公。
・冬，周公黑肩謀殺周莊王而立王子克，莊王殺周公，王子克奔燕。

690 B.C. 周莊王七年
・楚武王五十一年，大臣斗祁、屈重等開闢道路，架設橋樑，此為架設橋樑之最早記載。

688 B.C. 周莊王九年
・秦武公十年，取人之地而立為縣，始見記載。然與後來郡縣之縣有別。

687 B.C. 周莊王十年
・《春秋》載「夜中，星隕如雨」，是為世界上最古的天琴座流星與紀事。

685 B. C. 周莊王十二年
・春，齊雍廩殺無知，公子小白自莒入齊即位，是為桓公。任用管仲、鮑叔、隰朋、高傒，修齊國之政。傳桓公時「九九歌」（乘法口訣）已流行。

684 B.C. 周莊王十三年
・春，齊侵魯，魯用曹劌謀，敗齊師於長勺。

681 B.C. 周僖王元年
・春，齊會宋、陳、蔡、邾於北杏，議攻宋。冬，齊桓公與魯君會於柯，魯大夫曹劌（史記作沫）劫齊桓公，反所亡地。

635 B.C. 周襄王十七年

・三月，晉發兵救周，圍溫，四月納襄王於王城，殺王子帶。平周亂。

632 B.C. 周襄王二十年

・春，晉攻曹、衛以救宋，楚救衛。三月，晉師、齊師、宋師、秦師與楚師、陳師、蔡師戰於城濮，大敗楚師，晉遂霸北方諸侯。

・冬，晉會齊侯、魯侯、宋公、蔡侯、鄭伯、莒子、衛伯於踐土，結為同盟，號稱「踐土之盟」，周襄王亦赴會。

・晉於三軍之外，又立三行，合為六軍，此為當時各國中最強大之軍事編制。

627 B.C. 周襄王二十五年

・春，秦師將襲鄭，至滑，鄭商人弦高退秦師。

・晉師敗秦襲鄭之師於殽，獲秦三帥。

・魯僖公卒。僖公曾在泮水作泮宮，係魯國學宮（學校）。

626 B.C. 周襄王二十六年

・傳成王死後，諡之「靈」，不瞑；改諡「成」乃瞑，是為諡法較具體之事例。

624 B.C. 周襄王二十八年

・四月，秦伐晉，渡黃河，取王官及郊， 師不敢出，秦人封殽尸而去。

623 B.C. 周襄王二十九年

・秦穆公用戎臣由餘之謀，攻戎王，滅國十二，開地千里，遂霸西戎；周襄王使召公過賀以金鼓十二。

620B.C. 594B.C.

621 B.C. 周襄王三十一年

・秦穆公任好卒，殺170人殉葬。

615 B.C. 周頃王四年

・十二月，晉與秦戰於河曲，秦師敗。

613 B.C. 周頃王六年

・周公閱與王孫蘇爭政，訟於晉，晉趙盾聽訟，平周亂。

・《春秋》載：「秋七月，有星孛（彗星）入於北斗」，是為世界上最早的哈雷彗星記載，比西方早六百七十多年。

606 B.C. 周定王元年

・春，楚侵陸渾之戎，遂至雒，問九鼎之輕重，有滅周之意。

602 B.C. 周定王五年

・黃河改道，按關於黃河改道之記載，以此為最古。

598 B.C. 周定王九年

・楚莊王十六年，著名建築家、水利家、令尹艾獵（即孫叔敖）主持築沂。相傳芍坡水利工程亦其主持。

597 B.C. 周定王十年

・六月，楚圍鄭，晉荀林父率師與楚戰於邲（今河南鄭州北），晉師敗。

594 B.C. 周定王十三年

・秋，魯初稅畝。

593 B.C. 周定王十四年

・正月，晉滅赤狄甲氏及留籲，三月晉向魯獻狄俘。

・周室復亂，晉卿士會平王室。

655 B.C. 周惠王二十二年

・春，晉獻公殺其世子申生，公子重耳、夷吾皆出奔。

・八月，齊桓公與魯、宋、陳、衛、鄭、許、曹之君盟於首止，謀平王室之亂。

651 B.C. 周襄王元年

・夏，齊桓公會宰周公、魯侯、宋公、衛侯、鄭侯、許男、曹伯於葵丘。此為齊桓公所主持最盛大之國際會議。襄王使宰孔賜齊侯胙。

・九月，晉獻公詭諸卒，荀息立奚齊，里克殺之；荀息立卓子，里克又殺子。齊隰朋率師納 公子夷吾，是為惠公。

649 B.C. 周襄王三年

・夏，周太叔帶（襄王後母弟）召楊拒、伊、雒等之戎同攻周，入王城。秦、晉連兵擊戎以救周，戎去，太叔帶奔齊。

647 B.C. 周襄王五年

・冬，晉饑，請粟於秦，秦輸晉粟，自雍及絳相繼。

645 B.C. 周襄王七年

・十一月，秦與晉戰，獲晉惠公，尋釋之。齊大夫管仲、隰朋皆死。

・《管子》有「上有丹沙者，下有黃金；上有磁石者，下有銅金」等語，反映對礦藏勘探已累積一定的經驗。

658B.C. —— 640B.C.

644 B.C. 周襄王八年

・秋，戎侵周，周告急於齊，齊徵調諸侯兵士防守周城。

・晉公子重耳奔齊，齊以女妻之。

643 B.C. 周襄王九年

・十二月，齊桓公卒。易牙與寺人貂立公子無虧，太子昭奔宋，齊大亂。

642 B.C. 周襄王十年

・三月，鄭伯始朝楚，楚王喜，賜之金，既而悔之，與之盟曰：「無以鑄兵。」故以鑄三鐘。

639 B.C. 周襄王十三年

・宋襄公盟齊、楚之大夫於鹿上，欲繼齊桓公稱霸。秋，宋襄公會楚王、陳侯、蔡侯、鄭伯、許男、曹伯於盂（亦作霍），楚執宋襄公以伐宋。

638 B.C. 周襄王十四年

・夏，宋襄公率衛師、許師、滕師攻鄭。十一月，宋與楚戰於泓，宋襄公「不鼓不成列」，以為君子「不重傷，不禽二毛」，宋師大敗，宋襄公傷股。

636 B.C. 周襄王十六年

・正月，秦穆公以師納晉公子重耳於晉，殺懷公；重耳即位，是為晉文公。

・周襄王絀狄後，狄人侵周，立王子帶為王，襄王出居鄭，告難於諸侯求救。

550 B.C. 周靈王二十二年

・夏，晉欒盈復入於晉，自曲沃攻降，不克。冬，晉人殺欒盈，且盡滅欒氏之族。
・齊莊公襲莒，齊大夫杞梁被俘死。其妻孟姜迎喪於郊。傳曾哭夫十日，城崩，投水死。為孟姜女故事之濫觴。

549 B.C. 周靈王二十三年

・晉范宣子為政。諸侯之幣重，二月，鄭子產諍之，乃輕諸侯之幣。

548 B.C. 周靈王二十四年

・齊景公立，任崔杼為右相，慶封為左相。以「相」為官始此。
・據《墨子》，齊莊公時有理國，中里徼訴訟三年不能決斷。乃使兩人共一羊，盟於齊之神社。始有用羊決獄的習俗，稱為「神斷」。
・五月，齊崔杼殺其君莊公，立莊公弟杵臼。齊太史書之。
・《左傳》載「弈者舉棋不定，不勝其耦（結方為耦）」之語，據傳即為圍棋。

546 B.C. 周靈王二十六年

・宋向戎善於晉卿趙文子，又善於楚令尹子木，欲弭諸侯之兵。

544 B.C. 周景王元年

・楚人是年以桃柄帚祛鬼；又據《莊子》，有插桃枝於戶，童子不畏而鬼畏之，表明桃木避災的民俗始自先秦。
・《左傳》有「璽書追而與之」語。印璽封泥前此當已出現。
・吳餘祭四年，季札（吳王壽夢第四子）聘魯、齊、鄭、衛等國，在魯觀周樂，季札對諸樂舞皆有評論。

550B.C. 530B.C.

543 B.C. 周景王二年

・鄭以子產為執政。

542 B.C. 周景王三年

・鄭人遊於鄉校以論執政。是年，然明請毀鄉校，子產反對。

541 B.C. 周景王四年

・晉平公病，秦名醫和認為不可治。和提出陰、陽、風、雨、晦、明失和致病說，為後世（風、寒、暑、溼、燥、火）病因學說之始。
・秦後子出奔 ，「晉侯，造舟於河」。船上鋪板的臨時性浮橋始見記載。

538 B.C. 周景王七年

・冬，鄭制定丘賦制度。

536 B.C. 周景王九年

・三月，鄭人鑄刑書。

535 B.C. 周景王十年

・正月，燕服齊，盟於濡上。
・楚國男子以長鬚為美，是年楚靈王命長鬚者相君行禮。先秦時鬚多稱美的風氣至秦漢以後猶然。

532 B.C. 周景王十三年

・七月，季孫率師伐莒，取郠（莒邑），獻俘，用人於亳社。
・昭公時，晉六卿強，公室卑。
・師曠評讀為商紂王邇師延所作之國音。傳春秋時尚有伯牙，亦善琴藝，創有琴曲《水仙操》，《高山流水》相傳亦其所作。

590 B.C. 周定王十七年
・三月，魯制定「丘甲」制度。
588 B.C. 周定王十九年
・正月，晉侯率魯侯、宋公、衛公、曹伯侵鄭。冬，晉作六軍，韓厥、趙括、鞏朔、韓穿、荀騅、趙旃皆為卿。
584 B.C. 周簡王二年
・秋，楚攻鄭， 以魯、齊、宋、衛、曹、莒、邾、木巳之師救鄭。八月，諸侯盟於馬陵。
・晉遣巫臣使吳，教吳乘車戰陣之法，教吳叛楚，吳始通於中原諸國。

583 B.C. 周簡王三年
・夏，晉侯殺其大夫趙同、趙括，晉政日紊。
579 B.C. 周簡王七年
・宋華元奔走，晉、楚和好成功。
578 B.C. 周簡王八年
・五月，晉侯會魯侯、齊侯（左梁傳無齊侯）、宋公、衛侯、鄭伯、曹伯、邾人、滕人攻秦。敗秦師於麻隧。

593B.C. 570B.C.

576 B.C. 周簡王十年
・十一月，晉士爕率魯、齊、宋、衛、鄭、邾之大夫，與吳人會於鐘離，吳開始參加中原諸侯的盟會。
575 B.C. 周簡王十一年
・晉欒書率師與楚人、鄭人戰於鄢陵，楚師、鄭師敗，晉霸業復興。
571 B.C. 周靈王元年
・據是年《左傳》，春秋時已在道路兩側植樹，發揮既養路又表道的作用。

565 B.C. 周靈王七年
・晉悼公會諸侯之大夫於邢丘，規定諸侯朝聘數目，恢復文襄霸業。
562 B.C. 周靈王十年
・正月，魯作三軍。魯三家三分公室，各有其一。
557 B.C. 周靈王十五年
・晉平公宴諸侯於溫。春秋時諸侯盟會，大夫往還多以「詩志」，此其一例。
・晏嬰服父喪，春秋時已用麻索挽靈柩，這些喪儀為後代所承襲。
555 B.C. 周靈王十七年
・齊長城始築於是年，又稱「長城鉅防」。
552 B.C. 周靈王二十年
・楚用天然冰於盛夏降溫。

512 B.C. 周敬王八年

・軍事理論家孫武是年以《兵法》十三篇見吳王闔閭，因任為將。

505 B.C. 周敬王十五年

・春，周人殺王子朝於楚。

・六月，楚申包胥以秦師救楚，擊敗吳師，復郢，十月，楚昭王還都。

・六月，魯季孫意如卒，家臣陽虎囚其子斯而專魯政。

504 B.C. 周敬王十六年

・秋，魯季孫氏家臣陽虎盟魯侯及三桓於周社，盟國人亳社，詛於五父之衢。

502 B.C. 周敬王十八年

・冬，魯陽虎欲去三桓而以黨於己者代其位，謀殺季氏，季氏入於孟氏，陽虎劫魯侯及叔孫以攻孟氏，弗克，入於灌、陽關以叛。

498 B.C. 周敬王二十二年

・魯仲由（孔子弟子，字子路）為季氏宰，將墮（折毀）三都。叔孫率師墮郈，季孫仲孫率師墮費。將墮成，孟孫氏臣公斂處不墮，冬，定公圍成，弗克。

・齊饋魯女樂，孔子去魯適衛。

500B.C.

480B.C.

497 B.C. 周敬王二十三年

・侯馬盟書遺址出土十二枚大型聳肩尖足空首布和大量空首布內範，是目前考古發掘能判定年代最早的布幣。

496 B.C. 周敬王二十四年

・夏，吳攻越，越王句踐敗吳師於李，吳王闔閭負傷，還卒於陘，子夫差立。

494 B.C. 周敬王二十六年

・吳王夫差敗越於夫椒，遂入越，越王句踐以甲楯五千，保於會稽，使大夫文種求和，三月，吳與越和。

486 B.C. 周敬王三十四年

・吳王夫差十年，在邗築城，並開邗溝，溝通長江、淮河，為中國最古老的運河，後代大運河仍利用其河道。

484 B.C. 周敬王三十六年

・春，齊攻魯，季氏宰冉求（孔子弟子）率左師，管周父禦、樊遲（孔子弟子）為右，季氏之甲七千，冉有以武城三，為己徒卒，與齊師戰於魯郊。

・五月，魯會吳攻齊，大敗齊師於艾陵。吳王夫差賜伍員以屬鏤之劍，使自盡。孔子自衛返魯。

481 B.C. 周敬王三十九年

・魯國《春秋》，絕筆於是年，因此，春秋時代亦止於是年。

529 B.C. 周景王十六年

・楚公子比率陳、蔡、許、葉之師，因四族之衆以叛，攻入楚都，楚靈王自縊。公子棄疾殺公子比而自立，是為楚平王。

527 B.C. 周景王十八年

・吳王餘昧卒，子僚嗣位，是為吳王僚。

525 B.C. 周景王二十年

・九月，晉滅陸渾之戎，獻俘於魯。

・吳王僚二年，吳、楚水戰於長岸（今安徽裕溪口一帶），吳失王船「餘皇」，後為公子光夜襲楚軍奪歸。此為中國古代編隊水戰的最早記載，吳、楚造船技術已很先進。

524 B.C. 周景王二十一年

・周景王鑄大錢（《國語・周語》）。

522 B.C. 周景王二十三年

・齊景公二十六年，晏嬰論音樂，為中國較早而完整的一種音樂理論。周景王令鑄「無射」編鐘，曾問律於著名音樂家伶州鳩，時已有以黃鐘為首的十二律，且以此為鑄鐘的理論根據。

529B.C. —— 510B.C.

518 B.C. 周敬王二年

・楚邊邑卑梁（今安徽天長西北）女子與吳女子爭桑，引起兩國戰爭。南方的養蠶、絲織業已關係到國計民生，為政府所保護。

517 B.C. 周敬王三年

・九月，魯昭公出奔齊。

・魯大夫季孫氏僭用周天子「八佾」（即舞者八行，每行八人），反映春秋後期「禮崩樂壞」的局面。

・魯季氏和郈氏鬥雞取樂，季氏用甲保護雞，郈氏用金屬裝備雞爪。此為鬥雞之始。

516 B.C. 周敬王四年

・此前商羊舞已在民間兒童中流行。至今戲曲中尚有「商羊腳」或「商羊步」。

515 B.C. 周敬王五年

・四月，吳公子光使武士專諸殺王僚而自立，是為吳王闔閭。

514 B.C. 周敬王六年

・晉殺祁盈與羊舌食我，盡滅祁氏、羊舌氏。晉執政魏舒分祁氏之田為七縣，分羊舌氏之田以為三縣；六卿各命其子為縣大夫，晉公室益弱，六卿皆大。

・吳王闔閭元年，使伍子胥築闔閭城（今江蘇蘇州），名城蘇州建城始此。

513 B.C. 周敬王七年

・晉頃公十三年，鑄刑鼎，頒布已故執政范宣子所定《刑書》。

・蔡墨謂五行之官（神）有「木正曰句芒，火正曰祝融，金正曰蓐收，水正曰玄冥，土正曰后土」，為社稷五祀之貴神。

中國文學作品現存最早的實物——石鼓文

石鼓文可能是戰國時代秦國的石刻。唐初在天興（今陝西寶雞三田寺原）發現了十塊被刻成鼓形的石頭，上面用籀文各刻有四言詩一首，內容爲記錄描寫秦國君遊獵、戰爭的情況，因此石鼓文又稱「獵碣」。

十件石鼓文，原文七百字以上，現僅存二百七十二字。傳世最好的拓本，是明人舊藏的三種北宋拓本，分別稱爲先鋒本、中權本和後勁本。

石鼓上的刻詩與《詩經》大、小雅的風格接近，特別是在格調上與《大雅‧車攻》等篇極爲相似，這說明秦人保持了西周的正統文化。研究者依《詩》的體例，取石鼓各篇起首文字作爲篇名，有〈汧沔〉、〈霝雨〉、〈而師〉、〈作原〉、〈吾水〉、〈車工〉、〈田車〉、〈馬荐〉、〈吳人〉等名，但在各篇具體排列次第上尚有不同意見。

關於石鼓文的字體，一般認爲近於《說文》所載的籀文，它是秦國特有的風格，在書法史、文學史上都有重要地位。字形多取方或長方形，體勢整肅，清勁挺拔，在書法藝術上有較高的價值；筆力穩健，刻工精密，遒勁自然。石與形、詩與字渾然一體，充滿了古樸雄渾的美感。

戰國石鼓。石形如鼓，共有十石，文字內容為記述遊獵的十首詩。圖為「鑾車」，是其中一塊。這是戰國現存最早的一組石刻。

關於石鼓的製作年代，唐以來學者的意見就不一，到近代才開始一致認爲是東周時秦國所刻，但詩文可能作於更早時代。

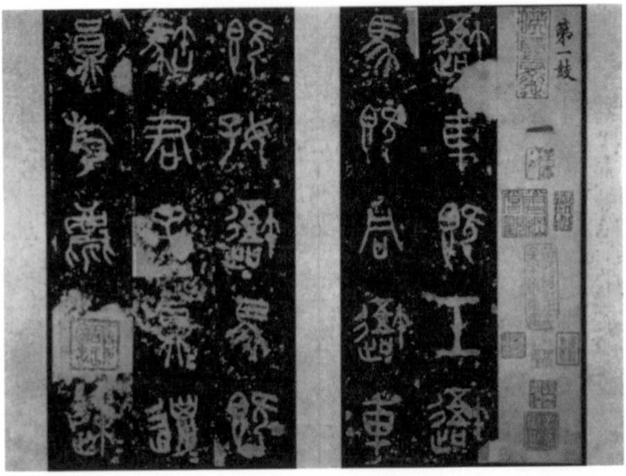
石鼓文拓片。石鼓文是大篆體，中國最早的刻石文均用此體。

陽燧使用

中國最早利用太陽能，是周代使用的「陽燧」（凹面鏡）聚集太陽光取火。

陽燧又名「夫燧」。《淮南子·天文訓》和崔豹《古今注·雜注》記載，中國的祖先很早就能夠用金屬尖底杯或用銅製的凹鏡向日取火了。河南三門峽上村嶺出土的螭虎紋鏡（下二圖），是春秋早期的器物；其鏡背圓鈕座周圍有兩虎相對環繞，其外有一圈螭紋，有的龍首，有的鳥頭，設想十分奇異。此鏡鏡面略凹，是取火用的陽燧。

螭虎紋鏡（正面）。

螭虎紋鏡（背面）。

秦國始有誅三族之刑

周平王二十五年（西元前七四六年），秦初有誅三族之法。關於三族有不同的說法，一說是父母、兄弟、妻子，一說是父族、母族、妻族，不論哪一種說法正確，誅三族都是一種由一人誅連全家族的嚴酷刑法。

中國上古的刑法大都來自傳說，秦的誅三族之法是較早的有確切記載的刑法。秦國重視法律特別是刑法的傳統由此形成，並影響了戰國、秦漢及古代中國的法律形成。誅三族之刑也表現了秦國法律嚴酷的特點，這一點成爲秦國和秦代文化的特徵，而秦的殘暴也成爲中國歷史上的一頁。

春秋車戰興極而衰

原始社會的戰爭主要是步戰，直到商代前期，步戰仍爲主要的作戰方式，但到商代晚期，步戰方式逐漸讓位於新崛起的車戰。武王伐紂時，革車三百乘，虎賁三千人。進入春秋以後，車戰趨於鼎盛；此時由於人口的增加、生產力的發展，諸侯國之間兼併戰爭的連綿與加劇，戰爭規模愈來愈大，各國對戰車日益重視，擁有的戰車隨之大增。齊、魯等大諸侯國，有戰車千乘以上，中等諸侯國如鄭、宋也有戰車數百乘。到春秋末期，一些大諸侯國，如晉國、楚國，擁有戰車更高達四千乘以上，車戰成爲春秋時期的主要戰爭形式。戰車種類分爲攻車與守車兩種。

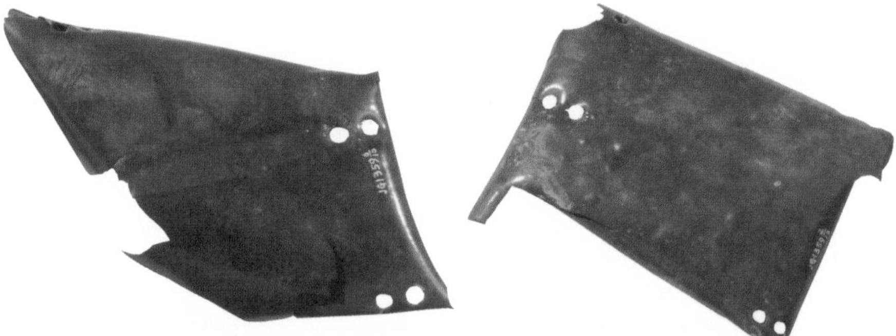

春秋末年的甲片漆皮。至春秋時期，皮甲的製造工藝有了突出發展，甲冑都用皮革（牛皮或野牛皮）製成。製作方法是先將皮革加工作成小甲片，塗上漆，然後用絲繩綴聯成甲、冑。甲的防護部位達到胸、背、腹、胯、頸項和胳膊。

春秋時期，車戰戰術有了顯著進步。首先在陣形上已普遍採用中軍和左翼、右翼三部相配置的寬正面橫向陣形，一般以中軍爲主力，兩翼相配合，城濮之戰中的晉軍、楚軍皆以此陣應戰；其次，出現了初級的野戰防禦方法，即設營壘以阻礙戰車衝擊；

春秋戰車復原圖

春秋戰國時期征戰頻繁，兵士的作用尤為突出。此圖為春秋戰國時期的皮甲冑復原模型。

春秋競渡紋鉞

再次，戰術觀念發生大轉變，破除早期戰爭重信輕詐的傳統，常發動出其不意的進攻。

春秋中期以後，由於爭霸戰的新局面，作戰地域擴大到中原以外地區，這些地區大多不適於車戰；與此同時，擁有大量步兵的新型軍隊開始組成，而鐵兵器的採用和弩的改進，又使步兵得以在寬大的正面上有效遏止密集的車陣進攻。到了戰國時期，車戰進一步衰落，逐漸爲步兵、騎兵所取代。

春秋愛情生活

春秋時代的愛情生活也顯示出一種多彩多姿的氣象，其典型代表就是鄭衛之聲的興盛。鄭衛之聲反映了市井小民對愛情的追求，是在舊禮制崩潰的文化氛圍下，感情生活的豐富和自覺。《詩經》鄭風中的〈溱洧〉和邶風中的〈靜女〉是其代表。

春秋時期，鄭國在上巳（夏曆三月上旬逢巳的日子）這一天，青年男女都到溱、洧兩水岸邊遊春。在那裡，他們可以自由地互贈芍藥，表示相愛。〈溱洧〉寫的就是這種歡樂的情景，篇幅雖短卻頗有魅力。

溱與洧，瀏其清矣。士與女，殷其盈矣。女曰：「觀乎？」士曰：「既且。」「且往觀乎！洧之外，洵訏且樂。維士與女，伊其相謔，贈之以芍藥。」

全詩僅有兩節，章法也相同。都是先寫背景，再敘述男女對話，最後點出互相愛慕的主題。寫背景扣緊溱、洧兩水的特點：一是水勢盛大〈渙渙〉，二是水色清亮（瀏）。敘述話語言簡練，情深意長。女的說：「看看去好嗎？」男的說：「已經去過了。」女的又說：「再看看去吧，湖水那邊，眞是既熱鬧又令人高興

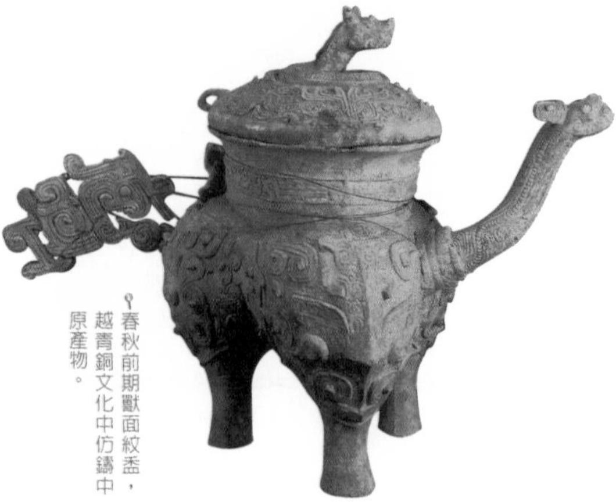

春秋前期獸面紋盉，越青銅文化中仿鑄中原產物。

啊！」寫青年男女互相愛慕則用「伊其相謔，贈之以芍藥」兩句，來表現兩性間質樸、純潔的感情。

鄭風中的〈子衿〉描寫一位熱戀中的姑娘在約會地點，久候情人不至的情景。她急不可待，一天沒有見面就彷彿隔了三個月一樣。她想起情人的青色衣領和佩飾，此時一腔怨情不禁油然而生：縱使我不去，你難道就不能來，怎麼全無音訊！全詩對這個熱戀中的少女纏綿幽怨的心情刻劃得細膩入微。

青青子衿，悠悠我心。縱我不往，子寧不嗣音？

青青子佩，悠悠我思。縱我不往，子寧不來？

挑兮達兮，在城闕兮。一日不見，如三月兮！

侯母壺。壺同出共一對，出自魯司徒仲齊墓。從墓中青銅器形制看，應屬春秋初。

詩中說，你的（衣）領顏色青青，我的心情思綿綿，縱使我沒有去你那裡，難道你不能捎個信給我嗎？

你的佩飾顏色青青，我的心情思綿綿，縱使我沒有去你那裡，難道你不能來嗎？

我急躁地在城門樓踱來踱去，一日不見如三月啊！

民本思想之濫觴

進入春秋時代，隨著社會的變革，天命神權思想發生了深刻的動搖。在神民關係問題上，春秋時代的一些有識之士，在繼承周初「敬德保民」思想的基礎上，加以改造、發揮，進而提出了重民輕神的進步觀點。隨國季梁說：「夫民，神之主也。是以聖王光成民而後致力於神。」（《左傳・桓公六年》）在這裡雖未徹底否定神的存在，但卻認爲「民」是「主」，「神」是從。他指出：若使國力強盛不受別國侵犯，並不在於祀神的豐盛和對神的虔誠信從，關鍵還在於致力人事，使民眾得以溫飽，如果民心背離，鬼神也無能爲力。因此，統治者唯有「先成民而後致力於神」，才能「免於難」。這種重民輕神思想的出現，可說是神民關係問題上的一項突破，具有無神論的傾向。東遷後的東周王權開始變化，它仍然存在，仍是周王統治全國的權力，但是鄭等諸侯國以及貴族集團開始操縱它，王權的性質不變但功能有了根本性的轉向，中國由王權的封建宗族制轉向諸侯國家，這一轉變就是這時完成的。

與之相應，周人的宗教也發生了類似的變化。天命、神、祭祀這些舊機體有了新的內涵，祭神仍是主要政治——宗教活動，但出現了「民爲神主」的思想，「神」被架空，變成了一個裝新酒的舊瓶。

春秋原始瓷刻紋筒形罐

鏤空蟠虺俎，春秋切肉食案。俎面中部略窄並下凹，俎下四足，呈口形。俎面和四足均飾蟠虺紋。

鳥尊，春秋前期容酒器。器作立鳥形，尖喙如鷹，雙目圓睜，體碩壯有力，雙蹼足後部立一虎形支腳。喙可開合，為流口，鳥身容酒。通體飾細密的羽紋，造型紋飾極其考究。

楚國稱王，南方文化融入中原

周桓王十六年夏（西元前七〇四年）楚伐隨，雙方軍隊在速杞（今湖北應山縣西）交戰，隨軍被打敗逃走。

這年秋，楚熊通自立爲武王，始開濮地。濮是少數民族聚居地，民族混雜，其生活習俗和宗教頗帶有原始遺存的野性、神祕氣息。至此，楚實際上已輻射江淮，窺伺中原，並對巴、濮、蠻、越都有所制馭。

由於各種部族淵源各異，歷史參差，楚文化的形成包含幾個方面：（一）荊楚部族本身的文化；（二）中原華夏文化的影響；（三）楚地域內外各民族文化的影響。楚有獨特的文化。在楚地域原始鬼神崇拜祭祀的色彩要濃於中原地區的禮儀宗教傾向，因此前者往往帶有「巫覡」的烙印和山野神祕氣息。

信鬼好祀、樂舞娛神等經常性的習俗生活內容，在南楚土著民族中更是蓬勃濃郁。如果說中原文化是以典重質實爲基本精神，那麼楚文化則是以絢麗浪漫爲其主要特色。

人物小事典

楚藝人優孟

優孟是楚莊王時樂人，身高八尺，善於諷諫。宰相孫叔敖知道他品德很好，甚為器重。孫叔敖病危時囑其子日後窮困時可去找優孟幫助。後來，孫叔敖兒子果然窮得以打柴為生，便把孫叔敖臨終之言相告。優孟答應想辦法。於是他穿戴起孫叔敖的衣冠，模仿孫叔敖的言談動作，經過一年多的練習，裝扮得很像。一次楚莊王宴會，優孟上前敬酒，莊王猛吃一驚，以為孫叔敖復活，立刻請他當宰相。優孟表示須和妻子商量。三天後，優孟答覆莊王說：「我妻子認為楚國的宰相不值得去做，像孫叔敖那樣忠心廉潔地治理國家，使楚國稱霸天下，可是死後其子卻窮得沒有立錐之地，像這樣還不如自殺。」然後還唱了一支歌，意思是作貪官要犯罪，作清官又要受窮，還是不為官的好。莊王聽了，承認自己處事失當，隨即把孫叔敖的兒子召來，賜予土地和奴僕。後人常以優孟作為古優的代表，並將他的故事概括為一句成語：優孟衣冠，意即裝扮古人以為表演，或引申為演戲，比喻演員表演逼真的讚語。

優孟能逼真地裝扮一個人物，說明具有一定的表演藝術才能，是史載最早的演員。

中國開始使用算籌

算籌是中國古代的計算工具，是橫截面爲圓形、方形或三角形的小棍，使用木、竹、骨等物製成。算籌起源很早，春秋戰國時期的《老子》中就有「善數，不用籌策」的記載。在當時算籌已作爲專門的計算工具而普遍採用，籌的演算法已趨成熟。到秦漢時代，算籌的長短、粗細有了明確的規定。《漢書．律曆志》稱：「其算法用竹，徑一分，長六寸，二百七十一枚而成六觚，爲一握。」

算籌記數的規則，最早載於《孫子算經》。用算籌表示數目有縱、橫兩種方式。

表示一個多位數，則是將各位數碼由高到低從左到右橫列，各位籌式

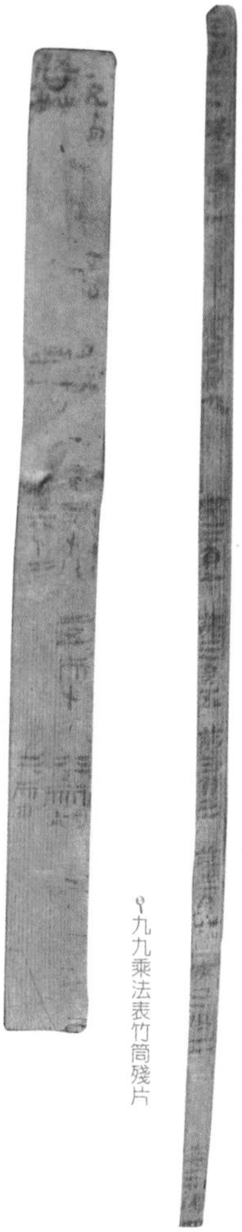

九九乘法表竹簡殘片

須縱橫相間。表示數字有不同的數系：簡單分群數系、乘法分群數系、字碼數系、定位數系等。最科學也最實用的是定位數系（今天通用的阿拉伯數字就屬於這個數系），它用固定的數表示一個位上的數量，用它的位置表示它的位。

商周人所使用的，也就是我們今天漢語中的數系是乘法分群數系，它用固定的數表示一個位上的數量，而給予每個位以不同的名稱和表示。

它用一至五根籌的不同組合表示一個位上的值，而用位置表示不同的位，用空位表示這個位上的零。雖然對於零的處理尚不充分（到宋代才出現符號），但在當時無疑可說是最先進的。

這種算籌記數制十分明確地體現了十進位值記數法，便利簡潔，與世界古代各民族的記數法相比顯示出極大的優越性，以之爲基礎發展出一整套籌算演算法，形成了中國傳統數學的獨特風格，並取得了許多輝煌的數學成就。

無論是歷史記載，還是考古學都不能證明早於春秋有算術，商代甲骨文有大量的記數、曆法，但最多只能肯定其中存在加減法。商周天文觀測非常發達，但看不出有計算。

有些人因此完全把中國數學抹殺，認爲不值一提，甚至把一些數學思想歸之於外來。但事實上，就數學而論，雖然殷商文明與其他古代文明相比確實不值一提，但這正表現了戰國文明的偉大，它與希臘不同，後者是在巴比倫、埃及的基礎上進入抽象和證明科學，而戰國人則必須自己從頭來。算術在戰國中迅速發展，《漢書・食貨志》記載了李悝的算術。《九章算術》包含的內容（它是前代

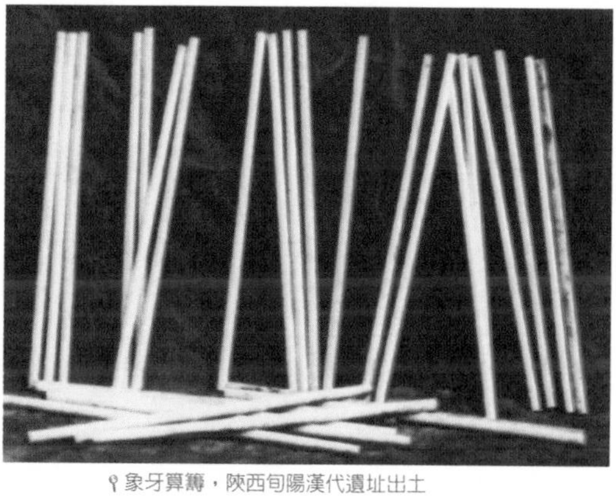

象牙算籌，陝西旬陽漢代遺址出土

成果的總匯）和戰國時代的科技都證明了這一點。有證據表明在西元前六世紀已有分數和九九乘法表。

布幣出現

中國古代最古老的貨幣是貝幣，它萌發於原始社會末期，盛於商代。西周時期，貝幣仍是主要貨幣，但隨著這一時期天然貝數量減少而銅器鑄造業不斷發展，開始出現較多的銅鑄貝幣。春秋之際，貨幣經濟得到很大發展，出現了以黃金、青銅、銀、錫、銅等金屬鑄成的形制多樣的貨幣。其中，布幣是最先得到廣泛流通的金屬貨幣。

布幣是由農具發展而來的，「布」即是「鎛」的假借字。鎛即鏟，是古代重要的農業工具，因而可以作爲市場交換媒介。春秋戰國時期的銅鑄布幣，體制薄小，已沒有農具的實用功能，但仍保持了鎛的形狀和名稱。布的形狀有很多類型，空首布是較爲原始的類型，後從空首布又演化出平首布。此外還有方足、尖足、圓足、方肩、圓肩、方跨、圓跨等多種類型。布幣主要流通於韓、趙、魏三國。燕和楚也鑄造少量布幣。在韓、趙、魏三國中，又以趙國諸郡鑄造的布幣最多。

① 

② 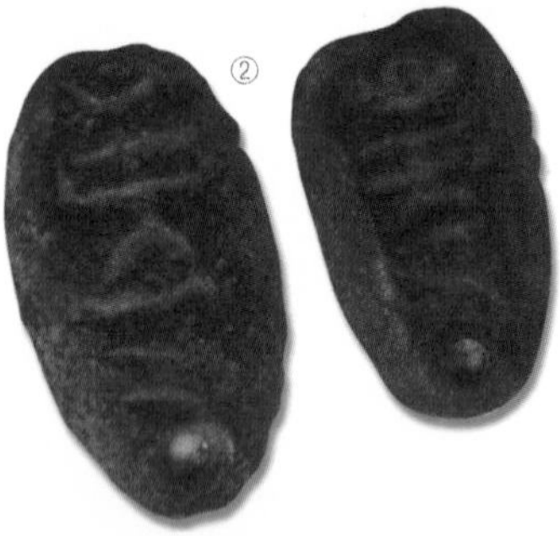

① 楚國旆錢當釿布
② 蟻鼻錢。蟻鼻錢是貝幣發展的最後形式，因錢上鑄有文字，又似人面像，故又稱之為「鬼臉錢」。主要流通於南方的楚國地區。

但是布幣等金屬貨幣的流行並不意味著銅貝幣很快絕跡，楚等國家直到戰國時期仍以銅鑄貝幣蟻鼻錢（又稱鬼臉錢）爲輔幣。

布幣的出現，標誌著中國古代進入了一個以金屬貨幣爲主要貨幣的新時期；布幣是春秋戰國經濟發展的結果，同時又成爲推動經濟發展的力量。

魯國測量日影長度以定冬至

周惠王二十三年（西元前六五四年，魯僖公六年）冬至，魯僖公參與測量日影長度的活動，以確定冬至的時間。據《左傳》記載，春秋時已有二分、二至、啓（立春）、閉（立夏）等節氣。當時已有土圭用於測景。

這說明在春秋時中國人已懂得用較爲科學的方法來觀測劃分四季，並有較科學的曆法和測量工具。

三分損益法提出

三分損益是中國古代制定音律時所用的生律法，此方法的記載最早見於《管子．地員篇》。根據某一標準音的管長或弦長，推算其餘一系列音樂的管長或弦長時，須依照一定的長度比例，三分損益法爲此提供了一種長度比例的準則。

三分損益包含「三分損一」、「三分益一」兩層含義。

前者是指將原有長度作三等分而減去其一份，即：

原有長度×（3－1）／3

＝生得長度；

而後者是指將原有長度作三等分而增添其一份，即：

原有長度×（3＋1）／3

＝生得長度。

兩種方法可以交替運用、連續運用，各音律就得以輾轉相生。

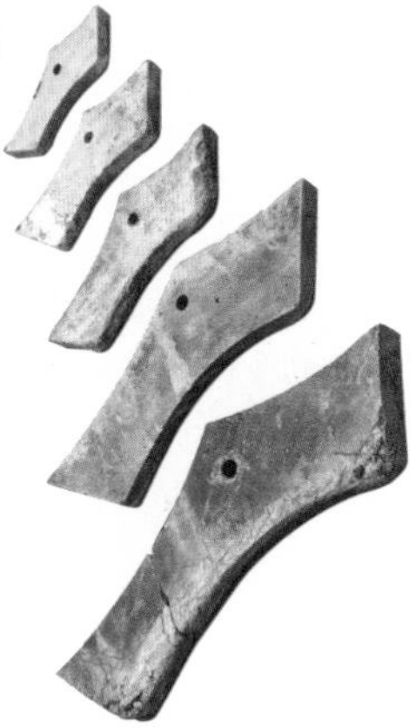

春秋石磬。陝西鳳翔秦公墓出土。按古代規制，只有天子舉行的儀典上能用玉磬，諸侯只能用石磬。

中國音樂和樂律學以及聲學屬於中國文明對人類文明的巨獻，在前文明的幾千年音樂實踐的基礎上極早地發生了聲學。與大約同時代的希臘相比，雖然後來的發展殊途，但程度是大致相同的。

《管子》中的地理學

《管子．地員篇》是中國最早的地理學專論，《管子》成書於戰國時期，應爲管子學派的著作。〈地員篇〉兩千二百多字，主要論述中國土地分類，涉及土壤地理和植物地理。它先按中國古代的傳統觀念，把土地分爲五類：瀆田（平原）、墳延（蔓坡地）、丘陵、山林和川澤，然後在各類中再分。如瀆田分爲沖積土、赤色壚土、黃色鹽鹼土、鹽質黏土和黑

灞橋。在今西安市東，橫跨在灞水上，是歷史上一座富有詩意的古橋。春秋初期，秦穆公與東方諸侯爭雄，改磁水為灞水，並建了橋樑。歷代屢建屢毀至今。灞橋是東出長安的必經之地，人們送別，至此留步，早在漢代就有了折柳贈別的習俗。圖為灞橋原貌。

色黏土五種土壤類型。

墳延是平原和丘陵的過渡類型，未細分。丘陵分爲峽谷之旁、峽谷地、大土阜、廣大的土阜、迴環相接的丘陵、石質蔓延的低山、小土山、白土小山、中等丘陵、青色土石山、多石赤土水山、多磊白壤的山、土山、高丘陵土山共十四種類型。山林自高至低分爲五種類型，依次長有植物爲：落葉松、山柳、山楊、雜林低山、山麓榆樹。川澤，表示河、湖、沼澤岸邊的土地，一部分在水下，一部分在岸上。

〈地員篇〉最後一部分爲土地評價，根據各種土壤的生產能力分上、中、下三等，每等又包括六種不同的土壤。

管子的經濟學

管子重視經濟，積極發展生產，提出了「倉廩實而知禮節，衣食足而知榮辱」這一偉大思想；他及時改革賦稅制度，主張「相地而衰征」，即視土地的好壞優劣而分等徵稅，大大刺激了人民的生產積極性；對各司其職的士、農、工、商，他推行同業者聚居一處、代代相傳的措施，以便師徒授受、相互交流、提高技術；他還力倡通貨積財、富國強兵的政策，大大地增強了國家的實力。

與戰國諸子側重哲學和社會（因而經濟思想是其一部分或應用）不同，《管子》書中的管子是一個眞正的，甚至是現代意義的經濟學家。

管子的經濟理論是輕重分析，輕重是個一般概念，如果參考把價格貴看作重（反之看作輕）的例子，大致可以知道輕重是什麼。他以輕重來衡量一切經濟物件的關係，從中衍生出流通、交換、價格等經濟現象及控制方法。

他控制經濟的輕重思想是最早的經濟（而非政治）調節法，這來源於「重射輕泄（重見眾人追逐，輕則外流他方）」的商品理論。他對貨幣定義、數量說、本位和貨幣政策的理論由此產生，他的價格理論、市場定義、財政政策以及財富本體論、經濟心理論等都是極有意義的。

《管子》成書的年代有異議，從其經濟背景看，至少這一部分內容應屬於戰國時代。

《管子》書影

管仲的這些主張不但促成齊國的首霸地位，而且對後世產生了深遠的影響，甚至歷代談論經濟的著作都祖述管仲。

人物小事典

鮑叔牙薦管仲為齊相

魯莊公九年（西元前六八五年）齊魯乾時之戰，魯軍失敗後，齊大夫鮑叔率領軍隊，代表齊桓公前往魯國，表達齊國意願：公子糾是齊桓公胞兄，齊不便親自處置，就請魯國把公子糾殺掉；公子糾的輔佐管仲和召忽是齊的仇人，請把他們交給齊國處置。於是魯國在生竇（今山東荷澤縣北）殺掉公子糾，並將管仲、召忽交給鮑叔。召忽不願返齊，遂自殺身亡。管仲坐在囚車裡隨鮑叔返齊。到達齊、魯交界的堂阜（今山東蒙縣西北），鮑叔放出管仲。回國以後，鮑叔對齊桓公說，管仲是天下奇才。您若僅僅治理齊國那麼由高傒和我輔佐即可；您若要稱霸天下，則非管仲不可。齊桓公不記射中帶鉤之仇，以親自出城迎接之禮禮遇管仲，任命他為齊相，主持國政。管仲相齊後，一心輔佐齊桓公的霸業，對齊國許多方面進行了大刀闊斧的改革。

管子是中國歷史上第一個具有獨創性的政治家和經濟學家。他對內實行的參國伍鄙之制既鞏固了齊桓公的權力，又使整個國家井然有序，不但為齊桓公首先稱霸提供政治上的保證，且對後世中國政治制度產生了深遠影響；他對外推行的「尊王攘夷」政策以尊崇周王號召民心，收到了「萬國事朝」的實利結果。他在經濟上實施的租稅改革政策和發展手工業、商業的政策在短時間內使齊國國力大為增加。管仲的這些政策使齊國即使霸權衰落亦仍保持著大國的地位。不僅如此，他還發展了齊國的文化，託名於他的《管子》一書大多數就是以他為首的齊國思想家的思想結晶。

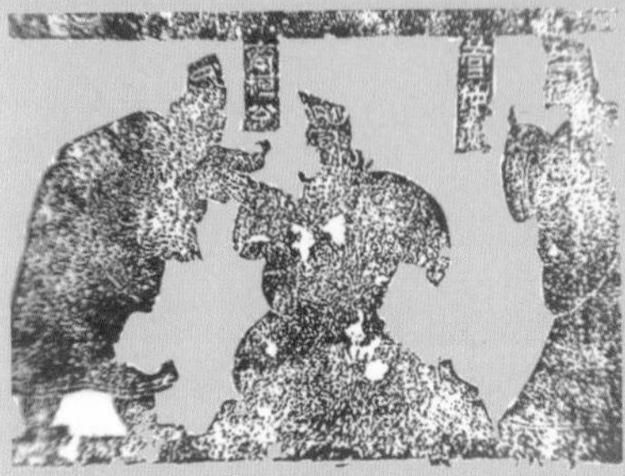

漢墓石刻曹沫劫桓公圖。齊魯會盟時，曹沫以匕首劫持桓公於壇上，逼使桓公還魯侵地。

鑲嵌龍紋方豆，春秋盛食器。新石器時代有盛黍稷的陶豆，最早的銅豆見於商代。春秋戰國時銅豆一般多為圓腹，方豆非常罕見。

鑲嵌工藝廣泛流行

鑲嵌工藝，是在青銅器表面鑄出淺槽形的圖像，然後用異色金屬或寶玉石鑲嵌，製作成剪影式的圖像。春秋中期開始，嵌紅銅的器物較普遍使用，有些是透嵌的，從器壁兩面都能看見，應該是在範鑄時將預製的紅銅紋飾鑄入的。春秋晚期蔡侯墓所出土的七件鑲嵌紅銅紋飾的敦、豆、缶、方鑒、盤等器物，都是以龍紋與菱形紋相間排列。

到戰國以後，圖形內容增繁，出現多層排列、人物眾多的畫面。這種圖像裝飾的青銅器以壺類爲最多，還有鑒、豆等類器物。湖北隨縣擂鼓墩出土的一批戰國早期青銅器（入葬年代約爲西元前四三三年）中，鑲嵌工藝普遍運用，多有嵌有綠松石的龍紋豆。洛陽金村墓葬群出土的鼎、簋、敦、壺、皿等，錯金銀器居多，錯金亦是鑲嵌工藝之一種，其中還有更華麗的裝飾，是在錯金銀的壺上加嵌琉璃，色彩斑斕，增加了富貴氣息。河北唐山賈各莊出土的嵌紅銅狩獵紋壺和山西渾源李峪出土的嵌紅銅狩獵紋豆，都飾以狩獵紋，是這一時期的流行紋飾。

晉國獸面紋陶範，山西侯馬古代晉都遺址出土。範是鑄造金屬器物的空腔器，陶範用經過篩選的黏土和砂配製，高溫焙燒，接近陶質。山西侯馬發掘晉國鑄銅遺址多處，出土陶範達三萬多塊，包括禮器範、工具範、兵器範。這些範既能鑄出精美的花紋，又有較高的強度，耐高溫性能好。為使鑄件光潔，還在範表面塗黑煙粉、細泥漿、滑石粉等。用範組合成鑄型進行澆鑄的方法叫範鑄法，春秋時期已有可重複使用的陶範。範鑄法具有鑄接、鑄焊、鑄鑲等多種工藝型式。

中國首次記載哈雷彗星

中國古代對彗星的觀測歷史悠久，並留有詳細記錄。對於大彗星的出現，更引起注意。據《春秋》載，魯文公十四年（西元前六一三年）「秋七月，有星孛（彗星）入于北斗」。這是世界上最早的關於哈雷彗星的記載，比西方早了六百七十多年。此後，從秦王政七年到清宣統二年（西元前二四〇年至西元一九一〇年）的兩千多年間，哈雷彗星二十九次回歸，中國都作了記錄（有說共記錄三十一次）。這些不間斷的記錄對現代研究哈雷彗星的軌跡變化提供了寶貴資料。

錯金工藝的出現

錯金是中國傳統的金屬表面裝飾方法，是把黃金錘鍛成金絲、金片，鑲嵌在金屬器物表面，構成各種花紋、圖像、文字。

春秋中期偏晚的時候，青銅器上錯金的技藝開始出現。這種技術是南北同時採用的，晉國的欒書缶有錯金花紋，器面上還有錯金銘文四十字，堪稱這一先進工藝的代表作。

銅金銀銅鼎，戰國烹飪器。圓腹，三足，雙耳，腹上帶嘴。整個器形在圖中變化，渾然一體。鼎身各部嵌金銀圖案。

錯金豆。此豆錯金紋飾頗為華美。蓋頂有捉手，器兩側為環耳。蓋頂均飾錯金變形夔紋。足上飾錯金垂葉紋，緣以斜角雲紋。

錯金裝飾不只用於當時尚有遺留的傳統花紋，有些青銅器上，銘文也被視作裝飾內容而用錯金手法來表現。

到了戰國時期，錯金工藝水平更加提高。

洛陽金村出土的錯金銀禮器，特別引人注目，器物有鼎、簋、敦、壺、皿等種類，都滿施錯金銀的雲形花紋，黃白相間，異常絢麗可喜。這一類雲形紋盛行自戰國中期，後來演變成延長宛轉的雲氣紋，反映出一種新的意識和風尚，與神仙思想的流行有關。

河北平山中山王墓墓葬年代約西元前三〇八年左右，出土的錯金銀器較多，其中最精巧的首推一件龍鳳方案。案面下有四鹿承托一圈，上面立有四龍四鳳，互相交錯，極見匠心。

錯金工藝的出現，增加了富貴氣息，爲青銅器的裝飾增添了一種新的手法。

弩的出現

弩是由弓發展而來的射遠兵器，由弓、木質弩臂和銅弩機三部分組

山東武梁祠足蹬弩施放圖。

成：弓橫裝在弩臂前端，弩機裝於弩臂後部；弩臂用以承弓、撐弦，並供使用者托持，弩機用以扣弦、發射。由於弩將張弦裝箭和縱弦發射分解爲兩個動作，射手無須在用力張弦的同時瞄準，命中率比弓大爲提高。而且弩可以用足踏張弦，故能夠比弓射得更遠，在步兵野戰佈陣、設伏和防禦作戰中，弩能發揮良好的作用。

春秋晚期，實戰中開始用弩，戰國時期，弩被大量使用。西元前三四一年的馬陵之戰中，孫臏就是以弩兵伏擊殲滅了龐涓率領的魏軍。戰國以後，弩續有發展，東漢時有腰引弩，三國時期有諸葛亮改製的連射弩。南北朝以後，騎兵大規模馳騁戰場，弩不便在馬背上使用，遂逐漸衰落。

人物小事典

弦高用智退敵

周襄王二十四年（西元前六二八年）冬天，杞桓公派人告訴秦國：鄭國讓我掌管鄭都北門的鑰匙，如秦軍前來偷襲，鄭都必為秦得。杞桓公為前六三〇年秦軍從鄭國退兵時留下幫鄭國戍守的三將之一。秦穆公徵求蹇叔的意見，蹇叔認為，軍隊遠行千里，有誰會不知道？以疲勞的軍隊去襲遠方有準備的敵人，這樣的行動必然失敗。秦穆公不聽蹇叔的勸告，派孟明視、西乞術、白乙丙率軍遠襲鄭國。秦軍過成周以後，到達滑國（今河南偃師縣境）。

鄭國商人弦高正趕往成周做販牛生意，恰遇秦軍，弦高見來者不善，急中生智，將自己的十二頭牛全部送給秦軍。對秦軍說：「我國國君知道秦軍準備行軍經過敝邑，特派我來犒賞貴軍，我國雖然貧乏，但已為你們做好一切準備。」弦高一面巧言應付秦軍，一面派奚施急速返回鄭國報告。

鄭穆公察破杞桓公的企圖，派皇武子辭退杞桓公一夥。秦軍主帥孟明視見弦高犒師，以為鄭國早有準備，突襲計畫已破局，若圍攻鄭國又無後援，於是秦軍回師，順道滅滑國而西歸。鄭國得以無恙，鄭穆公以保存鄭國之功賞賜弦高，弦高辭謝。

魯國實行初稅畝

春秋時期，諸侯之間大欺小，強凌弱，關係錯綜複雜。當時不僅有晉、楚兩大集團的對抗，在每一集團內部亦往往發生矛盾衝突。齊、魯都屬於晉集團，但齊國往往倚仗強大而欺負魯國。魯國爲積聚財富、增強軍力，進行了許多內政改革。

周定王十三年（西元前五九四年），魯國開始實行按田畝之多少徵收田稅的「初稅畝」。商、周以來爲井田制度，國家對於人民籍而不稅，行力役之徵，借民力以耕公田。春秋以後井田制崩潰，人口流動增加，生產力得到大發展，私田日闢。爲增加國家之財政收入，魯國遂於此年實行按畝收稅。周定王十六年齊、魯交惡，魯國害怕齊國侵伐，於第二年「作丘甲」，增收軍賦，以加強軍事力量。

「初稅畝」制度的實行，表明私田的大量出現得到官方的承認。自此，井田制宣告全面崩潰，一種新的封建土地制度開始形成。

春秋時期用木炭還原法製得的鐵製品

孔子提倡以仁治國和禮樂教育

春秋以來，王室衰微，政治無主，傳統文化漸已不能支配人心，舊制度崩潰，階級社會解體，人身依附關係解除，經濟上，齊國工商業、魯國地主和農民爲代表的新生產模式形成。孔子的出現正可說是時代的象徵。他將以同族結合爲基礎的禮樂轉換爲較具普遍社會性的禮樂制度，進而提出以「仁」作爲禮樂實現之目標。「仁」一方面是指個人的人格，個人人格沒有貧富貴賤之別；另一方面則指人際關係，人際關係以彼此承認對方的人格爲要。要實現「仁」，必須靠教育和涵養；而禮樂則是實現「仁」的手段，因此要從禮樂的學習與研究著手。以往，禮樂只是貴族教養與學習的課目和貴族外交的手段。春秋戰國時代中國的音樂發展達到了一個高峰，孔子「聞韶不知肉味」的故事體現了當時音樂藝術和音樂欣賞的水準，文人和士大夫把音樂修養作爲教養的一部分，孔子還由此引申出禮樂精神，成爲戰國儒家的一個核心觀念。

孔子問禮老聃（老子）

孔子反對教育成爲貴族的專利品，認爲應該將禮樂等教育普及於一般人。因此，孔子以身作則，從事教育工作，所收學生不限階級，誠可謂「有教無類」，其精神是可佩的。

在教育方法上，孔子注意個性差異，根據不同的個性特點進行教學，因材施教，循序漸進，啓發誘導，調動學生學習的主動性與求知欲，引導他們發展道德情感，樹立道德信念，追求遠大理想。孔子又強調學習與思考、學習與行動相結合。所謂「學而不思則罔，思而不學則殆」，「聽其言，觀其行」。

他與弟子整理古籍，評論時事人物。傳說作《書傳》、《禮傳》、《易》、《彖辭》、《象辭》、《繫辭》、《序卦》、《說卦》、《雜卦》、《文言》，人稱「十翼」；刪減《詩》三千多篇爲三〇五篇；整理《春秋》，使文辭簡約而內寓褒貶；正樂，成六藝以備王道。孔子的主張雖然不被當時的君主所採用，影響卻很深遠。他門下弟子三千，孔子以文、行、忠、信教誨他們，身通六藝者有七十二人。

《左傳》首次記載星歲紀年法

周靈王八年（西元前五六四年），《左傳》有「一星終也」語。星指歲星，即今木星。歲星問題之確定在戰國時代。

當時已劃周天爲星紀、玄枵、娵訾、降婁、大梁、實沉、鶉首、鶉火、鶉尾、壽星、大火、析木等十二次，以爲木星一年行一次，十二年滿一周天。故稱十二年爲「一星終」，並用以紀年，與今測木星繞周天（即公轉週期）數値十一・八六年相近。

星歲紀年法表明當時對歲星、天空、赤道帶均有了高度認識，應該說，春秋時代已由觀測天文現象轉向度量天文學，比起商代是一大突破。

扁鵲行醫

扁鵲名秦越人，傳說年少時爲客舍長。舍客長桑君經過，扁鵲對他很友善，長桑君看出扁鵲非平凡之輩。十幾年後，有一天長桑君對扁鵲說：「我有傳世秘方，現年老，想把這方子傳給你，你不要讓外人知道。」扁鵲發誓。長桑君於是從懷裡拿出藥，說：「配上池水飲服，三十日後當有效。」把秘方都傳給扁鵲。言畢忽地不見。扁鵲服了三十日藥後，可隔牆看見物體。診病，盡見五臟之癥結。

神醫畫像石，山東曲阜孔廟藏東漢畫像石。圖中三人跪坐，面向神醫。神醫人面人手，山鵲身軀，當是扁鵲的神話形象。神醫右手似在為病人按脈。

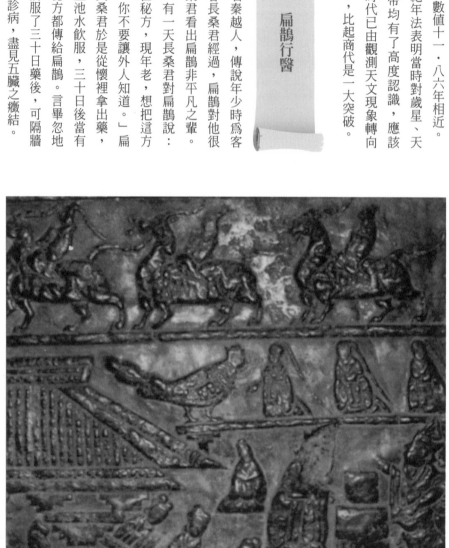

扁鵲於是開始行醫，經過虢，聽說虢太子死，扁鵲向中庶子好方術者詢問太子病情後，說：「我能使他復活。」於是入診太子，還能聽到耳鳴，看到鼻翼微張，兩腿之間尚有餘溫。中庶子馬上告知虢君。虢君已經悲痛得不能自已，請扁鵲救活太子。扁鵲於是醫治，一會兒，太子彷彿一覺醒來，又服了兩個月的藥就好了。天下人都傳頌著扁鵲能醫死人。扁鵲說：「不是我能使人死而復生，而是他本來就是活的，我只是使他站起來罷了。」

晉國趙武死，傳景叔，景叔死，傳簡子趙鞅，當時晉公室弱，六卿強。周敬王二十年（西元前五〇〇年），趙鞅得病，五日不省人事，眾大夫害怕。請來扁鵲診病。扁鵲說：「從前秦穆公也得過這病，昏睡七日醒來，說見到先帝，先帝告之於命。現在趙鞅之病相同，不出三日必醒來，醒來之後必有話告你們。」過了兩日半，趙鞅果然醒來，說：「住在帝王處眞快活，先帝命我射熊，又賞賜我二笥，我看見兒子躺在先帝一側，先帝又賞給我一翟犬。」左右告訴趙鞅扁鵲預言，趙鞅驚嘆，賞扁鵲良田四萬畝。

扁鵲經過齊國，齊桓侯款待他。扁鵲說：「您有疾病在腠理，不及時醫治將加深。」桓侯不相信，認爲扁鵲想居功。過了五日，扁鵲又見桓侯，說：「您的病已經進到血脈。」桓侯還是不信。又過了五日，見了桓侯，說：「病情已深入腸胃。」桓侯不搭理。又過了五日，扁鵲望見桓侯後就退走。桓侯奇怪，派人詢問，扁鵲說：「當病還在腠理，湯熨可治好；到了血脈，針石之法可治好；入到腸胃，酒醪可治好。深入到骨髓，則無可奈何。現在桓侯的病已到了骨髓，我也無計可施。」又過五日，桓侯發病，派人尋找扁鵲，扁鵲已不知去向。桓侯於是不治而死。

扁鵲醫術高明，名聞天下，能醫婦科、耳目鼻科、小兒科等。秦國太醫令李醯自知醫術不夠扁鵲高明，心生妒忌，就指派人把扁鵲殺害了。

春秋醫學是中國醫學的發生期，我們現在所能見到的有關那個時代的醫學材料不多，而且分散。《左傳》記載秦國醫生醫緩說晉侯的病在「肓之上，膏之下」，似乎認爲疾病是從外向裡發展的。它還記載醫和的疾病理論（天有六氣，陰、陽、風、雨、晦、明，在四時、五節中循環，分別生成寒、熱、末、腹、成、心六種疾病）。扁鵲可稱爲中國方劑學鼻祖，也是中國最早名醫，已成爲醫生的代名詞。他的出現，代表了中國醫學的興起。

人物小事典

醫和談疾

周景王四年（西元前五四一年），晉平公有病，請秦國醫生診治，秦景公派醫和為晉平公看病。醫和認為此病已無法醫治，其病如蠱惑，不是由於鬼神，也不是由於飲食，而是被女色迷惑喪失意志。

晉平公問女色是否可以親近，醫和回答說：「應當有所節制。先王的音樂有五聲的節奏，是用來節制百事的。五聲下降而停止以後，就不允許再彈。再彈就會有繁複的手法和靡靡之音，使人心蕩耳煩，忘記平正和諧，因此君子不聽。事情也像音樂一樣，一過度，就應該罷手，不要因此得病。君子接近妻室，是表示禮儀節度的，不是用來煩心的。天有六種氣候陰、晴、風、雨、夜、晝，都須有所節制。陰沒有節制是冷病；陽沒有節制是熱病；風沒有節制是手腳病；雨沒有節制是腹病；夜裡沒有節制是迷亂病；白天沒有節制是心病。女人為陰之物如氣候之夜，對女色沒有節制就會發生內熱蠱惑的疾病。現在您沒有節制，能不患疾？」

趙武問什麼叫「蠱」，醫和回答說：「這是沉迷惑亂所引起的。在文字裡，器皿裡的毒蟲是蠱。稻穀中的飛蟲也是蠱。在《周易》裡，女人迷惑男人、大風吹落山木也叫蠱。這都是同類事物。」趙武稱讚他醫術高明，贈以厚禮，送他返秦。

醫和以天人一體、陰陽相生相蕩的理論論述疾病，開創了中醫理論，他提出的陰、陽、風、雨、晦、明失和致病說成為後世「風、寒、暑、溼、燥、火」六氣病因說的濫觴。同時，也表明中國文化開始向自然科學領域拓展。

醫和像。醫和是春秋時期秦國的著名醫家，他在應聘給晉候診病時指出晉候的病不是由於鬼神作崇，而是由於沉溺女色所致，繼而提出了著名的天氣致病論，從理論上否定了巫的鬼神致病觀，在醫、巫分離上有著非常重要的意義。

楚人鬼文化

楚國地處南方，遠離中原，山高澤險，怪異多有，很早就發展出一種鬼文化。

楚人相信，人死形消，而其魂則變而為鬼，作惡人間，因此，信鬼好祀、樂舞娛神逐漸發展成楚人的生活習俗。譬如在沅水、湘水流域，民間每年都要舉行大型的祭祀活動。活動開始時，巫覡「作歌樂鼓舞以樂諸神」，巫歌與音樂、舞蹈結合一起，場面宏大，風格熱烈活潑，極富浪漫情調。在沅、湘流域的其他地方，每逢重大節日，人們總自發地到山涯水湄去進行大規模的對歌活動，日以繼夜，人歡神樂。民間情歌與鬼神祭祀相結合，顯得神人相融，幾無對生命原初形態的束縛。

據睡虎地雲夢秦簡和《荊楚歲時記》記載，周景王元年（前五四四年）楚即開始以桃柄帚祛鬼；又據《莊子》一書，楚人將桃枝插於房門邊，孩子不怕，而鬼卻害怕，可以消災解難。

楚國之鬼文化是「楚辭」產生的基礎。它在春秋之際傳入中原，成為中國傳統文化之一部分，時至今日，仍能見到包括插桃枝在內的種種戲鬼習俗。

玻璃工藝發展

中國發現最早的玻璃器始於春秋末、戰國初。這個時期的玻璃數量少，品種單一，僅有套色的蜻蜓眼式玻璃珠和嵌在劍格上的小塊玻璃。蜻蜓眼式玻璃珠是指在玻璃珠上黏附複色套環，因其似蜻蜓眼故名。

此時期的玻璃器集中出土於貴族大墓。河南固始侯古堆墓出土有三顆蜻蜓眼式玻璃珠，球狀，直徑約一公分，中間穿孔，在綠色玻璃基體嵌入藍、白兩種色調的玻璃乳紋，是典型的鈉鈣玻璃。此外，河南輝縣徵集的吳王夫差劍，劍格上嵌有三塊透明程度較高的玻璃塊；湖北江陵望山墓出

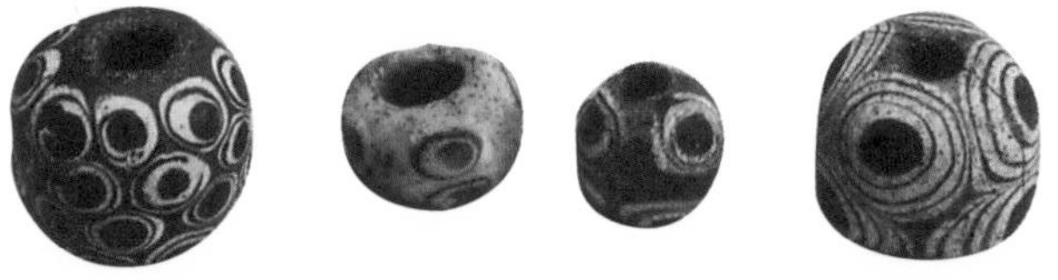

琉璃珠。自左至右，分別高2.3公分、1.8公分、1.8公分、1.7公分。琉璃珠也稱「火齊珠」，是中國玻璃的古名稱，其成分中有鉛和鋇，色彩非常漂亮。

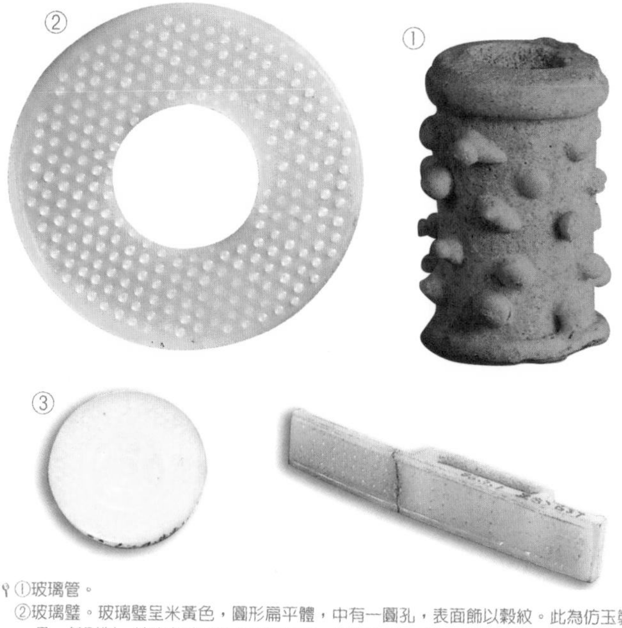

①玻璃管。
②玻璃璧。玻璃璧呈米黃色，圓形扁平體，中有一圓孔，表面飾以穀紋。此為仿玉製品，其形制、紋飾與戰國時的玉璧相同。採用模鑄法成形，製作規整，顏色鮮豔。
③玻璃劍首、劍飾。

土的越王句踐劍，劍格上也嵌有藍色玻璃，兩把劍中的玻璃都不含鉛鋇。湖北隨縣擂鼓墩曾侯乙墓出土有七十三顆蜻蜓眼玻璃，球狀，直徑約一公分，藍色玻璃基體上嵌有白、棕等色花紋。

戰國早期的玻璃器數量有所增加，仍以蜻蜓眼等小型珠飾爲主。戰國中晚期玻璃器的數量及品種增加，除了珠、管小型裝飾品外，增添了璧、劍飾、印章等典型宮中式樣的玻璃器，這個時期一般的士和庶民也可以用玻璃器隨葬。此時期的玻璃珠多呈球狀，少數作橄欖形或稜柱形，中穿小孔，體積一般略大於戰國早期的珠子，珠徑約一至二公分，玻璃管多圓柱體，個別呈稜柱體，一般長二至四公分。珠管周身飾以蜻蜓眼式的圓形物，其上往往有藍白相間的圓圈紋，有的還有小白點相連組成的菱形紋飾。玻璃器從戰國中期出現，延續到漢代。璧的形狀都是圓形扁平體，中有一圓孔，璧的外約八至十四公分。有綠、乳白、米、深綠等顏色。玻璃璧的紋飾簡單，多爲穀紋和雲紋。玻璃劍飾分劍管、劍珥等。

戰國中、晚期的玻璃珠、璧絕大多數屬於鉛鋇玻璃。在十九世紀之前，無論是歐洲、北非，還是西亞的玻璃都不含有鋇，因此含有氧化鋇是戰國至秦漢中國玻璃的顯著特徵。

學術界對戰國初的玻璃製品存在著從西輸入的說法，但對戰國中、晚期的玻璃製品爲本土製造這一觀點則沒有異議。

《道德經》代表中國純粹哲學

據傳春秋戰國之際，中國古代著名哲學家、道家學派創始人老子著寫《老子》，闡述他的哲學思想。

老子，姓李名耳，字聃，楚國苦縣（今河南鹿邑）厲鄉曲仁里人，曾任東周王朝守藏史，掌管圖書典籍。相傳孔子曾向他問過「禮」，他則給孔子講述許多深奧的道理。他一生修行道德，晚年才「著書言道德之意」，是爲《老子》，又名《道德經》。全書分上下篇，共八十一章，計五千餘言。在《道德經》一書中，老子以「道」爲核心，創立了他的哲學體系，包括世界本源說、純粹辯證法及認識論等等。

「道」是老子哲學體系的核心，他認爲「道」先於世界萬物存在並且是產生世界萬物的神祕本源，「有物混成，先天地生」、「吾不知其名，字之曰『道』」，就是說在天地形成之前就有一個渾然一體的東西存在。

在老子看來，「道」是一個神祕而不可感知的精神性實體，並且由「道」可生出萬物世界。「道生一，一生二，二生萬物」（《老子》第四十二章），可以說由「道」化生出元氣，由元氣產生陰、陽二氣，再由陰、陽二氣和合而產生天地萬物，老子以「道」爲萬物本源的學說，結束了上帝鬼神的傳統宇宙觀，提升了哲學思辯的高度。

以「道」爲基礎，老子又提出他的純粹辯證法思想。他認爲無論自然界還是人類社會，無時無刻不在運動變化之中，並在這運動變化之中概括出一系列相互矛盾的範疇，如有無、福禍、美惡等；並指出每一矛盾範疇的兩個對立面是相互依存和相互轉化的，「天下皆知美之爲美，斯惡已」。就是說，當天下人都知道美之所以爲美的時候，也就知道了醜的含義了。在承認矛盾雙方互爲存在條件的前提下，老子還認爲對立面雙方並非一成不變的，而是無不向其反方面轉化，提出「反者道之動」的辯證思想，作爲事物矛盾轉化的普遍法則，「禍兮，福之所倚；福兮，禍之所伏」。

在認識論方面，老子否認人的知識來自於感覺經驗，他認爲體認「道」，完全不需感性認識，只需要「虛靜」、「玄鑒」的認識方法，即可達到「聞道」的目的。「虛靜」、「玄鑒」即要求人們內心虛靜，不持任何成見，也不受任何外界打擾，以

老子騎牛圖，北宋晁補之繪。道家創始人老子倡導的恬淡虛無、清淨無為、抱樸歸真的人生觀備受後人推崇，成為後世養生學的基本準則。

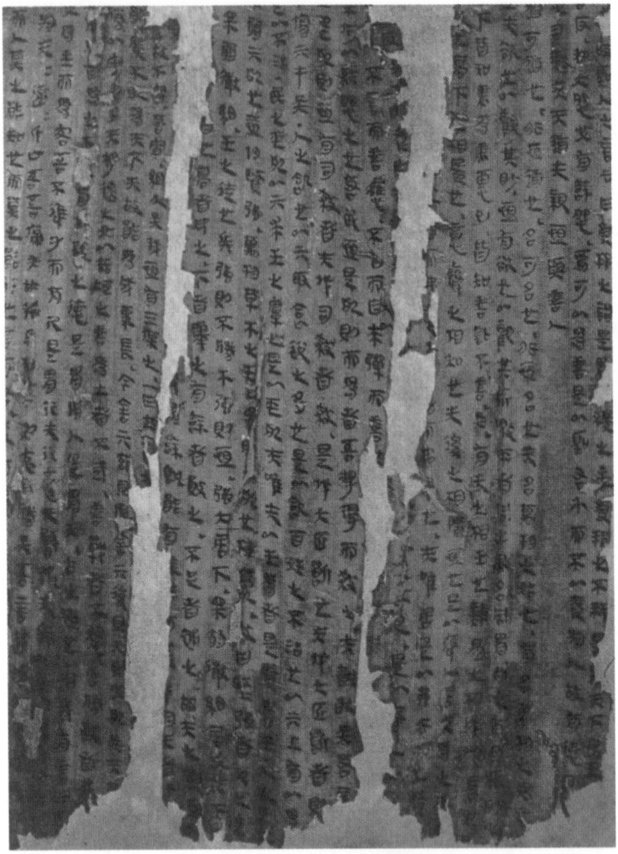

西漢帛書《老子》（殘頁）

達到心靈虛靜的狀態。以這為基礎，他主張人們「絕聖棄智」、「絕學無憂」。

老子除了將「道」作為世界萬物的本源外，還將之作為是萬物的歸宿。萬物從「道」而生，最後又復歸於「道」，「夫物芸芸，各復歸其根。歸根曰靜，是謂復命」。這一思想反映到社會歷史觀方面，老子認為人類應重返純樸的自然狀態，形成了他所謂「小國寡民」的烏托邦思想。

老子的哲學思想，到後來基本上發展為兩個方向。一是莊子將老子的世界觀發展成為虛無主義；另一就是將「道」解釋為規律，以「道」為禮、法的思想依據，形成了法家學派。此外，老子的思想對後來道教哲學也有很大的影響，被奉為道教「教主」。

子產論魂魄和天道

子產，公孫氏，名僑，字子產。子產執政二十多年，實行作封洫、作丘賦、鑄刑書三大改革，對鄭國產生重大的影響。

鄭國伯有於周景王二年被殺。周景王十年，鄭人驚呼伯有之鬼返歸，於是慌忙逃奔，不知逃向何處。後來，子產立了過去被殺的子孔之子公孫泄和伯有之子良止，來安撫鬼魂，人們才安定下來。子太叔問這樣做的原因，子產說：「鬼有所歸宿，這才不去做惡鬼。我是爲他尋找歸宿。」子太叔說：「爲什麼立公孫泄呢？」子產說：「爲了使他們高興。」

子產到晉國後，趙景子問：「伯有還敢作鬼嗎？」子產認爲能，說道：「人剛死去叫做魄，其陽氣叫做魂。活著時衣食精美豐富的魂魄就強有力，因此具有現形的能力，一直達到神化。普通的男女不能善終，尚且能附在別人身上，以大肆惑亂暴虐，何況伯有是我們先君穆公的後代，子良之孫，子耳之子，敝邑的卿，執政已經三代。鄭國雖然不強大，或者就像俗語所說是『蕞爾小邦』，可是三代執掌政權，他使用東西很多，在其中汲取的精萃也很多，他的家族又大，所憑藉的勢力雄厚，可又不得善終，能夠做鬼，不也是應該的嗎？」

上古信鬼神，春秋時代也一樣，但這時子產已開始用自然論的觀點，用陰、陽之氣來解釋魂魄，這是一種進步。

周景王十九年，鄭國的裨灶對子產說：「宋、衛、陳、鄭四國將要在同一天發生火災。如果我們用玉瓚祭神，鄭國就不會發生火災。」子產不給。

次年五月，宋、衛、陳、鄭四國果然發生火災。裨灶說：「如果不採納我的話，鄭國還要發生火災。」

鄭人請求採納裨灶的話，子產不同意。子太叔說：「寶物是用來保護百姓的。如果發生火災，國家將瀕臨滅亡，寶物可以挽救危亡，您愛惜它爲何呢？」

子產認爲，「天道遠，人道邇，兩不相關，怎麼能瞭解它們的關係？裨灶哪裡懂得天道。預言多了，難道不會偶爾說中？」於是堅持不給，後來鄭國沒有再發生火災。

春秋時代的人普遍信奉鬼神、巫術，子產也如是。但他區分天道、人道，應該說是中國天命觀的重大轉折，具有純粹的唯物觀點，孔子即繼承了這一思想。這種把天文現象和人事的變故區別開來的觀點，衝破了殷周以來宗教觀點的束縛，對後世人文精神的發展影響很大。

師曠辨亡國之音

衛靈公將要到晉，經過濮水，半夜聽到鼓琴聲音，似鬼神之聲，都是周圍的人聞所未聞的，靈公便讓師涓依此練習。衛靈公見到晉平公後，平公設酒宴款待他。酒酣，靈公讓師涓為平公奏新得的樂曲。師涓奏到一半，師曠阻止他再奏，說這是亡國之音。

伯牙鼓琴圖卷，元·王振鵬繪，墨筆畫春秋時伯牙、鐘子期故事。

平公問緣由，師曠說：「這樂曲是師延為紂作的靡靡之音。武王打敗紂王時，師延投了濮水，所以這樂曲一定是在濮水上聽到的，聽這音樂會使國力削弱。」

平公很喜歡這段音樂，便讓師涓將樂曲奏完。平公說：「恐怕沒有比這更悲的音樂了！」師曠說：「有的。」平公要聽，師曠便說：「君王你德義薄，最好不要聽。」平公說：「我就是喜歡悲傷的音樂，一定要師曠奏樂。」師曠一奏，就有黑鶴十六集在廊門；再奏，鶴伸頸鳴叫，舒展雙翅起舞。平公聽了非常高興，站起來給師曠敬酒，說還想聽更悲的。

師曠勸戒平公，聽這音樂會使人衰敗。平公說我老了，聽也無妨。師曠不得已，撫琴起奏。一奏，西北處湧起了白雲，再奏，大風大雨就來了，廊瓦飛了，嚇得一幫人四處奔走。平公更是嚇得伏在屋廊之間。不久，晉國大旱三年。

師曠辨亡音，說明了春秋時代音律的完備和精細。春秋時代，純音樂興起，在廟堂和民間音樂之外，出現了創作音樂，一方面，音律和樂器製作更加精美（曾侯乙編鐘也是同時期），另一方面，出現了伯牙之類的創作音樂家。

自此以後，音樂成為春秋戰國時代文化的中心部分，極為興盛。

人物小事典

伍子胥出奔吳國

周景王二十三年（西元前五二二年），楚平王聽信讒言，想殺太子建，於是將太子的老師伍奢召來並將他關押起來。太子建逃亡到宋。楚平王怕伍奢的兩個兒子伍尚和伍子胥成為日後隱患，就派人召兩人來，說：「你們來了就可以放掉你父親。」大兒子伍尚為全孝道去了，跟父親伍奢一起被楚王殺掉；小兒子伍子胥為報父仇出逃到宋國投奔太子建。不巧宋發生內亂，伍子胥便和太子建逃到鄭。

在鄭三年，太子建報仇心切，參與密謀要奪鄭定公的權，被鄭定公發現殺了。伍子胥帶著建的兒子太子勝逃奔吳。逃到吳楚交界的昭關（今安徽含山縣北），關上盤查很嚴，因為鄭王已叫人畫像懸賞捉拿伍子胥，伍子胥非常發愁，傳說他一夜之間愁白了頭髮，在好心人東皋公的幫助下混出了關。

伍子胥和太子勝一路疾行，唯恐後面有追兵到來。到一條大江前，有一漁夫將伍子胥和太子勝渡過了江。伍子胥為感謝漁夫，摘下身上的寶劍相贈，說這值一百金的。漁夫說：「楚國有令，凡抓到伍子胥都可以得到五萬石粟和高官厚祿，我這都不在乎，還在乎你的劍嗎？」伍子胥還未到吳，在路上便病倒了，一路乞討到了吳國。吳國公子光引見伍子胥給吳王，伍子胥勸吳王伐楚，公子光阻攔住。伍子胥見公子光想謀王位，便舉薦勇士給公子光。公子光殺了吳王僚後自立為王，這就是吳王闔閭。

吳王即位後，封伍子胥為大夫，又任用了將軍孫武，富強國家，整頓兵馬，先後兼併了附近幾小國。周敬王十四年（西元前五〇六年），吳王拜孫武為大將，伍子胥為副將，伐楚，一直打到郢都。伍子胥將楚平王之屍挖出，鞭屍以解父仇。

伍子胥畫像鏡

分野觀念形成

《國語》在周景王二十五年（西元前五二〇年）有「歲之所在，則我有周之分野」的記載。當時的人把十二星辰的位置跟地上國、州對應，就天文說，稱某星宿是某州、國的分星，就地域說，稱某地是某星宿的分野，反映古代天文地理統一的觀念。

分野觀念是中國占星術的基礎，後來發展為天官觀念，用星辰與行政對應，從而形成中國星座體系，而與希臘式的迥然不同。此觀念對往後中國的天文、占星和政治影響深遠。

二十八宿體系形成

湖北隨縣發掘的戰國初曾侯乙墓中，出土了一個漆箱，其蓋上繪有青龍白虎，中間書寫一個斗字，圍繞斗字的二十八個字正是二十八宿的名稱，表明將四象與二十八宿配合在當時已是常識，所以才會將這種圖案描繪於日常用具上作爲裝飾。

二十八宿是將黃赤道帶星空劃分成二十八部分，用二十八個名稱命名的星空劃分體系。早期載有二十八宿的可靠文獻是《呂氏春秋》、《禮記·月令》、《周禮》等書，它們的時代最早約在戰國中期（西元前四世紀）。而從這些記載中的天象推算，則可提前到春秋中葉（西元前七世紀）。湖北省隨縣出土的二十八宿漆箱蓋的發現，則把文獻證據提前到西元前五世紀。此時，二十八宿名稱已經完備。它們與四象配伍如下：東宮蒼龍，有角、亢、氐、房、心、尾、箕七宿；北宮玄武，有斗、牛、女、虛、危、室、壁七宿；西宮白虎，有奎、婁、胃、昴、畢、觜、參七宿；南宮朱雀，有井、鬼、柳、星、張、翼、軫七宿。各宿分佈，疏密不均，井宿橫跨三十多度，而觜宿、鬼宿僅跨幾度。

戰國曾侯乙墓出土二十八宿漆木箱

中國二十八宿是不等間距劃分，這與先秦時期形成的「分野」說有一定關係。「分野」是將地上的州域與星空相對應，用某區天象占卜地上某州域之事的星占用語，是先秦天人觀的一種表現。州域有大小，諸侯有強弱，故相應星空的間距也不相等。二十八宿體系的建立，使人們能較準確地測量日月五星相對於恆星的運動，能較準確地觀測異常天象發生的位置，還能準確決定冬至點之所在，它對於中國古代天文學的發展，有著特殊重要的意義。

晏嬰論樂

周景王二十三年（西元前五二二年），晏嬰對音樂作了論述：「一氣（動感情）、二體（舞有文武）、三類（《風》、《雅》、《頌》）、四物（四方之物製成樂器）、五聲（宮、商、角、徵、羽）、六律（黃鐘、太簇、姑洗、蕤賓、夷則、無射，陽聲爲律，陰聲爲呂）、七音（宮、商、角、徵、羽、變音、變徵，即今謂音階）、八風（八方之風）、九歌（九功之德皆可歌頌）以相成也；清濁、小大、短長、疾徐、哀樂、剛柔、遲速、高下、出入、周疏以相濟也。」這是中國較早而完整的一種音樂理論。周景王令晏嬰鑄「無射」編鐘，曾向著名音樂家伶州鳩請教音律，這時已有以黃鐘爲首的十二律，而且以此作爲鑄鐘的理論根據。

演奏圖，清人任熊繪。

黃彈箜篌圖，清人任熊繪。

人物小事典

晏子哭莊公

周靈王二十四年（西元前五四八年），齊崔杼殺齊莊公及其嬖臣多人。晏子聽到消息便站在崔氏門外，他的同僚說：「您要為國君殉死嗎？」晏子說：「僅是我的國君嗎？我為什麼要殉死？」又問：「您要逃走嗎？」晏子說：「是我的罪過嗎？我為什麼要逃亡？」又問：「您回去嗎？」晏子回答說：「國君死了，回到哪兒去作君主的臣下，道是為他的俸祿？而是應當保養國家。如果君主為國家而死，臣下就應當為他而死，君主為國家而亡，臣下也應當為他而逃亡。如果君主為自己而死，為自己而逃亡，那麼假若不是他個人寵愛的人，誰願承擔責任？而且別人有了君主反而殺死他，我哪能為他而死？哪能為他而逃亡？但是又能回到哪裡去呢？」

崔氏家的大門打開，晏子進去，頭枕在齊莊公屍體的大腿上號哭，站起之後往上跳了三次便走了。有了建議殺掉晏子，崔杼認為晏子是百姓所仰望的人，赦免他，可以得民心。

晏子（？~西元前五〇〇年），齊國政治家。歷任靈公、莊公、景公三朝正卿，主政五十餘年，身為齊相，食不重肉，穿不衣帛，以節儉力行顯於齊。《晏子春秋》是記載晏子言行的書，書中許多情節生動描寫了晏子的聰慧和機智，如「晏子使楚」等，曾在民間廣為流傳。書中透過總結政治經驗，分析了「和」、「同」兩個概念。晏子認為對君主隨聲附和即「同」，不足可取；只有敢於向君主提出建議，補其不足，也就是「和」，才是正確的。

二桃殺三士。自上而下，分別為洛陽西漢墓壁畫、河南南陽畫像石和山東嘉祥宋山畫像石，地域不同，但表現的都是同一個內容。二桃殺三士的故事記載於《晏子春秋》。講的是春秋時齊國景公時代公孫接、田開疆、古冶子三位勇士被相國晏嬰設計誅殺的故事。中間一圖中置一高足盤，盤中有兩顆桃子，三個人皆著武服佩劍，在盤左右並伸手取桃者當為公孫接和田開疆。右邊怒目圓睜，拔劍奮起者當為古冶子，此幅畫像以精妙的筆法表現了三位勇士即將引頸自刎的悲壯場面。

單人騎馬出現

周敬王三年（西元前五一七年），宋人左師展與宋元公「乘馬而歸」，此時，單人騎馬開始出現。在洛陽金村出土的春秋銅鏡上，繪有「騎士持劍刺虎圖」，反映出單人騎馬的情況。在此之前，上古中國屬於乘車穿裙文化，男女都以穿裙爲主，

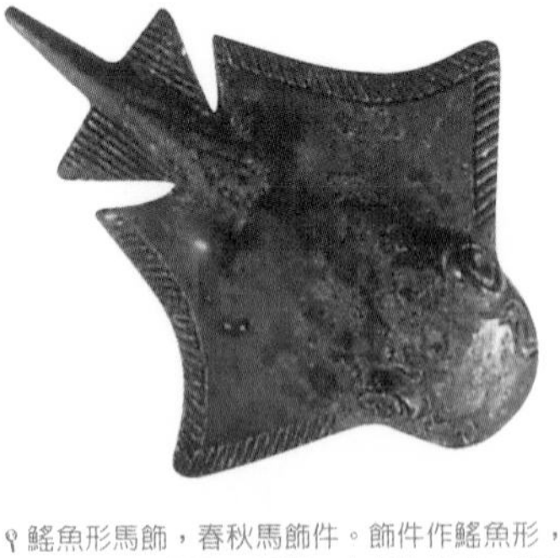

鰩魚形馬飾，春秋馬飾件。飾件作鰩魚形，扁口，比目，短身，細尾。大者為當盧，反面有兩橋形鈕；小者為節約，有十字形鈕，以備穿帶。均出土於北方少數民族石椁墓，在青銅馬飾中為僅見。

交通和戰爭中使用馬匹也主要用於拉車。後來，受遊牧民族的影響，騎馬才逐漸流行，生活方式亦隨之發生變化；也爲中國服飾進入按頭製帽、量體裁衣階段打下基礎。

《孫子兵法》著成

孫武是春秋晚期兵家，齊國人，後寫《孫子兵法》而仕於吳，在他的治理下，吳國的軍事力量一時強盛，吳國大軍威震四方。

周敬王八年（西元前五一二年），伍員推薦孫武給吳王闔閭治兵。孫武獻兵法十三篇，闔閭稱善。爲了試驗孫武所著兵法的效力，闔閭命他以兵法訓練宮中美女。孫武在訓練中嚴申軍紀，斬掉兩名擔任隊長而不聽約束的吳王寵妃，宮人由此而大懼，進、退、跪、起無不聽命。闔閭由此知孫武之能用兵，便任命他幫助治理軍隊。

同年，吳王欲攻楚都郢，將軍孫武以爲當等待。周敬王十四年，吳王問伍員、孫武可否伐楚。二人曰：「楚將子常貪婪，唐、蔡都怨恨，與唐、蔡聯合可以。」吳王於是出師與唐、蔡共同伐楚。至漢水，楚發兵拒吳，二軍夾水而陣。與楚五戰五勝，追至郢，楚因此喪失了爭霸力量。

由於吳國重用伍員、孫武治國強兵，國力強盛。春秋晚期，吳國的大軍威震四方，西破強楚，北威齊、晉，南服越人。

孫武像

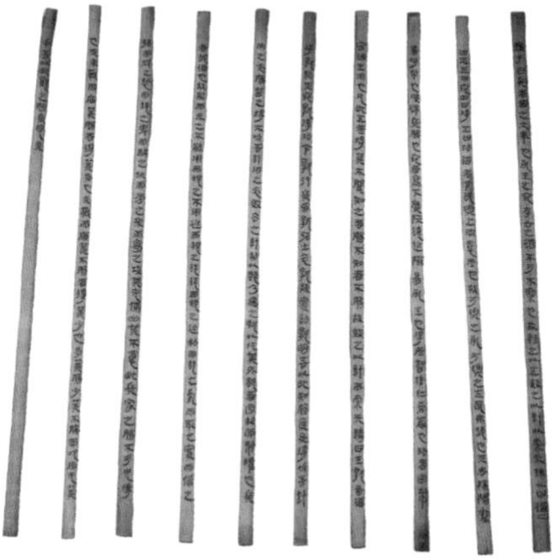

銀雀山漢墓出土的《孫子兵法》漢代竹簡（復原模型）

孫武在兵法上提出了一整套克敵制勝的戰略戰術。他總結了前代軍事思想的成果，對夏商以來，特別是春秋時代的戰爭進行研究，並以自己的獨到創見將其融會貫通，形成一個思想嚴謹、結構合理的軍事理論體系。孫武的軍事思想主要包括戰爭觀、戰略理論和作戰思想三個方面。

孫武繼承了先秦時期注重戎事的傳統，對戰爭有害的方面也有清醒認識。他對戰爭的基本態度是重兵、慎戰，重視戰爭而不輕易發動戰爭。他反對窮兵黷武，主張非危不戰。由重兵、慎戰的思想所決定，孫武提出知兵、知戰的觀念，要求知己知彼、知天知地，在戰爭和作戰指導上做到對敵我雙方各方面情況的把握瞭解，這樣才能百戰不殆。

孫武的戰略理論以國家之間的戰爭作爲主要研究對象，以安國全軍作爲戰爭的首要目的，因此，孫武在戰略上注重內因制勝、修道保法和伐謀伐交。他首先從戰略角度闡述了決定戰爭勝負的基本因素，即所謂的「五事」：道、天、地、將、法，其中國

專諸刺吳王僚圖，漢墓石畫

家內政情況、軍事實力和指揮官的才能是最主要的，屬於內因。他進一步闡發內因制勝的理論，主張從國家自身內部進行努力，使自己在戰略上立於不敗之地，以待敵人出現，這樣才是善戰。孫武從國家利益出發，提出速戰速決和取用於敵的戰略指導思想；同時，他還特別重視運用政治和外交等非軍事手段進攻、打擊、削弱敵人，提出伐謀伐交、不戰而勝的戰略思想。

孫武的作戰思想特別強調發揮人的主觀能動性，在客觀條件具備的情況下，充分運用人的智謀、靈活變化是孫子作戰思想的靈魂，他認爲兵無常勢，用兵的方法也不可固定不變，必須根據戰爭情況的變化而變化。詭詐用兵是孫子作戰思想的核心，他認爲用兵作戰的核心問題是以詭詐變化的手段迷惑、調動別人，達到攻其無

備、出其不意的目的。

孫武在《孫子兵法》一書中，提出了一系列具有普遍指導意義的作戰原則和作戰方法。他的兵法思想標誌著中國古代軍事學的成熟。

圍棋廣泛普及

中國最早的圍棋記載是《論語》、《左傳》和《孟子》中的記載。《論語・陽貨》：「飽食終日，無所用心，難矣哉，不有博弈者乎，爲之猶賢乎已。」《孟子・離婁下》：「博弈好飲酒，不顧父母之養，二不孝也。」孔孟所說的「博」是指古代象棋，「弈」指下圍棋，二人所論反映出當時喜歡下圍棋的大有人在。《孟子・告子上》說：「弈秋，通國之善弈者也。使弈秋誨二人弈，其一專心致志，惟弈秋之爲聽。一人雖聽之，一心以爲有鴻鵠將至，思援弓繳而射之。雖與之俱學，弗若之矣。」這段文字表明作爲圍棋好手的弈秋列國皆知，且以此教授學生，可見春秋時代圍棋已廣泛普及。

圍棋在當時寓意著軍事，因此弈成爲人們相當重視的活動。《關尹子・一字》說：「習射、習御、習琴、習弈，終無一事可以一息得。」可見當時的人們已把下圍棋和射箭、駕車、操琴看作並列的風尚活動。與此同時，下圍棋的規律也逐漸總結出來。《尹文子》中說：「以智力求者，譬如弈棋，進退取與，攻劫放舍，在我者也。」

弈棋圖。只要擺開棋盤，不管是在雅室內，還是山上大石旁，棋手馬上就會全心投入，成為一種高雅的享受。

五穀命名定型

《論語》的「微子」篇中說到「四體不勤，五穀不分」，這是中國史籍中首次提到五穀。五穀的概念在春秋時代開始定型，五穀成爲中國食物的主體。

五穀指的是哪幾種作物，有三種說法。一爲黍、稷、麻、麥、豆，二為黍、稷、豆、麥、稻，三為稻、秫（稷）、麥、豆、麻，三種說法不盡相同，但共包含六種作物，與《呂氏春秋・審時篇》所說的六種主要糧食完全一致，中國的主食結構在春秋時代基本定型。

上圖：轆轤的運用
下圖：傳說鄧析發明桔槔，桔槔是春秋時利用槓桿原理的汲水工具。

已知最早的轆轤出現

轆轤是古代的起重機械，屬於絞車中的一種類型。轆轤在春秋戰國時代已用於從豎井中提升銅礦石。一九七四年在湖北銅綠山春秋戰國古銅礦遺址發掘中發現木製轆轤軸兩根，其中一根全長二百五十公分，直徑二十六公分，經判定為用於提升銅礦石的起重轆轤的殘件。這是已知最早的轆轤。

第一部詩歌總集《詩經》編成

《詩經》是中國最早的一部詩歌總集，編成於春秋中葉，收集了從西周初到春秋中葉約五百年間的詩歌三〇五篇（另有〈南陔〉、〈白華〉、〈華黍〉、〈由庚〉、〈崇丘〉、〈由儀〉六篇，只存篇名，疑是後人所加），先秦稱為《詩》或「詩三百」，到漢代被朝廷正式奉為儒家經典，始有《詩經》之名，並沿用至今。

《詩經》是經過不斷的搜集、整理和編訂而成的。相傳周代采詩官員「行人」深入民間四出採訪，搜集民歌以供朝廷瞭解民情風俗和考察政治得失，另外周代又有公卿大夫和諸侯向天子獻詩的制度。這些搜集和陳獻來的作品經過樂師的審理編定，使其辭彙、句法、韻律都相當一致。

《詩經》的作品當時是用來配樂歌唱的，根據音樂的不同，分爲「風」、「雅」、「頌」三部分。「風」是各諸侯國的地方音樂，共一六〇篇，其中大部分是民歌；「雅」是西周京畿地區的正聲音樂，共一〇五篇；「頌」是用於宗廟祭祀的舞曲歌辭，共四十篇。《詩經》中最富有思想意義和藝術價值的是《國風》，它廣泛而眞實地表現了下層人民的生活困苦和喜怒哀樂，反映出當時嚴重的階級對立。如《豳風・七月》把農夫終年的艱辛勞作與統治階級奢侈無聊的生活加以對比；《魏風・伐檀》中對不勞而獲的剝削者發出強烈質問：「不稼不穡，胡取禾三百廛兮？不狩不獵，胡瞻爾庭有縣貊兮？彼君子兮？不素餐兮？」而《魏風・碩鼠》把剝削者比作大老鼠，抨擊他們「莫我肯顧」，表示「逝將去女（汝），適彼樂土」。還有不少作品控訴了戰爭和徭役給人民帶來的災。如《唐風・鴇羽》寫無休無止的「王事」使人民無暇耕作，家中父母無人奉養；《邶風・式微》寫主人公長期服役，奔走於泥塗，抱怨統治者使他有家不能歸。另外，歌頌愛情婚姻和家庭生活的作品在《國風》中佔了很大比重，有的寫相思苦、失戀愁，有的表現了對愛情的忠貞、對禮教的反抗等。

《鹿鳴之什圖》卷，傳為宋高宗趙構或宋孝宗、馬和之畫的毛詩圖卷，現流傳有近二十卷之多，但確可定為真跡。下圖中書寫文字，所選僅為《鹿鳴之什圖》卷中的〈鹿鳴〉文。

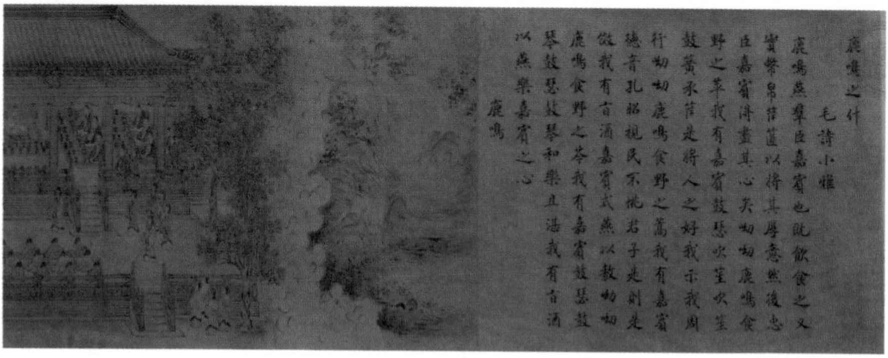

《豳風圖》卷。此圖設色畫《詩經．豳風》中〈狼跋〉等七篇大意，字畫各七段，每段畫面前書《詩經》原文。卷中書畫均無款印。本幅上有明人項篤壽、項元汴、清人梁清標諸印及乾隆、嘉慶、宣統內府收藏印多方。此處所選僅為《豳風圖》卷中的〈狼跋〉畫面。

《詩經》風格樸實清新，逼眞地再現生活原貌；開創了中國詩歌的寫實傳統。其表現手法，前人概括爲賦、比、興。「賦」是用鋪陳手法直接敘事抒情，多見於《頌》和《大雅》，如〈七月〉中以時令和物候的變化爲背景，詳細描寫農夫一年四季的生活狀態，展示了一幅農村的生動風俗畫；賦對《詩經》的寫實性和形象性展現了積極作用。「比」即比喻，對人或物加以形象的比喻，使其特徵更加鮮明突出，如《庸風．相鼠》和《魏風．碩鼠》用令人憎惡的老鼠來比喻統治者的貪婪和醜陋，《豳風．鴟鴞》假託一隻小鳥訴說其不幸遭遇，以比喻下層人民生活的艱難。「興」是藉助其他事物作爲發端，引起所要歌詠的內容，使人產生聯想，或用於烘托和渲染氣氛，如《邶風．谷風》用「習習谷風，以陰以雨」開端，給全詩罩上一層陰暗色彩，預示著矛盾的爆發和女主人公的悲劇命運。賦、比、興手法的運用，可在詩中產生多重藝術效果，增加詩的韻味和形象感染力，構成生動鮮明的藝術形象。

《詩經》主要是四言詩，這是在原始歌謠的基礎上發展起來的早期詩歌形式，適應當時勞動、舞蹈的節奏和語言發展水準。《詩經》語言準確生動，動詞和形容詞運用精當巧妙，用重疊的章句來表達思想感情，在音律和修辭上都收到美的效果。

近代的文學史家一般輕視雅詩和頌詩，而注重由民歌構成的國風。但實際上，雅、頌也有相當的藝術價值，其中一部分是眞正的文人純文學。

春秋時代已盛行的台榭高層建築

即使是國風也不能完全代表民歌特色，儘管其中大量的內容無疑是來自民間，但加工者的改造一定是非常大的，因爲從押韻上看不出一點地方方言的痕跡，而這種情況在民歌中幾乎沒有可能發生。

所以，我們在很大程度上可以把國風看作孔子（也許還有其他人）的改造，而雅、頌的改造可能小一點。在改造中表達了春秋時代與雅詩一致的審美觀。從各方面看，它們反映了春秋賦詩所代表的時代風尚和孔子學派的政治和審美觀點。

春秋盛行上巳日之會

古代有采詩以觀風俗的制度。這說明詩歌在一定程度上眞實地反映了當時社會生活的面貌。從古藉留存的材料來看，春秋時代或以前中原地區曾有過類似古希臘人在祭祀酒神的節日放縱情欲的風俗。這種風俗在古今中外各不同民族都曾見過，即使在二十世紀的現代仍可見。

詩經《鄭風・溱洧篇》，清王先謙《三家詩義集疏》引韓詩說，記載一段關於鄭國的風俗：「溱與洧，說人也。鄭國之俗，三月上巳之日於兩水上招魂續魄，拂除不祥，故詩人願與所說者俱往觀也。」「所說者」指的是喜歡的人。

韓詩說云：「當此盛流之時，眾士與眾女執蘭而祓除邪惡。」

鄭箋云：「男女相棄，各無匹偶，感春氣並出，托采芬芳之草而爲淫穢之行。」

「維士與女，伊其相謔，贈之以勺藥。」鄭箋：「伊，因也，士與女往觀，因相戲謔，行夫婦之事。其別，則送女以勺藥，結恩情也。」

從上所引述材料，可見在三月的春天，鄭國風俗有上巳日之會。在溱、洧水畔，舉行盛大的祭祀典禮。在這節日裡，男女相攜而至，彼此言笑甚歡，互相戲弄，而以狂歡「行夫婦之事」。從這幾則可見這節日本是祓除不祥（三月三日修禊節），但由於男女雜遝而來，而變成男女狂歡最大會期。

古藉中記載：「燕之有祖澤，當齊之社稷，宋以桑林，楚之雲夢也，此男女之所樂而觀也。」《明鬼・墨子》

春秋金異獸形車轅飾件。金獸為虎頭、羊角，四足生蹄，身長雙翼，造型奇特而生動。頭微昂起，軀體蜷縮，四肢微張，似將騰空而起，靜中蓄動，趣味橫生。金獸頭部和四肢為圓雕，軀幹部分為浮雕，兼具裝飾性與實用性。背面各裝有兩根長約一．三公分的鉚釘，以便與車轅連接。

這裡「祖澤」、「社稷」「桑林」、「雲夢」正如前文引鄭國溱、洧之上，是男女幽會野合的場所。而「桑林」、「桑間」後來更成爲中國語言中表現淫穢之所的隱語。

寒食節的由來

周襄王十六年（西元前六三六年）晉文公繼位後，賞賜當年跟著他逃亡的人，介之推未開口，晉文公也未給他祿位。

有人爲介之推不平，介之推認爲，「晉獻公有九子，現在只有國君在世。晉惠公、懷公無親近之人，內外都不依附於他們，而信賴文公。可見是上天立他爲君，有些人卻貪天之功以爲己有，我豈能與他們相處?」

介之推之母也讓他去求賞，介之

推說：「明知錯誤而去仿效，錯誤就會更大。我既不滿那些人，就不會再像他們那樣去討俸祿。」母親希望介子推設法讓文公知道此事，介之推又說：「言語是身體的文飾，如今我的身體將要隱藏，又怎用得著文飾？」

介之推與其母一同隱居到綿上（今山西介休縣東南）山中。文公的隨從人員對此事深爲惋惜，便懸書於宮門，書說：「龍想飛上天空，有五條蛇幫助它；而龍騰雲駕霧後，卻只有四條蛇各得其所，另一條蛇怨而不怒，最後隱遁而去。」文公見此書，使人召見介之推，但已不見，只知在綿上山中。晉文公遂將綿上之山與周圍田地封給介之推，並將此山改稱介山，以此記載自己的過失，並表彰介之推的高風亮節。

又傳說，晉文公見介之推隱居山中，即燒山逼他出仕，但介之推絕意仕途，遂抱樹而死。文公爲悼念他，禁止在介之推忌日（清明前一或二日）生火煮飯，只吃冷食。以後相沿成俗，遂稱爲「寒食節」。

蔡侯朱盥缶，春秋盛水器。

幾何紋簋，春秋中後期盛食器。

397 B.C. 周安王五年

・聶政刺殺韓相俠累。

396 B.C. 周安王六年

・鄭相駟子陽之党殺鄭繻公而立幽公之弟乙，是為康公。宋悼公卒，子田立，是為休公。

・魏武侯以商文為相，使吳起守西河。

・西門豹為鄴（今河北臨漳西南鄴鎮）令時鑿十二水渠，引漳水灌溉。

391 B.C. 周安王十一年

・三晉敗楚師於大梁，又追敗之於榆關。楚畏三晉，與秦和、厚賂秦。

389 B.C. 周安王十三年

・齊田和會魏侯於濁譯，求為諸侯，魏武侯為之請於周安王及諸侯，周安王許之。

386 B.C. 周安王十六年

・趙始都邯鄲。

385 B.C. 周安王十七年

・秦庶長改殺其君出子，迎立靈公太子師隰，是為獻公，秦以數易國君，政治紊亂，故為魏所侵。

390B.C.　372B.C.

384 B.C. 周安王十八年

・秦廢除用人殉葬。

382 B.C. 周安王二十年

・魏相商文死，公叔為相，讒吳起，吳起出奔楚，楚悼王任為令尹。吳起教悼王裁抑貴族之權，厚賞選練之士，徙貴人於邊境，以實廣虛之地，楚貴族恨之。

381 B.C. 周安王二十一年

・楚悼王卒，貴族攻殺吳起，太子臧立，是為肅王；肅王殺為亂者七十餘家。

・楚約在此時置巫郡、黔中郡。後列國也多設郡，郡有數縣。郡長官稱守，縣長官稱令。

376 B.C. 周安王二十六年

・三晉共滅晉而分其地。

・韓滅鄭。徙都於鄭（今河南新鄭縣）。

375 B.C. 周烈王元年

・秦立戶籍相伍，為中國戶籍制之始。

372 B.C. 周烈王四年

・《顓頊曆》以365又1／4日為一回歸年，至遲到秦昭王時，秦國已經使用。

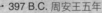

戰國

戰國年表 479B.C.～222B.C.

479 B.C. 周敬王四十一年

・四月，己丑，孔丘卒。魯哀公作誄文悼念孔子，為後世誄文之始。

478 B.C. 周敬王四十二年

・魯改孔子故宅三間為廟，歲時奉祀，是為孔廟之始。

・衛莊公見己氏之妻髮美，使髡之作為妻呂姜的假髮，則春秋時假髮已為美容手法。

476 B.C. 周元王元年

・《夏小正》傳為夏代曆書。其成書年代衆說紛紜，然至遲春秋時已有此書。

・科技文獻《考工記》約為春秋時期記錄手工業技術的官書。

・春秋末年， 趙簡子有力士少室周與牛談為角力戲，是技巧兼體力的競賽，相當於後世相撲或摔跤。

・弩最初出現於春秋後期的楚國。

473 B.C. 周元王四年

・越滅吳，吳王夫差自殺。越大夫范蠡去越，越殺其大夫文種。越王致貢於周，周元王使人賜句踐胙，命為伯（諸侯之長）。越以淮土地與楚，歸吳所侵宋地於宋，以泗東地與魯，越遂霸諸侯。

468 B.C.周定王元年

・八月，魯哀公為三桓所逼，出奔越。

458 B.C.周定王十一年

・晉荀瑤與趙氏、韓氏分范、中行氏之地以為己邑。

479B.C. —— 400B.C.

445 B.C. 周定王二十四年

・越滅吳後，未能征服江淮以北，楚東侵，廣地至泗上，江淮以北之地遂為楚所有，楚復強。

441 B.C. 周定王二十八年

・周定王卒，長子去疾立，是為哀王；立二月，為弟叔所殺，叔自立，是為思王；立五月，又為弟嵬所殺，嵬自立，是為考王。

432 B.C. 周考王九年

・相傳公輸般（魯班）為楚造雲梯以攻宋，墨翟造守城器具阻之，在惠王前比試攻守之法，攻者技窮而守者有餘，惠王遂罷兵。

408 B.C. 周威烈王十八年

・秦塹洛水，城重泉，初租禾。

・韓攻鄭，取雍丘。鄭城 。

・魏攻秦，至鄭還，築洛陽。

・魏文侯師師攻宋，使樂羊子滅中山，命公子擊守之。

406 B.C. 周威烈王二十年

・魏文侯臣李悝作盡地力之教，行平糴之法，著法經六篇。

405 B.C. 周威烈王二十一年

・魏文侯謀相於李克，卒以季成子為相。文侯少嘗師卜子夏、田子方（子夏弟子），禮段幹木。及即位，任用李克、翟璜，以吳起守西河，以西門豹治鄴，以樂羊子伐中山，舉賢任能，國大治。

・齊使田氏圍丘，趙使孔青救之，大敗齊師。

403 B.C. 周威烈王二十三年

・魏都安邑，城址分大城、中城、小城，中城在大城內西南，小城在大城中央，為宮城，城牆最高達八公尺。

402 B.C. 周威烈王二十四年

・楚聲王被刺殺，國人立其子類，是為悼王。

・思想家子思卒。他和其再傳弟子孟子發揮其說，形成思孟學派。後世尊為「述聖」。

・《樂記》約成於戰國前期。傳為孔子弟子或再傳弟子公孔尼所作。

349 B.C. 周顯王二十年

・秦初置秩史。商君之法，斬一首者爵一級；爵凡二十等。

344 B.C. 周顯王二十五年

・魏惠王會諸侯於逢澤，率諸侯朝周天子；天子致伯，諸侯畢賀。

・刻有是年銘文的秦國商鞅量，亦稱商鞅方升，為中國現存最早的度量衡標準器。

343 B.C. 周顯王二十六年

・齊田盼、田嬰、孫臏大敗魏師於馬陵，殺龐涓，虜太子申。

342 B.C. 周顯王二十七年

・五月齊田盼及宋人攻魏東鄙，圍平陽。

・魏王攻商鞅，魏師敗。

338 B.C. 周顯王三十一年

・秦殺商鞅，滅其家。但商鞅的新法在秦國保持下來。

・屍佼逃於蜀。

336 B.C. 周顯王三十三年

・秦初行錢。

334 B.C. 周顯王三十五年

・惠施相魏，莊周適大梁與惠施論學。

・楚滅越，殺越王無疆，盡取吳故地。

332B.C. 周顯王三十七年

・齊、魏攻趙，趙決黃河之水灌之，齊、魏乃去。

328 B.C. 周顯王四十一年

・秦以張儀為相。

330B.C. 315B.C.

325 B.C. 周顯王四十四年

・秦初稱王。

323 B.C. 周顯王四十六年

・秦相張儀與齊、楚會於齧桑。

・韓侯稱王，楚君稱王，燕君稱王。

・魏公孫衍（犀首）倡議魏、韓、趙、燕、中山五國互相稱王。

・楚懷王六年，頒發給鄂君啓以水陸通行符節，即現存之鄂君啓節青銅器。

319 B.C. 周慎靚王二年

・孟軻遊梁，說梁惠王行仁政。後孟軻見魏襄王，退曰：「望之不似人君」，遂去魏適齊，說齊宣王行仁政。

318 B.C. 周慎靚王三年

・楚、魏、趙、韓、燕共擊秦於函谷，不勝。

・宋稱王。

317 B.C. 周慎靚王四年

・韓、趙、魏、燕、齊與匈奴共攻秦，秦使庶長樗里疾禦之於修魚，虜韓將鰒申差，敗趙公子渴、韓公子奐，斬首八萬二千。

315 B.C. 周慎靚王六年

・周慎靚王卒，子延立，是為赧王。赧王徙都西周，時東西周分治。

・趙稱王。

369 B.C. 周烈王七年
・趙築長城。中山築長城。
367 B.C. 周顯王二年
・趙與韓攻周，分周為二。
364 B.C. 周顯王五年
・秦獻公攻魏，趙救之，秦敗魏、趙之師於石門，斬首六萬。周賀秦勝。
361 B.C. 周顯王八年
・秦孝公發憤強秦，下令國中求賢才。魏公叔座庶子（官名）衛鞅（公孫鞅）年少有才識，公叔座薦於魏惠王，不肯用，鞅至秦，因景監見孝公。
・戰國中期有占星家甘德（齊或楚人）著《天文星占》。其所測定的恆星記錄，是世界上最古的恆星表。

359 B.C. 周顯王十年
・魏使龍賈率師築長城於魏西陲。楚師決河水以灌長城之外。
358 B.C. 周顯王十一年
・齊威王以鄒忌為相。
・魏惠王十二年，龍賈築魏中原長城。

371B.C. 360B.C.

357 B.C. 周顯王十二年
・齊封鄒忌為成侯。
・（田）齊桓公卒，在位十八年。桓公時曾在都城臨淄的稷下設置學宮，「設大夫之號」招徠學者，漸為一大學術中心，形成「稷下學派」。
356 B.C. 周顯王十三年
・韓築長城自亥谷以南。
・秦孝公六年（一說三年），任商鞅為左庶長，開始變法。獎勵耕織，有軍功受爵，怠惰者沒為奴，令民為什伍，行連坐法；或說尚有燔燒詩書之令。秦國漸強。
353 B.C. 周顯王十六年
・魏以韓師敗諸侯於襄陵，齊使楚景舍來求成。
・魏拔邯鄲，趙求救於齊，齊敗魏於桂陵。
・韓攻東周，取陵觀、廩丘。

352 B.C. 周顯王十七年
・秦拜衛鞅為大良造，攻魏安邑，降之。
・魏築長城，塞固陽。
351 B.C. 周顯王十八年
・韓以申不害為相。
・秦衛鞅圍魏固陽，降之。
・魏歸趙邯鄲，與趙盟於漳水之上。泗上十二諸侯皆朝魏。
・齊築防以為長城。
・湖南長沙出土的戰國中期楚國木質天平和銅砝碼，是中國最早的天平和砝碼。

293 B.C. 周赧王二十二年

・韓、魏攻秦，秦白起敗之於伊闕，斬首二十四萬，拔五城，又涉河取安邑以東，至乾河。

291 B.C. 周赧王二十四年

・名城宛（今河南南陽）先屬楚，後歸韓，是年為秦攻取。與鄧均為冶鐵業中心。楚、韓以鐵兵器鋒利著稱。

288 B.C. 周赧王二十七年

・十月，秦昭王自稱西帝，遣魏冉立齊王為東帝；十二月復稱王。秦拔趙桂陽。

284 B.C. 周赧王三十一年

・燕上將軍樂毅帥燕、秦、魏、韓、趙五國之師，攻齊入臨淄，齊湣王走莒，為其相淖齒所殺。

・樂毅下齊七十餘城，燕封毅為昌國君。

283 B.C. 周赧王三十二年

・趙藺相如完璧歸趙，趙以相如為上大夫，廉頗為上卿。

279 B.C. 周赧王三十六年

・趙王與秦王會於澠池，藺相如從。

・秦白起攻楚，拔楚鄢、鄧、西陵，赦罪人遷之。秦置隴西郡。

・楚將莊蹻約是年前後率軍攻黔中，在滇稱王，號莊王。此為西南與內地交往之始。

280B.C.

260B.C.

278 B.C. 周赧王三十七年

・秦白起攻楚，拔郢，燒夷陵，楚徙都陳；秦置南郡， 起為武安君。

・屈原卒，賽龍舟風俗始於此。

272 B.C. 周赧王四十三年

・秦將使白起與韓、魏攻楚，楚使黃歇說秦昭王，乃止。

・燕惠王卒，韓、魏、楚乘機攻燕。

・秦沿隴西郡、北地郡北邊築長城，現甘肅、寧夏尚存秦長城遺址。

270 B.C. 周赧王四十五年

・秦攻趙，圍閼與，趙將趙奢大破秦軍。趙封奢為馬服君。

・秦滅義渠，於是秦有隴西、北地、上郡，築長城以拒胡。

・秦以范雎為客卿，雎教秦以遠交近攻之策。

264 B.C. 周赧王五十一年

・趙以齊田單為相。

263 B.C. 周赧王五十二年

・楚太子完自秦逃歸。楚頃襄王卒，完立，是為考烈王。

261 B.C. 周赧王五十四年

・趙使廉頗拒秦於長平。

260 B.C. 周赧王五十五年

・趙使趙括代廉頗，秦白起敗之於長平，大破趙軍，坑四十五萬人。

307 B.C. 周赧王八年
・秦攻破宜陽，斬首六萬，又涉河取武遂，城之。
・趙武靈王略中山之地，北至代，西至黃河；初服胡服以朝，命大臣胡服，以便騎射。
・秦武王卒，無子，異母弟稷立，是為昭襄王，年少，太后聽政，太后以魏冉為將，衛咸、嚴君疾為相。

306 B.C. 周赧王九年
・趙武靈王略中山及胡地，林胡獻馬。

305 B.C. 周赧王十年
・趙武靈王攻中山，取四邑。
・秦庶長壯及諸公子作亂，魏冉殺群公子，逐太后，專國政。
・秦彗星見。

314 B.C. 周赧王元年
・秦侵魏，取曲沃而遷其人。
・秦封公子通於蜀，以陳壯為相，置巴郡，以張若為蜀國守，移秦民萬家實之（據《華陽國志》）。

312 B.C. 周赧王三年
・秦使魏章、樗里疾、甘茂破楚師於丹陽，虜其將屈及裨將逢侯丑等七十餘人，斬首八萬，取漢中地六百里，置漢中郡。
・楚懷王悉兵攻秦，秦敗之於藍田。

309 B.C. 周赧王六年
・秦初置丞相，以樗里疾為右丞相，甘茂為左丞相。

314B.C. 300B.C.

304 B.C. 周赧王十一年
・秦昭襄王冠。秦王與楚王盟於黃棘，歸楚上庸。

301 B.C. 周赧王十四年
・秦蜀郡守煇反，秦使司馬錯誅之，定蜀。
・秦、韓、齊、魏攻楚，敗楚於重丘，斬首二萬，殺其將唐昧，取重丘。
・趙伐中山，中山君奔齊。趙攘地北至燕代、西至雲中、九原，置雲中、雁門、代郡（《史記・趙世家》，此當非一年之事）。趙自五原河曲築長城，東至陰山。

299 B.C. 周赧王十六年
・魏襄王二十年，《竹書紀年》編年止。
・楚懷王入秦，秦留之；楚大夫立太子橫，是為頃襄王。
・齊孟嘗君入秦為相。

298 B.C. 周赧王十七年
・孟嘗君自秦亡歸，仍相齊。
・魏與齊、韓共擊秦於函谷，秦割河東三城講和，三國之兵乃退。
・趙以公子勝為相，封平原君。
・秦伐楚，大破楚軍，斬首五萬，取十六城。

297 B.C. 周赧王十八年
・楚懷王自秦亡之趙，趙弗納，秦追及之，執之以歸。

296 B.C. 周赧王十九年
・楚懷王卒於秦，楚與秦絕。

237 B.C. 秦王政十年

・秦相國呂不韋免，就國。

・秦大逐客卿，客卿楚人李斯上書諫止之。

235 B.C. 秦王政十二年

・秦呂不韋遷蜀，自殺。

・秦發四郡兵，助魏擊楚。

233 B.C. 秦王政十四年

・韓非入秦，秦殺韓非。

・《韓非子》記載，最早的指南儀器司南已經出現。

232 B.C. 秦王政十五年

・秦攻趙，一軍抵鄴，一軍自太原拔狼孟、番吾，李牧擊卻之。

・燕太子丹為質於秦，自秦亡歸。

230 B.C. 秦王政十七年

・秦內史騰攻韓，獲韓王安，盡取其地，以其地為潁川郡。

・傳韓國有民間女歌手韓娥去齊國，途中缺乏糧食，便「鬻歌假食」，既去，餘音繞梁，賣唱已出現於戰國時期。成語「餘音繞梁」出此。

230B.C. 222B.C.

229 B.C. 秦王政十八年

・秦大興兵攻趙，圍邯鄲，趙大將李牧擊卻之。趙王信譖，殺李牧。

228 B.C. 秦王政十九年

・秦將王翦擊趙，大破之，盡定取趙地，獲趙王遷。

227 B.C. 秦王政二十年

・燕太子丹患秦兵逼境，使荊軻刺秦王不中，秦殺荊軻。

226 B.C. 秦王二十一年

・秦將王翦破薊，迫燕殺太子丹，燕王走保遼東。

・秦將王賁擊楚，取十城。

225 B.C. 秦王政二十二年

・秦將王賁攻魏，引河灌大梁，大梁城壞，虜魏王嘉，盡取其地，魏亡。

224 B.C. 秦王政二十三年

・秦將王翦、蒙武擊破楚軍。楚將項燕立昌平君於淮南。

223 B.C. 秦王政二十四年

・秦將王翦、蒙武攻破楚軍。楚昌平君死，項燕自殺，楚亡。

・雲夢睡虎地出土兩片木牘，係名叫黑夫和驚的兄弟倆所寫的家信，為中國迄今發現最早的家信實物。

222 B.C. 秦王政二十五年

・秦將王賁擊燕，虜燕王喜。燕亡。又擊代，虜王嘉，趙亡。

259 B.C. 周赧王五十六年

・秦攻趙，拔武安、皮牢，定太原、上党，韓趙割地以和。

・秦五大夫王陵攻趙邯鄲。

257 B.C. 周赧王五十八年

・秦殺白起。魏公子無忌襲殺晉鄙，奪軍救趙，大破秦軍於邯鄲城下，秦罷兵。

・秦太子之子異人自趙逃歸。

・秦昭王五十年，初作河橋，在今陝西大荔朝邑東北與山西永濟西南蒲州之間的黃河上架設蒲津橋，為第一座黃河浮橋。

256 B.C. 周赧王五十九年

・秦攻韓，取陽城、負黍，斬首四萬；攻趙取二十餘縣，斬首虜九萬。諸侯大震，西周君與諸侯聯合攻秦，秦遂攻西周，西周君入秦，盡獻其邑三十六，口三萬，與九鼎寶器於秦；秦王受獻，歸其君於周。周不再稱王。

251 B.C. 秦昭襄王五十六年

・秦昭王卒。約昭王晚年蜀守李冰建都江堰，成都平原因成「天府之國」，為秦統一提供了重要的物質條件，促進了川蜀經濟文化的發展。蜀中已產井鹽。

259B.C. 240B.C.

249 B.C. 秦莊襄王子楚元年

・秦以呂不韋為相國，為文信侯，食洛陽十萬戶。

・楚滅魯。

・東周君與諸侯謀秦，秦相呂不韋滅之，遷東周君於陽人，周亡。

247 B.C. 秦莊王三年

・秦蒙驁攻魏，魏王兵數敗，乃復召信陵君；信陵君帥五國兵，大破蒙驁兵於河外，追至函谷關而還。

・五月丙午，秦莊襄王卒，太子政立，年少，事皆決於呂不韋。

・相國呂不韋招致賓客三千，使門客編集《呂氏春秋》。

246 B.C. 秦王政元年

・鄭國為秦鑿涇水為渠，灌田四萬餘頃，秦益富饒。

242 B.C. 秦王政五年

・秦蒙驁攻魏取酸棗、燕虛、長平、雍丘、山陽城等二十城，初置東郡。

241 B.C. 秦王政六年

・楚、趙、魏、韓、衛五國合攻秦，楚為從長，至函谷，兵敗於秦。

・楚東徙都於壽春，命曰郢。

238 B.C. 秦王政九年

・秦長信侯嫪毐作亂，王殺嫪毐，夷嫪毒三族。

・楚考烈王卒，子悍（一作悼）立，是為幽王，王舅李園殺春申君黃歇，滅其家。

《春秋》落幕，戰國七雄登場

《春秋》爲中國最早一部編年史著作，其記事上起魯隱西元年（西元前七二二年），下迄魯哀公十六年（西元前四十九年）。其中魯哀公十四年以前據傳爲孔丘據《魯史》改編而成，以後兩年爲其門人續作。《春秋》以魯十二君紀年，共記二百四十四年史事。

進入戰國時代之後，中國文明在生活方式、科學與藝術形象上更加豐滿深刻，也具有更多的聯繫性。表現在政治上，在這一時期中，戰國七國確定了形象，戰爭主要以聯盟方式進行，各地域人民的性格開始定型，其分化組合構成主要的政治格局。

三家分晉一般被作爲進入戰國時

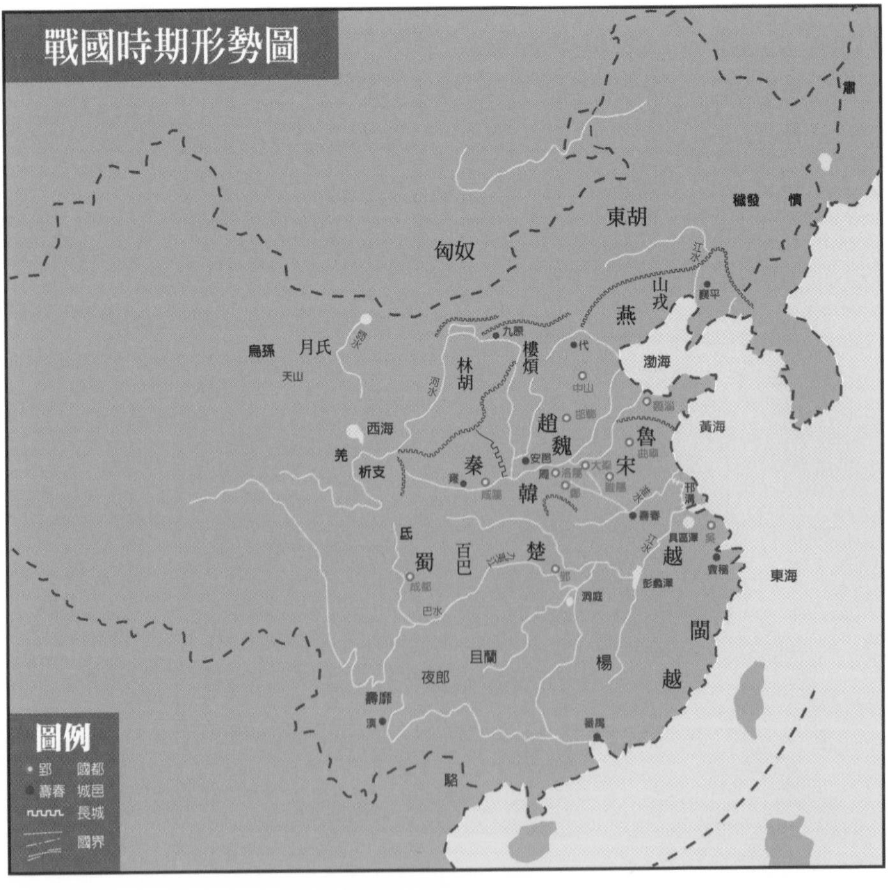

代的分水嶺，在這以後就只有兼併了，形成了東周後期七個主要國家並立的局面。各國之間的征戰成爲焦點，但出現了聯合的明顯趨勢。合縱、連橫就是其中的顯著代表，聯盟作戰有了比春秋鬆散聯盟更重要的意義，並最終走向統一。

春秋以來的個體化發展使得七國人發展出了各自不同的性格。秦人具有邊遠遊牧民族樸實堅強、重實利的性格，耕戰使得他們力量最爲強大。另一方面，他們的文字風格繼承了西周的標準字體，他們的石鼓文保持了周代詩歌的風色，但也明顯缺乏了文明創造力。

楚人帶有一些邊遠民族的特色，但更多的是詭祕華麗的南方色彩，楚國人的繪畫、神祕宗教及楚國的詩歌都是如此。中國的神話和占星、巫術主要源於楚和南方各民族。但那時的楚人和晉東渡以後江南人的柔媚毫無關係，傾向於壯烈、奇譎的色彩。

齊魯由古代文化中心變爲一個沒落小國，與伯羅奔尼撒戰爭後的雅典近似，教養高而意志消沉，它培養了稷下學派。

燕趙自古多壯士，但它卻是古典的英雄主義，根本無法抵擋軍國主義化的秦國士兵，正像浪漫主義悲劇英雄項羽難敵精明的政客劉邦。瀟瀟易水河畔的悲歌只能使後人徒然嘆息。

中原各國在許多方面繼承了東周的遺產，有一種中央意識，但也偏向機會主義，在夾縫中左支右絀。

戰國時代個人人格的發展更是豐滿，戰國軍事家、政治家、說士縱橫於政治舞台上，商鞅、伍員、子路、屈原、聶政、荊軻、項羽、田橫……都用自己的人格發展向世人展示了其生命意象。

人物小事典

財神范蠡

范蠡，楚國宛（今河南南陽）人，是越王句踐成就霸業的主要謀士，殫精竭慮事奉句踐二十多年。句踐用計滅吳，會諸侯尊周，最終成就霸業；相傳范蠡獻計將美女西施獻給吳王夫差，使其耽於美色之中，越由此滅吳。句踐成霸業後，尊范蠡為上將軍。范蠡以為大名之下難以久居，認為句踐可與同患，難以共安樂，於是不顧句踐挽留而裝其珍寶珠玉，與隨從乘船從海上離開越國。相傳與他一起離越的還有美女西施。

范蠡沿海飄流，到了齊國後，埋名隱姓，自稱鴟夷子皮，父子治生產有方，不長時間就家產數十萬。齊國人聽聞他很有才能，就請他出任宰相。范蠡以「久受尊命，不祥」為由辭去相位，盡散家財給朋友、鄰里和鄉黨，只帶少量重要的寶物離去，至天下交通要衝——陶（今山東定陶北），留居經商，自號「陶朱公」，成為傳說中春秋戰國時代最有名的巨富，積聚了龐大貲財，被後世人奉為財神。

范蠡像

國別史前身——《國語》

《國語》是雜記西周至春秋時代周、魯、齊、晉、鄭、楚、吳、越八國人物、事蹟的國別史，亦稱《春秋外傳》。舊說為春秋末魯人左丘明所作，與《左傳》同為解說《春秋》經的姐妹篇。近代學者研究證實，春秋時有稱為瞽蒙的盲史官，專門記誦、講述古今歷史。左丘明即是略早於孔子的著名瞽蒙，其講史曾得到孔子的讚賞。瞽蒙進述的史事被後人筆錄成書，稱為《語》，按國別區分即為《周語》、《魯語》等，總稱為《國語》。西晉時曾在魏襄王墓中發現大量寫在竹簡上的古書，其中有《國語》三篇言楚、晉事，說明戰國時該書已流行於世。今本《國語》應就是這些殘存記錄的總集。

由於是口耳相傳的零散原始記錄，其內容偏重於言辭，在國別和年代上也很不平衡。全書二十一卷中，《晉語》九卷，《楚語》二卷，《齊語》僅一卷。《周語》從穆王開始，尚屬西周早期；《鄭語》僅記桓公謀議東遷之事，亦在春秋之前；《晉語》記到智伯滅亡，已屬戰國之初。《國語》分國別記言，開創了史料編纂學上的國別體。

青銅工具普及生活

春秋戰國時代，因禮樂崩潰而使王室之器衰退、諸侯之器興起，日用器也發達起來。尤其是春秋晚期以來，隨著經濟生產發展，青銅工具開始增多。此時整個青銅器物的形制打破了商、西周時的呆板厚重、千篇一律，而代之以輕便、新穎的造型，種類也更豐富，吳越地區的青銅器尤其發達。

由於經濟發展，戰爭頻繁，鑄錢業、鑄鏡業和銅劍等兵器鑄造業遂成了青銅業的重要生產部門，並出現了層疊鑄造、失蠟法鑄造和金屬型鑄

戰國漆繪人形燈。人物跽坐，偏髻，有鬚，束冠。兩手捧持叉形燈柱，柱頂有環形燈盤。

戰國鑲嵌纏緱劍，兵器。寬鍔，劍首喇叭狀，有格。格內兩面飾獸面紋並嵌松石。劍首內飾同心圓紋，劍莖上纏有白緱緱。戰國青銅劍出土甚多，保存纏緱者卻極為少見。

戰國嵌金銀雲紋鼎，飪食器。蓋上三環鈕，通身嵌金銀，蓋頂飾四瓣花紋，繞以雲紋帶兩周。器口沿下飾雲紋，下為弦紋及垂葉紋。足下亦飾雲紋。此鼎出自秦都咸陽，可見出秦人也有較高的錯金銀技術，較之六國並無遜色。

造，使青銅器進一步滿足了社會的各種需要。鍛打、鏤刻、鑲嵌、鎏金銀及淬火回火技術，都得到了較大發展。青銅工具就是在這種環境下數量大大增加。春秋時期開始，青銅農具更大量地生產和使用，手工業工具、多用途工具因手工業的發展亦逐漸增多，且品種繁多。到了戰國晚期，青銅禮器已經很少製造了，其主導地位被青銅工具所代替。

戰國蟠首盉，和酒器。全器以蟠螭為主的裝飾雕塑，表現出生動細巧的風格，是反映越國青銅文化的重要實物例證。

子夏傳授孔學

子夏姓卜名商，以字行。晉國溫（今河南溫縣西南）人，一說衛國人，是孔子弟子。魏文侯初年，晚年的子夏在魏國西河講學，傳授孔子《詩》、《春秋》等儒家經典。

子夏主張「死生有命，富貴在天」、「大德不逾閑，小德出入可也」，提出「學而優則仕，仕而優則學」，強調國君應以《春秋》為鑒，

子貢像。後世儒人多蔑視逐利之徒，但儒學創始人孔子的弟子中，就有經商致富的端木賜（子貢）。

防止臣下篡奪。魏文侯尊他爲師，李悝、吳起都是他的弟子。

孔子死後，「儒分爲八」，有子張之儒、子思之儒、顏氏之儒、孟氏之儒、漆雕氏之儒、仲良氏之儒、孫氏之儒、樂正氏之儒。其中子思、孟氏之儒即思孟學派，是子思學於孔子弟子曾參，孟子又學於子思的學生，因而形成思孟學派，推崇中庸之道和「誠」。孔子的弟子曾參以孝行著稱，以孝爲倫理思想之本；認爲「忠恕」是孔子一以貫之的思想，並提出「吾日三省吾身」的修養方法。曾參曾著《孝經》，後世尊爲「宗聖」。孫氏之儒，即荀子一派儒學，主張「隆禮重法」，認爲人不應聽天由命，表達人定勝天的思想。其他各派，今無著作傳世。子張之儒，指孔子弟子子張，相傳這一派儒者主張「尊賢而容眾，嘉善而矜不能」，「見危致命，見得思義，祭思敬，喪思哀」。顏氏之儒，指孔子得意門生顏回一派儒者，孔子讚揚顏回「好學，不遷怒，不貳過」。漆雕氏之儒，指孔子弟子漆雕開一派儒者，提倡廉潔正直。樂正氏之儒，指孔子弟子曾參的門生樂正子春，或指孟子弟子樂正克，屬思孟學派。仲良氏之儒，所指不詳。

曾侯乙墓的文化寶藏

周考王八年（西元前四三三年），曾侯乙去世。曾國是江漢地區的一個諸侯國，姬姓，是楚國附屬，都城可能在隨（今湖北隨縣）。一九七八年在隨縣擂鼓墩發掘了曾侯乙墓。

曾侯乙墓出土文物非常豐富，共有青銅禮器、樂器、兵器、馬車器及金器、玉器、漆木器等計一萬多件。青銅器種類繁雜，宏麗精美，總重量達十噸左右。其中有一套保存十分完

曾侯乙墓編磬。編磬四組三十二件，分上下兩層懸掛在長二公尺多的銅質磬架上，架由二隻鶴狀怪獸支撐。

戰國前期曾侯乙編鐘。樂器，可以旋宮轉調，演奏多種樂曲。鐘架呈曲尺形，立柱上下層由六個佩劍的青銅武士和幾根圓柱承托。鐘架上懸掛總重量達三千五百多公斤的六十五個編鐘。上層為鈕鐘，中、下層為甬鐘。用於演奏的全套五組甬鐘，基調屬現代的C大調，總音域跨至五個八度，只比鋼琴的音域兩端各少一個八度。編鐘音色優美，至今仍可演奏。

好的編鐘及編磬，編鐘、鐘架、編磬和木質磬匣上都有字數不等的銘文，總計四千字；銘文中詳細記錄該鐘所屬律名、階名和變化音名，還記載了曾國和楚、晉等國律名的對應關係，反映出當時各諸侯國之間文化交流的情況。除了編鐘、編磬以外，曾侯乙墓還有四種不同形制的鼓，其中有罕見的銅盤座建鼓和銅立鶴架懸鼓。彈撥、吹奏類的絲竹樂器瑟、琴、橫笛、排簫、笙等也有五種二十三件。

曾侯乙墓的青銅禮器保持了它在墓中的原放位置，排列有序，高低錯落，眞實地體現了作爲國君的曾侯乙享用器物的組合情況，可分析研究其以九鼎、八簋爲中心的銅器組合形式。

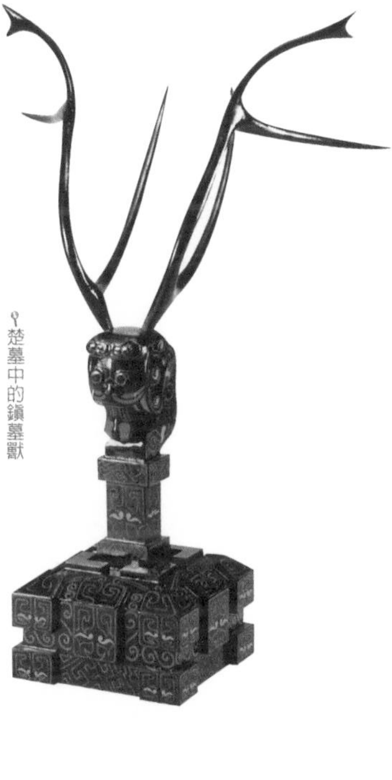

楚墓中的鎭墓獸

這些青銅禮器有一百一十七件，包括食器、酒器、水器三類。器形有鼎、鬲、甗、簋、豆、盒、缶、壺、盤、罐、鑒、斗等二十五個種類；青銅用具有十七件，包括爐、箕、鏟、鎮、削刀、鑿等十一個品種。這批銅器在鑄造工藝上有兩項突出特點：一是分鑄法和焊接技術的廣泛應用；二是個別的採用了失蠟法熔模鑄造工藝，如一套銅尊盤，造型端莊、優美，盤口沿上極爲精巧纖細的多層鏤

曾侯乙尊

空附飾，就是用失蠟法鑄造的，是目前發現的青銅器中最爲複雜和精美的一件精品。這一發現確認了中國掌握失蠟法鑄造技術的年代要早到戰國早期。

墓中的古文字資料十分豐富，總字數在一萬字以上，其中有達六千六百字的二百四十多支竹簡，記載了用於葬儀的車馬兵器，有曾侯乙自己的，有楚國王公貴族贈送的，反映出曾與楚的關係非常密切。

在四千七百餘件兵器中，有長達三．四公尺的三戈一矛和柲多戈戟，是新發現的古兵器。

曾侯乙墓出土了五千件楚國漆器，除去木扣子仍有二三〇件，這是十分罕見的。漆器二十多種，其中重要的有內棺、漆豆、鴛鴦形盒、彩繪二十八宿圖像漆箱、漆木梅花鹿、彩繪竹胎漆排簫等。內棺繪有直立如人的怪獸、持戈守衛的神獸，洋溢著神祕的楚風；漆豆造型獨特，兩耳雕鏤繁密，豆身色彩、圖案和諧，具有很高的藝術價值；彩繪二十八宿圖像漆箱載有戰國關於二十八宿全部名稱的最早文字記錄，彌足珍貴；漆木梅花鹿以整木雕成，鹿平首，前腿跪曲，後腿彎屈，呈臥伏狀，頭上插眞鹿角，以黑漆爲地，飾瓜子形圈點紋，生動逼眞地展現了梅花鹿的形象。

曾侯乙墓從許多方面反映了曾國文化的高度發展。

曾侯乙墓出土鴛鴦形漆盒。漆盒高16.3公分，長20.4公分，作鴛鴦形。頭與身榫接，可轉動，拔出後，榫眼可作出水口。腹部繪圖兩幅，左側繪撞鐘擊磬圖、右側繪擊鼓舞蹈圖，畫面栩栩如生。

文化小事典

曾侯乙墓出土漆棺

彩繪漆內棺長二五〇公分、寬約一二六公分，高一三二公分。棺蓋面與棺身兩側外表呈圓弧形，蓋與身為子母口扣合。棺口四角用鉛錫抓釘扣緊加固，棺蓋上還各裝有兩個銅環鈕以便啓合。棺為木胎，內壁髹朱漆，並在頭檔中部裝嵌一件青玉璜；外壁先抹以石灰，打磨平滑後髹一層黑漆、一層朱漆，然後以黑、黃色漆繪出各種形態的龍、蛇、鳥、獸、神等，共九百多個。足檔中部繪一「田」字形窗戶，兩側壁板各繪一扇格門。繞窗者為上述各種動物，兩側守門者為執戟神獸。這些圖案佈滿整個漆棺外壁，儼然一幅神靈護佑的地宮圖畫。此棺是現在可以見到的最精美的戰國漆棺，對當時的漆工藝、棺槨制度和神話傳說等都具有重要研究價值。

曾侯乙墓出土彩繪漆內棺繪畫

曾侯乙墓的失傳樂器

曾侯乙墓出土的樂器種類之全、數量之多，是迄今所僅見的。它們的出土，對中國古代音樂史的研究，有著十分重要的意義。墓中首次發現了幾種早已失傳的樂器。曾侯乙墓出土的十弦琴、五弦琴、排簫和篪，就是這方面的幾個實例，它們是失傳多年的古老樂器。

曾侯乙墓的五弦琴，與長沙馬王堆三號墓的七弦琴明顯不同，與先秦時期名字叫「筑」的樂器相仿，然形體狹長，「嶽山」低矮，實在不便「以竹擊之」，是否是「筑」，值得研究，也許是一種失傳已久、沒被我們認識的樂器。

排簫，也是中國很古老的一種樂器，《楚辭》稱其名曰「參差」，曾侯乙墓出土的實物正是由十三根參差不齊的小竹管並列纏縛而成。它的形象在漢代石刻、魏晉造像和隋唐壁畫裡還能見到，往後便消失了。

篪，先秦古籍亦有記載，《詩・小雅・何人斯》：「伯氏吹壎（塤），仲氏吹篪。」它的形制特徵，古籍中曾有記述。《爾雅・釋樂》郭璞注：「篪，以竹爲之，長尺四寸，圍三寸，一孔上出……橫吹之。」可知它是一種似笛非笛的橫吹竹管樂器，但在見到實物前，很確知它的具體形制和演奏方法。曾侯乙墓的發掘，使這一古老樂器重新與世人見面，並依據其本身形體，瞭解到了它的演奏方法。

此外，曾侯乙墓出土的建鼓和笙，也是迄今見到的最早形態。這些出土樂器對中國古代樂史的研究，均有重要性。鐘、磬兩種樂器，雖在一些年代早於曾侯乙墓的古墓裡已發現了許多，但像曾侯乙編鐘那樣有完好的鐘架、鐘體井然有序地懸掛其上，像曾侯乙編磬那樣有精美的磬架，可看出編磬的懸掛方式，則是前所未見的。

曾侯乙墓漆彩瑟

曾侯乙墓彩繪竹胎漆排簫。出土時基本完好，可吹出六聲音階。此為迄今所見最早的髹漆竹排簫。

曾侯乙編鐘的每件鐘體都能發出兩個樂音，這兩個樂音間多呈三度諧和音程，很有規律；而且在鐘體的正鼓和側鼓都有標音銘文，只要準確地敲擊其部位，就能發出所標明的樂音。這種一鐘雙音的現象，音樂家們前些年在研究西周鐘時已有察覺，但有人懷疑，直到曾侯乙編鐘出土，銘文並標明為雙音才得以確認。

曾侯乙編鐘之裝飾銅人

曾侯乙編鐘可演奏五聲乃至七聲音階結構的樂曲；經過復原的編磬也可演奏七聲音階的樂曲；排簫剛出土時，有一件在只有七、八個簫管能夠發音的情況下，已達到六聲音階；複製的篪，按一般指法可奏出十個半音。這都說明，至遲在戰國早期中國已出現七聲音階。

秦作上下畤，分祭黃帝、炎帝

周威烈王四年（西元前四二二年），秦作上畤和下畤。以上畤祭黃帝，下畤祭炎帝。「畤」是古代祭天地或帝王的處所，以畤為稱，以秦國為最多。早在秦襄公開始立國時就曾經作「西畤」以祀上帝。秦文公因夢黃蛇自天而下屬地，故作「鄜畤」用三牲郊祭白帝。秦宣公時又作「密畤」於渭南，以祭青帝。秦國雍地附

戰國前期大武戚，兵器。長方扁平內有「T」形孔，闌側兩半圓穿。寬援，中有脊，尖鋒突起。援兩面均有相同圖像。內上有銘文「大武」等四字。

近原有「武疇」和「好疇」，因歷時既久而荒廢；秦靈公恢復這兩處的祭祀，稱為「上疇」、「下疇」分祭黃帝和炎帝。據專家們研究，秦國諸疇出於當地傳說，其初均為民間祠祀，所祭之神相當雜亂。「上疇」、「下疇」的分祭黃帝、炎帝與黃、炎兩族發祥於黃土高原並給人們留下深刻印象的情況有關。疇為峙立之意，民間可能在田中立石以祭祀各種神靈，以後才逐漸演進。

中國十二音律完成

中國古代有自己獨特的記音方法，用漢字記音，音名為宮、商、角、徵、羽等。曾侯乙鐘銘中有直到後世古籍才見到而被人們當作出現七聲音階證據的「變宮」、「變徵」兩個音名，可見七聲音階早已產生了。編鐘十二個半音齊備，鐘銘中且有十二個半音的名稱；從編磬上亦有十二個半音的銘文來看，它原來也是具備十二個半音的。復原的編磬正是具備了十二個半音，而且音列體系已跨三個八度的音域，其中最高音竟達小字五組的C音。這樣，先秦樂器可以旋宮轉調也就是不言而喻的了。

關於中國古代十二律制的完整記載，最早見於《國語・周語》，名稱為：黃鐘、太簇、姑洗、蕤賓、夷則、無射、大呂、夾鐘、仲呂、林鐘、南呂、應鐘。這些律名及順序一直被後世承襲沿用，以至成為盡人皆知的傳統律制。曾侯乙鐘銘出現的十二律及其異名共有二十六個，舊傳十二律名在鐘銘中已見八個（大呂、仲呂、林鐘、南呂四個律名不見），它說明中國傳統的十二律是經歷了長

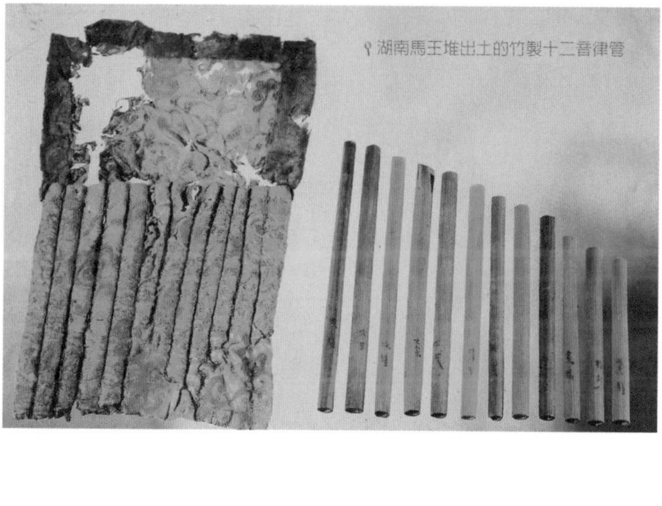

湖南馬王堆出土的竹製十二音律管

期的發展而形成統一的律名的。曾侯乙鐘銘是戰國早期的作品，它所記述的十二律，當在春秋時期就已產生。那種認爲中國音樂史上由三分損益法所產生的十二律，是在戰國末年由希臘傳來而稍稍漢化了的理論，是完全站不住腳的。曾侯乙鐘銘表明近代樂理中的所有大、小，增、減各種音程概念和八度位置的概念，在它的標音體系裡俱備。

秦初租禾

周威烈王十八年（西元前四〇八年），秦國對租稅制度進行改革，實行「初租禾」。「租」指土地稅，「禾」是糧食。「初租禾」即第一次按土地畝數徵收實物地租。其意義與一百六十年以前魯國的「初稅畝」一樣，反映了有人已將屬於國有的「公田」據爲己有，或另外開墾私田，出現了封建的生產方式。秦國統治者承認「私田」的合法性，而一律徵稅，地主制度正式成立。

戰國中期子禾子釜。量器。齊國量器有豆、區、釜、鐘，此是其一。腹外壁有銘文九行，約109字。「子禾子」是田和為齊大夫時的稱謂。此器可證戰國時期度量衡已有明確的校量制度和管理措施。

李悝「拚經濟」改革

西元前四四五年，魏文侯即位後，魏國已建成中央集權的封建國家。魏文侯威望頗高，他禮賢下士，任人唯賢，各地的志士能人爭相往歸，魏文侯均委以重任，充分發揮其才智。他依靠群賢，從經濟到政治、軍事進行全面改革。魏文侯四十年（西元前四〇六年），魏文侯任用李悝在經濟上實行「盡地力之教」和「平糴法」，在政治上採取了一套有利於新興地主階級利益的措施。

「盡地力之教」目的是破除舊有的阡陌封疆，鼓勵自由開闢耕地，勤謹耕作，以增加生產，培殖小農經濟。具體做法是規定農民必須同時播種稷（小米）、黍（黍子）、麥、菽

（大豆）、麻五種作物，以防播種單一作物，一旦遇到災害時無法補救，以促使農民努力來耕作；在住宅四周，要種植桑樹，以供養蠶，菜園裡要多種蔬菜，田地之間的埂上也要利用空隙來種植瓜果。總之是要充分利用空閒的土地，擴大農副業生產。

李悝在經濟改革中的另一項重要措施是實行「平糴法」。他認爲，糧價太賤，農民人不敷出，生活困，國家就要貧窮；糧價太貴，城邑居民擔不起，生活困，就要流徙他鄉。因此，糧價無論太貴太賤，都不利於鞏固統治。爲此他制定了調節糧價的「平糴法」，把好年成分爲上、中、下三等，壞年成也分成上、中、下三等；好年成由官府按好年成的等級出錢糴進一定數量的餘糧，到了壞年成，再由官府按壞年成的等級平價糶出一定數量的存糧。此即後世封建王朝的「均輸」、「常平倉」等法的先河。平糴法「取有餘而補不足」、「使民適足，價平而止」，「雖遇饑饉水旱，糴不貴而民不散」。同時在很大程度上限制商人的糧食投機活動，制止了糧價的暴漲暴跌，在一定程度上還可以防止農民破產和貧民流亡。「平糴法」的實行，進一步鞏固了地主經濟，使魏國國富兵強。

楚國帛畫達到鼎盛期

帛是戰國時期對絲織物的通稱。帛畫的風行，相信跟楚招魂的習俗有關。帛畫成長於戰國中晚期，鼎盛於西漢初年，擴大於漢武帝時期，衰落於西漢末至東漢。據學者研究，帛畫的內容多爲巫術辟邪的天界內容、類比人間的像生、旌幡招魂的冥間；帛畫的分類，完整地反映出楚人的世界觀。

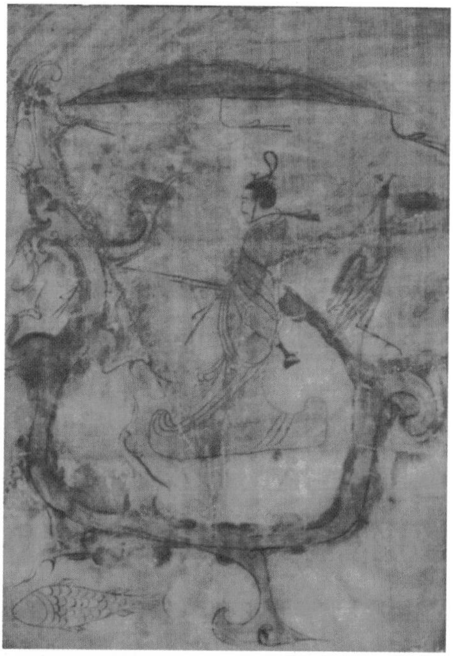

帛畫《人物御龍圖》

中國現存最早的帛畫出於楚地，

戰國帛畫《龍鳳仕女圖》。湖南省長沙市陳家大山楚墓出土。四周均為毛邊，是當時用以「引魂升天」的銘旌。占畫面主要位置的仕女，側身而立，面向左方，細腰長袍，衣長曳地，下擺向前後分張，衣上飾捲曲的雲紋圖案。仕女頭上，左前面飛翔著一隻鳳鳥，頭向上，兩翅上張，兩腳一前曲一後伸，似乎在振翼奮起。鳥的前面有一龍，勢若扶搖直上。全畫的主題是祈求飛騰的龍鳳引導墓主人的靈魂早日登天升仙。

即江陵馬山一號墓（戰國中晚期）所出的帛畫，晚期可惜由於年代久遠且折疊之故，已殘損得無法辨認。除了馬山，在長沙沅湘流域也出土了三幅帛畫，即陳家大山一號墓的《龍鳳仕女圖》，子彈庫一號墓的《人物御龍圖》和《楚帛書》。有學者認爲《龍鳳仕女圖》和《人物御龍圖》屬於爲墓主人招魂的旌幡，陪墓主人下葬的；而帛畫則是數術辟邪圖譜，爲墓主人生前使用的。

從內容來看，《龍鳳仕女圖》和《人物御龍圖》僅有卓而不群的墓主人畫像，以及龍鳳等個別的圖案。考古證明，兩幅帛畫中的人物皆爲墓主肖像。兩畫的主題均爲表現在靈物（遊龍、龍鳳）護持、導引下，墓主飛翔升騰，意在表示死者靈魂不朽，升歸天國。這種主題反映了當時楚國流行的引魂升天意識，並且兩畫在造型觀念和繪圖方式上都相接近，表明它們是當時楚國繪畫的一種普遍樣式。

從繪畫表現看，與人物御龍帛畫比較，龍鳳仕女帛畫的筆觸顯得較爲古拙和簡勁，而兩幅帛畫都是運用線描，並有暈染。說明線作爲傳統繪畫重要表現手段在戰國時期已運用得相當熟練，細如游絲的墨線傳達了物象的整體形貌，更貼切地表現了創作意圖所需要的物象運動感，龍、鳳、鳥、有羽葆的華蓋等都因線條飛揚舒展而呈現出遊動、騰升的各種意念。

子思著《中庸》

子思姓孔，名伋，孔鯉之子，孔子之孫，魯國陬邑（今山東曲阜）人，傳爲曾參弟子。他以儒家道德觀念「誠」（眞實無妄之意）爲世界本質，把「誠」視爲超乎時空獨立自成的精神實體，又視之爲社會倫理制度之準則，認爲天地萬物依賴它而存在；又說：「誠者，天之道也；誠之者，人之道也。」以「誠」爲天人合一的理論依據。子思後被尊爲「述聖」，著有《中庸》。

《中庸》是儒家的經典之一，重點發揮孔子「過猶不及」的思想，要求人們追求「和而不流」、「中立不倚」的境界，在君臣、父子、夫婦、兄弟、朋友這五種關係中實行智、仁、勇三德，以此爲修身、治人、治國的基本。這些觀點對後代的思想產生了深遠影響。

子思的弟子孟子也發揮其說，形成戰國較早的儒家流派代表——思孟學派，對後來宋明理學有很大影響。

人物小事典

西門豹終結「河伯娶婦」

鄴縣（今河南安陽和河北臨漳一帶）位於魏、趙交界處，地處戰略要衝。魏文侯改革中為加強邊防，派西門豹到鄴縣任縣令。該地人煙稀少，田園荒蕪。由於漳河年久失修，每年雨季，氾濫成災。當地的三老、廷掾與巫祝勾結，謊稱漳河氾濫是「河伯顯聖」，只要每年挑選美女送給「河伯」為妻，就可免除水患。他們以河伯娶婦為名，橫徵暴斂。每年所收的數百萬錢，只有二、三十萬用於為河伯娶婦，其餘瓜分殆盡。每到為河伯娶婦之時，巫婆到處巡行，見有貧家女漂亮，強行聘娶。到為河伯娶婦之日，將她放在新床之上，然後將新床放到河裡，順流漂浮，行幾里以後，少女就沉入河底，巫婆聲稱新娘已被河伯接去。老百姓唯恐自己的女兒被選中，紛紛背井離鄉，當地人口日益減少，田地荒蕪。

西門豹到任後決心為民除害，到河伯娶婦之日，西門豹親臨現場，三老、廷掾以為新任縣令也為河伯送婦，早已到齊恭候。遠近百姓亦扶老攜幼前來觀看。西門豹下令將新婦帶上來。巫婆將她領來後，西門豹隨便一瞥，便說新娘相貌平平，不能中河伯之意，命令巫婆去報告河伯，改日選到美貌之婦後再送。巫婆一聽，臉色徒變，即被西門豹的隨從扔入漳河。西門豹雙目凝視河水拱手肅立，然後對隨從說：「老巫婆久去不歸定是年老力衰之故，再派其徒去催促。」隨從又將三個小巫婆投入河中。良久，西門豹轉向鄉官們說：「巫婆皆是女流之輩，不會辦事，勞駕三老親自去通報河伯！」三老隨之被投入河中。又等候良久，西門豹對身旁的縣吏豪紳們說：「巫婆、三老辦事不力，請在你們之中再派一人去催問。」官紳驚恐萬分，紛紛跪倒，磕頭求饒。兩岸百姓無不拍手稱快，西門豹說：「河伯留客太久，我們回去了。」官紳個個抱頭鼠竄，倉皇逃命。從此，鄴縣再無人敢為河伯娶婦。

隨後，西門豹發動民眾開鑿了十二條水渠，引漳河水灌溉農田，使鹽鹼地變成了良田，畝產比其他地區高出四倍多，漳河水也很少再氾濫。

鄴城西門閘及西門渠遺跡

首創生鐵鑄造技術

春秋戰國時期，中國在世界上首先發明生鐵鑄造技術。

冶煉生鐵必須具備幾個最爲基本的條件：一是具有足夠高的溫度，二是始終保持足夠強的還原性空氣，三是具有足夠大的冶煉空間。中國古代很早發明了豎爐煉銅，積累了一整套高溫還原冶煉的經驗，中原地區在冶煉出塊煉鐵後不久，就煉出了生鐵。長沙楊家山鼎形器等，是世界上最早的生鐵鑄件。

春秋戰國時代的生鐵鑄造遺址在河北易縣燕下都，河北興隆，河南登封、西平、新鄭，山東臨淄、滕縣等都有發現，其中出土了大量鐵渣、部分鑄範以及爐壁殘塊。春秋晚期的鑄鐵實物，已出土的有鐵鼎、鐵塊、鐵條、鐵削（匕首）、鐵臿、鐵錛等，從這些實物中，我們可知當時生鐵冶鑄技術的基本狀況，包括：

（一）化鐵爐技術：一九七七年，河南登封陽城外發現一座戰國鑄鐵遺址，出土了許多爐底殘塊和爐壁殘塊。前者是由摻了粗砂的黏泥製成，後者依工作部位的不同，從材料到構築方式都有三種情況：一是爐底周壁殘塊，是由耐火泥夾入鐵鋤殘塊製成；二是爐腹內壁殘塊，是用泥條盤築而成；三是爐壁口部殘塊，是由草拌泥條上下堆疊而成。

戰國雙鐮鐵範。經化驗證明為標準的白口鐵鑄件。範腔光滑，範壁厚薄均勻，澆鑄時受熱均勻。

（二）陶範鑄造：登封陽城陶範的器形有钁、鋤、鐮、斧、刀、削、戈、帶鉤等，所有範料都由細砂精製而成。一九五七年，長沙出土的戰國鐵鏟器形完整，器身厚一至二毫米，可見戰國陶範鑄造技術已達相當高的水準。

（三）鐵範鑄造：鐵範約發明於戰國前期，戰國中晚期後，人們將它用於農具、手工業工具的鑄造上。今河北興隆出土的戰國鐵範共有八十七件，器形有鋤、鐮、钁、斧、鑿、車具等。鐵範可反覆使用多次，能減少工作量，提高生產率。

生鐵鑄造技術的掌握及其後不久生鐵經退火製造韌性鑄鐵和以生鐵爲原料製鋼技術的發明，標誌著生產力的重大進步，鐵器在更大程度上滿足了社會生產和生活的需要。歐洲則要到近兩千年後才掌握了生鐵冶鑄及鑄鐵可鍛化退火處理的技術。

文化小事典

使用塊煉鐵製造鐵兵器

塊煉鐵是古代在較低的冶煉溫度下，使鐵礦石固態還原獲得的鐵塊。其方法是在平地或山麓挖穴為爐，裝入高品質的礦石和木炭，冶煉後取出全部爐料，此時，礦石中的氧化鐵已還原成金屬鐵，而脈石成為渣子，經鍛打渣子擠出。塊煉鐵含碳極低，質地柔軟，適合於鍛造成型。

青銅兵器在東周時期發展到了高峰，也就在此時，中國的冶鐵技術開始有了長足的進步，這就是採用了簡便而實用的塊煉法生產塊煉鐵，鋼鐵兵器從此誕生。一九九〇年在河南三門峽市上村嶺西周晚期的虢國墓中出土的玉首鐵短劍就是以塊煉鐵鍛打而成；一九七五年在湖南長沙春秋晚期的楚國墓中發現的短劍，則是用含碳〇．五%的中碳鋼反覆鍛打而成。

到戰國中晚期，鋼鐵兵器有了較大發展。當時南方的楚國和北方的燕國較多使用鋼鐵兵器。湖北、湖南等地戰國中晚期的楚墓中，發現了為數不少的鋼鐵兵器，其中有劍、矛、戟等。戰國末年時的燕國也有相當的鋼鐵兵器生產能力，品種上除有劍、矛、戟，還有防護裝具冑和鎧甲。從總體上看，直至戰國晚期，鋼鐵兵器的數量還是有限的，只是在一些國家部分地裝備了軍隊，但它預示了鋼鐵兵器即將取代青銅兵器的趨勢。

戰國鋼劍，中國已發現的最早鋼兵器。

楚國漆畫成就輝煌

戰國時期，漆畫藝術比以前有了更大的發展。商周時期的漆器主要表現形式爲紅地黑花的圖案紋飾，較爲簡單，而春秋戰國時期的樂器、棺槨以及奩（樽）、盤、青銅鏡等日用器物上的漆畫，則以其絢麗的色彩表現令人耳目一新。楚地漆繪如隨縣曾侯乙墓和湖北荊門包山戰國楚墓的漆器是爲代表。

曾侯乙墓的漆繪作品主要存於

戰國早期彩繪射獵圖漆瑟殘片。此殘片為瑟首的一部分，髹黑漆，其上彩繪射獵圖案，從殘存的畫面可見，一獵者居中，頭戴黃色高頂帽子，裸胸，銀灰色的下衣著地。他右手持弓，左手張弦，欲射前面一鳥首、細腰、長腿的怪物。在獵者的周圍還有鹿、龍、雲氣等。這幅漆畫既反映出楚國畫工熟練的彩繪技巧，也是戰國早期楚人生活的生動寫照。

戰國中期漆畫《聘禮行迎圖》局部。湖北十里鋪楚墓出土。該畫繪在一個直徑28公分的漆奩上，是目前中國年代最古老、保存最完好的漆畫。馬匹嘶鳴，柳樹迎風，長空雁過，又增強畫面的環境氣氛。漆奩的用色為內紅外黑，《聘禮行迎圖》是在黑色的漆地上，以橘紅、海藍、土黃、棕褐、雲日等色彩繪製而成。

棺、衣箱、鴛鴦盒與皮甲上。棺內壁髹朱漆，外壁髹墨漆，其上再髹紅漆，然後於紅漆上用黑、金等色繪出繁密的龍、蛇、鳥、神人等花紋。出現於棺上的龍、蛇、鳥、鹿、鳳、魚等動物近九百個，皆爲人與鳥、獸特徵綜合了的形象，有的手中操蛇，有的一人三首，其中有些形象可與《山海經》記述的圖像相印證。這些圖像線條流暢，加之豐富的穿插變化，令人嘆爲觀止。

包山楚墓所出彩繪漆奩的蓋壁上繪有《聘禮行迎圖》，表現的是先秦時期貴族之間重要的禮儀活動。漆奩蓋外壁周長八十七．四公分、高五．二公分。畫面以柳樹爲間隔，將出行與迎賓雙方的活動間隔爲五個段落。出現於畫面的有各種不同社會身分的人物共二十六人，車四輛，馬十匹，穿插於人物活動之間的還有飛鳥、黃犬、豕等。從其繪畫表現技巧看，比之春秋、戰國之交的一些青銅器上的畫面有了很大進步；畫家較自如地表現正立、背立、奔走、匍伏等各種動作和相互之間晤面時的動態，以此明晰地表明其中不同人物之間的關係。《聘禮行迎圖》在構形、著色和格局營造上都表現出了成熟的手法，可以說是戰國時代中國繪畫的最高典範。顯然，戰國時代的漆繪藝術已表現出通曉色彩配置規律的高度技巧，並取得了輝煌成就。

墨氏科學

墨翟，魯國人，生活於孔子之後，孟子之前。曾爲宋國大夫。相傳墨翟早年曾受過儒家教育，後來卻拋棄儒學，創立了墨家學派。其哲學講

墨子像

求實用，帶有宗教性質，其本身即為教主。《墨子》一書，共五十三篇，大部分內容是墨翟的弟子或再傳弟子記述墨翟言行的集錄。

墨子的社會理論是兼愛，用「兼相愛，交相利」的原則作為拯救天下的藥方。同時，「節用」是墨翟學派的經濟理論的核心，他反對窮奢極欲、揮霍浪費，「節葬」、「非樂」就是由此而提出的。

相傳公輸般為楚製作攻城的器具將要攻宋，墨翟聞訊就從齊步行十日十夜至郢都見楚王和公輸般，宣傳「兼愛」、「非攻」的道理，讓楚不要攻宋，並和公輸般比試攻防的器具效能，使公輸般甘拜下風。墨翟還派三百弟子赴宋幫助堅守。

墨家學派的偉大貢獻在於其科技上的觀點。墨子力學的展開方式是墨子三表法的應用，也就是在對事物的本、原、用中展開對象。運動（動、行）在他的物理學中有重要的地位，墨子實際上在運動中考察時間和空間，從而在運動中把它們合為一體，這與希臘乃至西方的時空分離是不大相同的，因此可以說，時間和空間的組合是在運動變換中完成的，用時空作為運動的用，這就是組合變換。

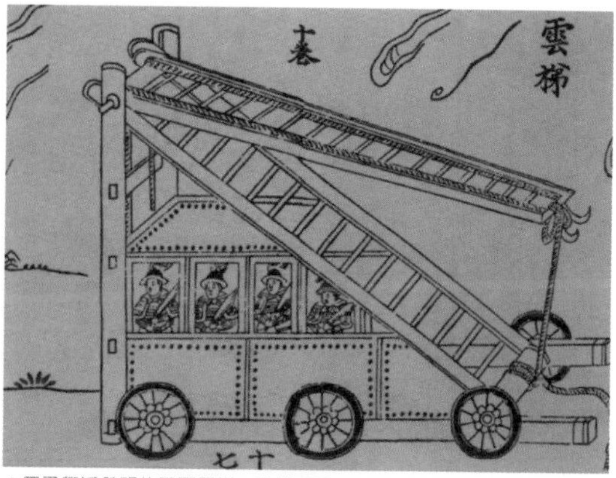

墨子學派發明的戰國雲梯，攻城工具。

墨經在力學上的主要貢獻是在分析上，以髮懸物（若髮長均勻，則力分散平均）、杆杠、球體平衡、壘石平衡就都具有這一特點。

墨子的光學是〈墨經〉中的一部分，在〈墨經〉中其他物理學科佔份量極少的情況下就顯得極為突出。雖然表面上它包含了類似幾何光學的東西，卻非現代意義上的幾何光學。墨子幾何光學的核心是影，它是在影的構成和變化的說明中包含了幾何光學的東西。〈墨經〉中包含小孔成像（小孔使影在大小、正反上的變化），有投影、反射以及平面、凸面、凹面鏡對影的改變。這些物體都是圍繞影的，是它們使影的結構發生變換。因此墨子幾何光學不包括光、光線性質的討論，因此也缺少反射角、折射角的研究。它的核心是組合（影）在事物作用下的變換結構。但是這幾項在古代幾何光學史上也是很輝煌的了，不但在後代中國沒有可以與之相比的，在當時也是先進的。

《墨子》特別是其中的〈墨經〉含有很多科技內容。幾何就是其中一種。〈墨經〉徹底推翻了中國人擅長代數不懂幾何的說法。墨子幾何在很多基本幾何觀念上表明了當時幾何的抽象水準。

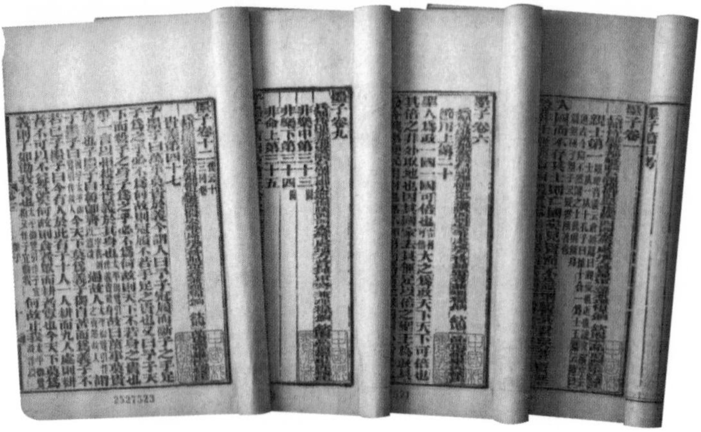

《墨子》。清光緒北崇文書局刻本。《墨子》一書，共53篇，大部分內容是墨翟的弟子或再傳弟子記述墨翟言行的集錄。

人物小事典

發明家公輸般

公輸般是春秋戰國之際魯國人，又叫魯班，是著名的發明家，他的事蹟在《墨子》、《禮記》和《戰國策》等古典文獻中均有記載。

據《墨子．公輸》記載，雲梯就是公輸般發明的。楚惠王欲攻宋，但面對宋堅固的城池卻一籌莫展，因為找不到一種有效的攻城器械。楚於是聘請公輸般發明了克敵制勝的器具——雲梯，公輸般的這一發明，將古代戰爭技術推進到新紀元。公輸般還發明了磨粉的碾（即石磨），改變了傳統的磨粉方式。對於木工工具的改進和發明，他也做出了重要貢獻，相傳刨、鑽等工具都是他發明的。他曾用竹片和木頭製成了一種能在天上連續飛行三天的飛鵲，並為其母製造了一輛由木頭人駕駛的、結構精巧的木車馬。公輸般的傑出成就使他成為中國應用技術的祖師，直至今天，農村木匠在建房時還要紀念他。

公輸般像

銅綠山礦成形

銅綠山礦冶遺址位於湖北省大冶縣，是中國已發現的規模最大、保存最完整的古代礦冶遺址，礦區南北長約二公里，東西寬約一公里。露天採場七個，地下採區十八個，採礦井巷近四百條，遺留的煉銅爐渣四十萬噸以上，推算累計採銅應在八萬至十二萬噸。遺址出土了一批煉銅爐，還出土有用於採掘、裝載、提升、排水、照明等的多種生產工具。經科學測定，銅綠山礦的開採至遲始於西周末年，經春秋戰國時期延續到漢代。但在戰國時代，銅綠山礦的開採基本成形，已達到相當的採掘規模與採掘技術水準。

銅綠山礦的古代地下開採早期，井巷掘進過程基本上就是採礦過程；到戰國晚期，開拓、採掘、回採等步驟才漸趨明顯。與之相應的是井筒支護、分級提升、排水、選礦、充填採礦等工藝相繼出現和完善。

井巷開拓與支護：

（一）立井（包括盲立井），斷面一般爲正方形，少數爲矩形。戰國時期採用經過加工的方木（或圓木）密集式垛盤支護，井口淨斷面最大者爲一．三公尺×一．三公尺，加工整齊，尺寸畫一，架設後穩固持久，與近代的木結構井架相似。

（二）斜井（包括盲斜井），戰國時期發展爲階梯式斜井，由淨斷面爲九十公

世界罕見的古代銅礦採區──湖北銅綠山礦冶遺址

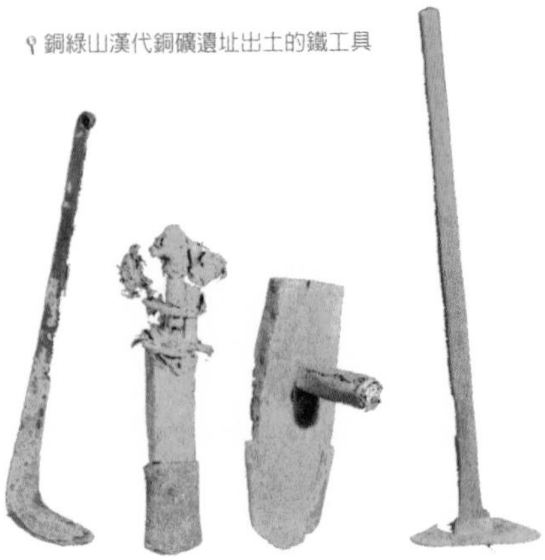

銅綠山漢代銅礦遺址出土的鐵工具

分乘以九十公分的「馬頭門」和九十公分乘以一公尺的短巷組成。支護方式爲井框支架垂直於斜井的底板或井框支架沿鉛直方向鋪設，兩種支護方式表明當時對斜井的支護有了多方面經驗。（三）平巷，戰國時期的平巷斷面較前爲大，人可以直立行走。

採掘工具：西周至春秋時期的金屬工具爲銅製，戰國開始用鐵製。出土的遺物中就有鐵製的鑿、錘、鋤、斧、耙等。

地下採礦方法：可分爲四種類型，一是群井開採，二是方框支柱開採法，三是護壁小空場法，四是橫撐支架開採法。

礦井提升和排水：戰國時期已開始用木轆轤提升用竹筐、藤簍等製成的裝載工具。排水方面春秋時期就有了較完整的排水系統。一種是利用廢棄的巷道或專設洩水巷道，另一種是貼平巷一側的背板鋪成排水木槽，將水引向排水井提升出去。

煉銅：銅綠山在二千七百多年前已採用鼓風豎爐煉銅。春秋早期的煉銅豎爐由爐基、爐缸、爐身三部分組成，豎爐外形爲豎立的腰鼓形，高二．七公尺，最大直徑一．六公尺，爲適應高溫熔煉，豎爐的不同部位配製不同的耐火材料，夯築而成。

在冶煉技術水準上，戰國時期的銅綠山人已掌握了配料技術，用不同種類的礦石相互搭配，使銅錠的含銅量達到九四％左右，含鐵量小於五．四％。

戰國蠶桑業發展

戰國時，蠶桑業大有發展。桑樹栽植不僅早就進入大量人工栽培時期，而且已從自然生態的喬木生長形態過渡到人爲經濟利用的各種栽培形式。從戰國銅器的採桑圖案看，既有美觀而高產養成的喬木桑，又有經過剪定的高幹桑和低幹桑。養蠶技術也有顯著進步。戰國時的思想家荀況所著〈蠶賦〉描述了蠶的形態和生活史，對蠶的生活習性有較深入的觀察研究。譬如〈蠶賦〉把蠶兒生長發育所需的環境條件，概括爲「夏生而惡暑，喜溼而惡雨」。

戰國銅鏡採桑圖紋飾

戰國木俑

戰國時代的俑塑中，木俑是很重要的一類。木俑的代表作有漆繪木俑、彩繪木雕女俑和持劍木俑等。

圖一：戰國彩繪木雕女俑

圖二：戰國持劍木俑

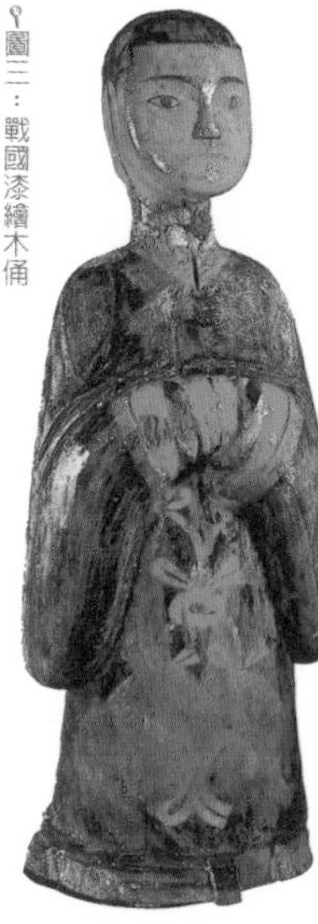

圖三：戰國漆繪木俑

圖一爲戰國彩繪木雕女俑。俑體以長木條削成，形體簡括，僅具輪廓大形和簡單的結構關係。面貌、服飾皆爲彩繪。鬢髮整齊，削肩袖手，長袍右衽，秀眉朱唇。寬領緣，繞襟旋轉而下，衣上繪黑紅色雲紋與小簇花。

圖二爲戰國持劍木俑。表現一名著戰袍、持劍的武士。軀體係一整木雕成。雙臂另雕成後裝配。左手握劍柄，右手握劍鞘，身體微向前傾，雙膝略現彎曲，表現出戰士的臨陣狀態。雕刻手法簡略、粗獷，而頗能傳神。

圖三爲戰國漆繪木俑。俑先以木塊雕出人體大形，然後著色，描繪出五官、服飾細部。體腔中空。此俑面相渾圓，溜肩，雙手合攏於胸前。俑體塗黑漆，面部與手塗紅，眉、目以黑線勾出。衣著交領右衽，寬袖，袖口略束，飾菱紋邊緣；

胸、腹部繪成珠、璜、彩結、彩環等成組飾物，珠、璜白色，彩結紅色，繩紐澄黃色；後背腰間束紅、黃相間之三角紋錦帶；衣襟間露出鮮豔內衣。

《甘石星經》成書

甘德，齊人（一說楚人）。相傳他測定恆星一百一十八座，計五百多顆星，著有《天文星占》八卷，今佚。

石申，魏人。相傳他測定恆星一百三十八座，計八百一十顆星，著有《天文》八卷，今佚；但在唐《開元占經》中有大量節錄。

二人精密記錄黃道附近一百二十顆恆星位置及其與北極距離，這是世界上最古老的恆星表，它比歐洲第一個恆星表——希臘伊巴谷的星表早約二百年。甘德發現的「木星三號」衛星，比義大利伽利略和德國表依耳的同一發現早近兩千年。書中二十八宿用「距離」（即赤經差）和「去極度」（赤緯的餘弧）刻劃，其餘星用「入宿度」和「去極度」刻劃，這與現代用赤經和赤緯來刻劃天體位置是同一原理，也就是赤道座標系，而同時代希臘使用的一直是落後的巴比倫黃道座標系。

這一類星表把周天分爲三六五又四分之一度，與巴比倫傳統的三六〇度不同，是中國的特色，正與四分曆相合。

《甘石星經》對行星行度也有精密的測量計算，其後星術體系更趨全面，影響了中國天文學、占星術和政治幾千年。

文化小事典

顓頊曆

顓頊曆，每年計三百六十五又四分之一日，採用十九年七閏法，此係當時世界上最精確曆法之一。它與西方的儒略曆（創於西元前四十六年）相同，而早於儒略曆近三百年。顓頊曆以十月為歲首，閏月置於九月之後，故有「後九月」之稱。顓頊曆與黃帝曆、夏曆、殷曆、周曆、魯曆合稱「古六曆」。古六曆皆取一回歸年為三百六十五又四分之一日，故云「四分曆」，顓頊曆等古六曆雖託名古人，但應當是這一時代成熟的。

戰國普遍使用鐵製農具

戰國時期，冶鐵業發展迅速，各種農具已普遍用鐵製造。鐵鐮、鐵錐、鐵鋤爲當時農民的必備工具，鐵農具已成爲農民不可離開的重要生產工具。考古發掘中出土的大量實物更是當時鐵製工具廣泛使用的確鑿證據。在河南輝縣的五座魏墓中，出土了犁鏵、鐵鐮、鐵斧等農具五十八件。在河北興隆燕國遺址中，一次發現了製造農具的鐵範共八十七件。在石家莊趙國遺址出土的鐵製農具，佔各類工具總數的六五％。在遼寧撫順蓮花堡燕國遺址中出土的鐵農具，佔全部出土農具的九〇％以上。原戰國七雄所在地區，都有鐵製農具出土。

以上鐵農具已能使用於農業生產的各個環節：墾地、翻土、開溝、整地、除草和收穫。同一器類的鐵農具還有不同的形式。

戰國時期的鐵鐮刀

戰國鐵臿

戰國時期的農具絕大多數都是木心鐵刃的，即在木器上套了一個鐵製的鋒刃，這就比過去的木、石農具大大提高了生產效率。從考古出土的實物看，當時使用呈V字形的鐵犁頭，有利於減少耕地時的阻力；鐵鍤可增加翻土深度；鐵耨則可有效地用於除草、鬆土、復土和培土，此外，這一時期推廣的連枷，是一種有效的脫粒農具，為後世所長期沿用。

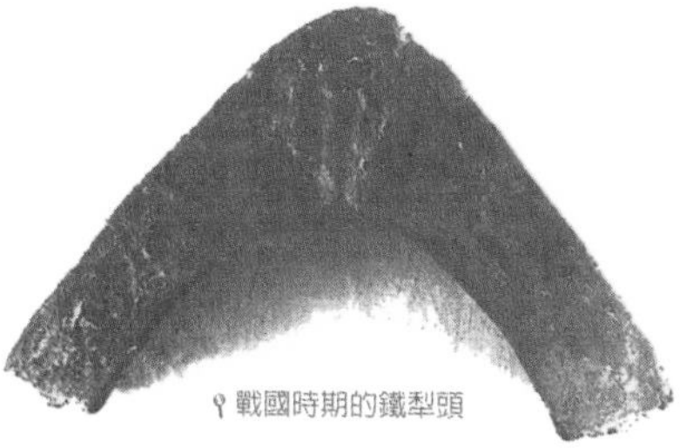
戰國時期的鐵犁頭

戰國中期以後，鐵農具的成型和加工工藝技術都達到相當高的水準，普遍採用白口鐵鑄件經控制脫碳熱處理的方法來製造農具，滿足了某些農具既要求有堅硬鋒利耐磨的刃口，而又要具有韌性的需求。鐵農具的製造此時也趨於規範化，如犁鏵，不論是在山西、陝西，還是河北、河南，或在山東出土的，均作「V」形刃，呈等腰三角形，加套在木製犁床上使用。雖然結構簡單，但已具備了後世犁鏵的基本形態。

深衣出現並流行

春秋戰國時期的衣著，上層人物

戰國深衣袍。綿袍為交領、右衽、直裾式；兩袖平直，寬袖口，短袖筒。袍面是對鳳對龍紋繡淺黃絹，袍裡是灰白絹。領和袖緣皆用條紋錦，襟和下擺緣均用大菱形紋錦。

的寬博、下層社會的窄小，已趨迥然。深衣是值得注意的形式之一。

深衣有將身體深藏之意，是士大夫階層居家的便服，又是庶人百姓的禮服，男女通用，可能形成於春秋戰國之交。從馬山楚墓出土實物觀察，深衣是把以前各自獨立的上衣、下裳合二為一，卻又保持一分為二的界線，故上下不通縫、不通幅。最智巧的設計，是在兩腋下腰縫與袖縫交界處各嵌入一片矩形面料，據研究可能就是《禮記》提到的「續衽鉤邊」的「衽」，其作用能使平面剪裁立體化，可完美地表現人的體形，兩袖也獲得更大的輾轉運肘功能。所以古人稱道深衣「可以為文，可以為武，可以賓相，可以治軍旅」，認為是種完善的服裝。

據記載，深衣有四種不同名稱：深衣、長衣、麻衣、中衣。從出土文物看，春秋戰國時衣裳連屬的服裝較多，用處也廣，有些可看作是深衣的變式。

文化小事典

戰國金銀帶鉤

帶鉤是先秦時代中國衣物的重要部分，由於它有裝飾性，因而在帶鉤上凝注了大量藝術創造。在現已出土的戰國金銀器物中，金銀帶鉤是其中相當重要的一種。中原地區和長江流域都有較多發現，代表作品有河南省輝縣固圍村戰國魏墓出土的包金嵌玉銀帶鉤、山東曲阜戰國早期魯國故城出土的猿形銀帶鉤、湖北隨縣曾侯乙墓出土的金帶鉤。

①

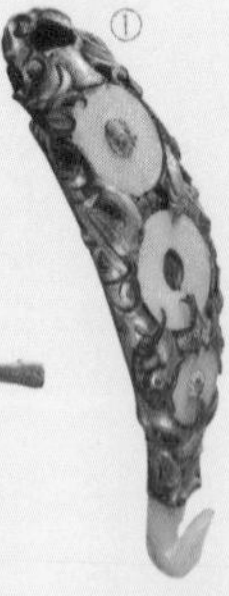

②

③

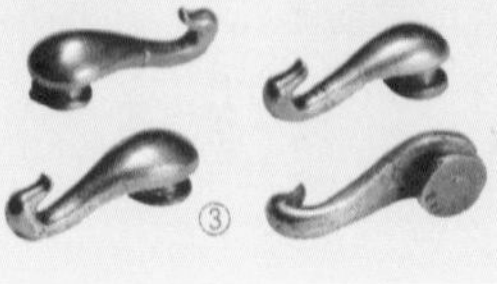

① 戰國包金鑲玉嵌琉璃銀帶鉤。此帶鉤紋飾繁複，玲瓏剔透，包金鑲玉，雍容華貴，是戰國帶鉤中的精品。

② 戰國猿形銀飾。銀飾鑄成猿形，作振臂回首攀爬狀。猿身貼金，兩目嵌藍色料球，炯炯有神。猿身略成拱形，姿態生動。

③ 戰國金帶鉤。帶鉤為鑄造而成，鉤似鴨首，鼓腹，通體光素無紋，腹下為一圓紐。整體造型似戰國時期流行的琵琶樣式。

織錦成爲商品

西周時期，隨著養蠶、繅絲、染織技術的進步，一種絢麗華美的提花織物——錦誕生了。商代出現了素色的提花紋綺，戰國時出現了雙色紋綺，綺的花紋都是利用經緯組織的變化而顯現出來的。錦則是用兩種以上的彩色絲線提花的多重織物，既利用經緯組織的變化，又利用經緯色彩的變化來呈現花紋，這在織物品種設計史上是項重大的突破。遼寧、山東、陝西等地周代的墓葬中都發現過錦。珍貴華麗的織綿一經問世，立即被當時的貴冑階級視爲珍寶，他們用錦作爲諸侯國君之間禮聘交往的禮物。錦在當時既用來製作衣裳，也用來製作被面，而在穿錦衣錦裳的時候，還用麻衣麻裳來保護，說明錦是很高貴的商品。

戰國鳳鳥鳧幾何紋錦。經線提花錦。經線為灰黃、朱紅、深棕、紅棕四色，緯線為深棕色。

戰國時期的織錦更加發達，出現了各種類型。

（一）幾何骨格填充各種人物、動物、幾何形體的組合型紋樣：龍鳳是突變的象徵，麒麟是聖人的象徵，燕子古稱玄鳥，爲商代祖先之神，走獸中虎是威德的象徵，這些紋樣反映了戰國時代貴族階層的美學觀，包含著時代的精神崇尚。

戰國龍鳳紋錦

（二）散點式排列的小型幾何紋：這種散點式小幾何花紋，疏朗活潑，服用適應性很強，故流行時間也較長。

（三）幾何組合紋：在幾何骨格內再以其他幾何紋樣填補充實，使之增加層次起伏。戰國時的幾何紋常用菱形組合成漆耳杯狀的形式，稱爲「杯紋」，寓意生活豐裕。

同時因幾何形可以無限地向四方擴展延續，故又稱長命紋，寓意「長壽」。這種把抽象的幾何紋樣賦予吉祥含意的傳統，一直爲後世所繼承，成爲中國民族裝飾藝術的一個特點。

織錦在戰國時代廣泛出現於日用

品中，豐富了中國人的衣著和居住方式。

江陵楚國漆器

漆工藝興盛於春秋戰國時代，而這時期的漆器，無論就數量或工藝水準和藝術價值而論，都以楚國漆器爲最，這主要是由於楚國採用了有利於保存漆器的以白膏泥密封木結構墓室的墓葬方法。

湖北江陵是春秋戰國時期楚國首都所在地，每多王公大族之墓，時代從春秋早期到戰國晚期不等。這些楚墓出土了種類繁多、數量巨大的漆器，計有鎮墓獸、棺、瑟、案、圓盒、酒具篋、酒注、耳杯、盤、俎、豆、勺、傘、蓋、弓、劍、盾、梳、奩、竹席等幾十個品種上千件，足以代表楚國漆器的風貌。

戰國彩繪透雕漆箭箙。此箭箙已殘，木雕尚好。箭外框內透雕以雀為中心的雙鳳和雙獸，外框上緣浮雕雙蛇紋飾。

富有浪漫特色的楚風表現在漆器上，大多色彩明麗、裝飾華美、圖案生動。這些器物外表幾乎全部髹黑漆或黑褐色漆，內壁則往往髹朱漆，也有小部分內外皆髹黑漆者。圖案裝飾注重色彩的對比，多採用紅黑相間的方式，以追求對比鮮明產生的美感。總的來說，楚國漆器外觀色調古雅、光澤鮮亮，紋飾質樸簡潔、飄逸奔放，質地輕且精巧、薄而堅牢，體現出了製作者非凡的巧思和熟練的技藝。

楚國漆器的數量多，應用廣，製作形式也較複雜。如果從胎體的質地劃分，就有木、竹、夾苧、金屬、皮革、陶等多種，主要以木胎爲基本胎體；其中夾苧胎漆器和髹漆銅器的出現，是工藝史上有重要意義的創新。中國著名漆器扣器也最早見於楚墓。

戰國彩繪漆盒。此盒為厚木胎，蓋、身以子母口扣合。蓋較矮，口略大於底，蓋頂正中有一套環鼻形銅鈕，矮圈足。器表描繪花紋的部位髹黑漆，無紋飾的部位髹朱漆。器內髹朱漆。

楚國漆器的髹飾工藝中的「描金」、「針刻」等技法，在技術史上也有開風氣之先的意義。

楚國漆器製作的成就，意味著中國漆器生產史上第一個高峰的出現。楚國漆器工藝的發展，爲兩漢時期的「漆器文化」奠定了堅實的基礎。

戰國刺繡工藝

戰國時期刺繡工藝已發展到成熟階段。湖北江陵馬山磚廠一號戰國楚墓出土的絲綢刺繡數量之多、保存之完好、文彩之燦爛繽紛，都是前所未有的。刺繡品如對鳳對龍紋繡淺黃絹面衾、飛鳳紋繡、龍鳳虎紋繡襌衣、鳳鳥花卉紋繡、蟠龍飛鳳紋繡淺黃絹面衾及龍鳳合體相蟠紋繡等，都是完全用辮繡法施繡而成，不及畫繢填彩。

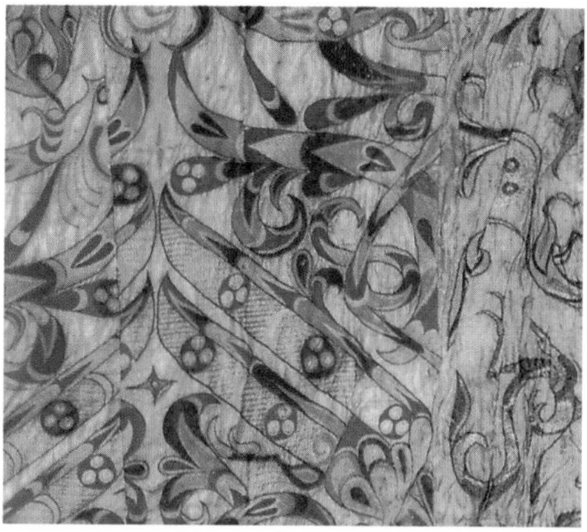

鳳鳥花卉紋繡

此墓和長沙烈士公園出土的戰國時期刺繡，說明戰國時期刺繡紋樣、題材基本上是圖案化並互相穿插的花草、藤蔓和動物。花草、藤蔓的分佈，都嚴格按照垂直線、水平線或對角線組成的方形骨格或菱形骨格佈局；但穿插靈活，有時順著骨格線反覆連續，有時突然中轉隔斷，有時作左右對稱連斷，有時作上下對稱連續，有時則按上下左右錯開二分之一的位置作移位對稱連續；花草藤蔓既起裝飾作用，又起骨格作用。在枝蔓交錯的大小空位中，塡飾動物紋樣。動物紋樣的頭部比較寫眞，而身部或經過簡化，或直接與藤蔓結成一體，或彼此互相蟠疊。寫實形與變體形共存，數種動物或數個動物合體，動物體與植物體共生，利用幾何學的原

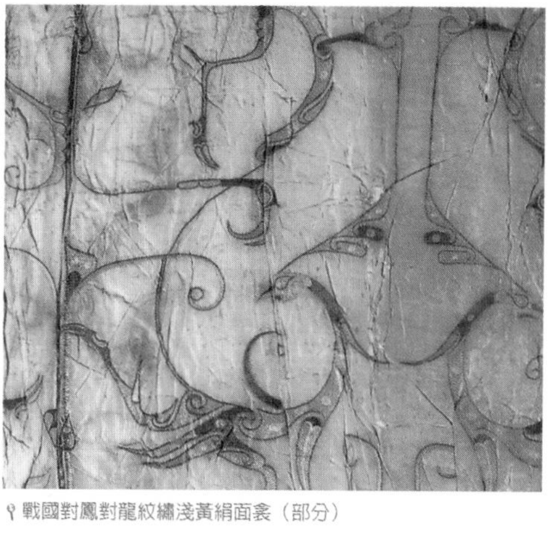

戰國對鳳對龍紋繡淺黃絹面衾（部分）

理，把動物圖案變形與幾何形骨格結合，這些都是春秋戰國時期刺繡紋樣的重要特徵。由於採取了按幾何骨格對位佈局、同位對稱與移位對稱並用等方法，因而紋樣既有嚴格的數序規律，又有靈巧的穿插變化。

戰國刺繡的色彩，每一花樣一般只配三色到五色，在色相上多數採取暖色基調的緩和對比或鄰近調和，在色彩明度上則拉開層次，故富麗繽紛又和諧統一。

戰國時期刺繡紋樣的題材，具有一定的象徵含義。當時最爲流行的龍鳳，既象徵宮廷昌隆，又象徵婚姻美滿。鶴與鹿都與神仙長壽的神話有關，象徵長壽。翟鳥是后妃身分的標誌。鴟鴞（貓頭鷹）則象徵勝利之神。

中國刺繡工藝源遠流長，在戰國時即呈絢麗多姿，十分成熟。

帝王教科書《尚書》編成

中國古代的一部歷史文獻彙編《尚書》編成於戰國時期，《尚書》又稱《虞書》、《夏書》、《商書》、《周書》，戰國時總稱爲《書》，漢人改稱《尚書》。「尚」的意義是上古，「書」的意義是書寫在竹帛上的歷史記載，「尚書」意即「上古」的史書。

《尚書》所錄，據稱爲虞、夏、商、周各代典、謨、訓、誥、誓、命等文獻，其中主要記載商、周兩代統治者的一些對話紀錄，少數篇目爲春秋戰國人根據往古材料編成。

關於《尚書》編訂年代，以前有說爲孔子所編，近代學者多以爲《尚書》編訂於戰國時期。秦始皇焚書後，《尚書》多殘缺，漢初，《尚書》存二十九篇，爲秦博士伏生所傳，用漢時隸書抄寫，稱爲《今文尚書》。西漢前期，魯恭王拆毀孔子故宅，發現另一部《尚書》，是用先秦

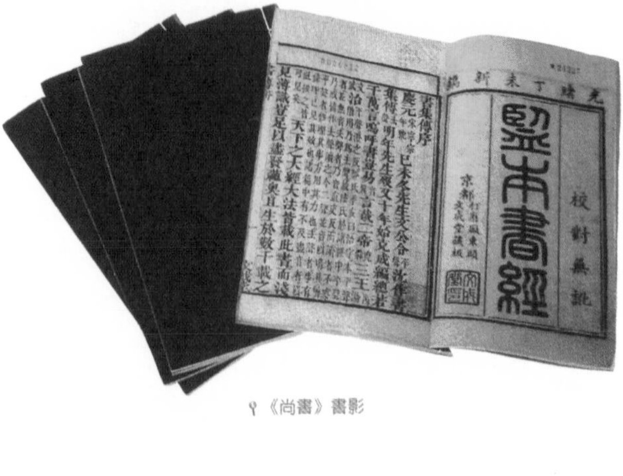

《尚書》書影

六國時字體書寫，稱爲《古文尚書》；它比《今文尚書》多十六篇。

《尚書》中涉及的虞、夏及商代部分文獻是據傳聞寫成，不盡可靠，但多數爲殷商、西周時期作品，具有重要的文獻價值。體例上，「典」是重要史實或專題史實的記載；「謨」是記君臣謀略的；「訓」是臣開導君主的話；「誥」是勉勵的文告；「誓」是君主訓誡士眾的誓詞；「命」是君主的命令。其他還有一些以人名、以事、以內容爲標題。

《尚書》內容豐富，在中國史學、文學、政治學上佔有重要地位。如〈盤庚〉篇記載了商朝中期盤庚遷殷這一重大事件，反映出遷殷的原因、遷殷前後的社會思想狀況和商王盤庚遷殷的決心及其對貴族們的反覆告誡。〈牧誓〉篇記載了殷周政權更替之際周武王討伐殷紂王的經過和氣勢，寫出殷王的暴虐無道和周師的滅殷信念。而《尚書》中的殷商、西周人的記載，又是中國史學上最早的歷史典冊。與這種典冊相關，中國歷史上出現最早的史職、史官。《尚書》中的殷商、西周人作品正是這種典冊制度和史官職掌相結合的產物。《尚書》中的一些作品還是中國史學的萌芽。如〈召誥〉反覆講到夏商興廢的歷史，指出：「我不可不監（鑒）于有夏，亦不可不監于有殷。」〈多士〉講殷商興亡之故。〈無逸〉講殷商統治者的勤與逸，跟「享國」時間長短的關係。這些都是有意識地總結朝代興衰的歷史經驗及其對現實的鑒戒作用，對後代史學影響深遠。

自漢以後，《尚書》一直被視爲中國封建社會的政治哲學經典，既是帝王的教科書，又是貴族子弟及士大夫必遵的「大經大法」，在歷史上有重要影響。

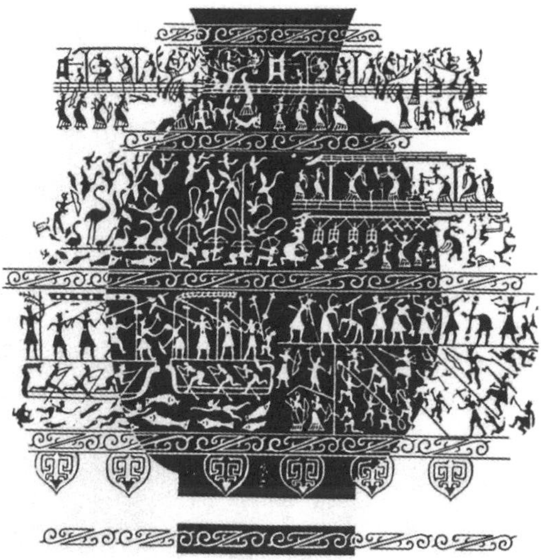

嵌錯宴樂水陸攻紋銅壺圖案。此銅壺是戰國時期的青銅盛水或盛酒器。上層圖像表現東周貴族習射和農婦採桑；中層描繪東周貴族鐘鳴鼎食的宴樂場景，和射手仰天而射一群鴻雁，箭尾繩在空中劃出動感很強的波狀線；下層表現出激烈的水陸攻戰場面，城牆上雙方戰士激烈搏殺，水面上兩隻戰船相向交戰，水手奮力划槳，躍入水中的戰士正準備出其不意地攻擊敵人。圖案呈現戰國時代美術家高超的藝術水準，在繪畫技巧還不發達的條件下，他們充分發揮平面鋪展的手法，使作品發揮出最大的表現力。

戰國銅塑造型的飛躍

戰國鑲嵌龍鳳方案，家具。器身方形。鑲錯金銀紋飾，下有四隻梅花鹿，兩牡兩牝相間側臥，等距離環列共托一圓環。器物結構複雜，璀璨華麗。

戰國銅女孩像。女孩梳雙辮，面相豐滿。長衣及膝，衣下小裙作襞褶。頭飾貝紋，腰帶間佩削及雜飾。雙手平舉，分持二套筒，頭微仰，表情專注。

戰國銅人。銅人面部造型豐滿，修目闊鼻，口微張，高顴骨，髮從前額上分左右向後梳。此像為研究戰國時期燕國服飾、制度和鑄造工藝提供了重要資料。

戰國時代的青銅藝術在造像上的突飛猛進，使中國雕塑藝術迅速發展。戰國時期，由於青銅工藝的分鑄、焊接等技術的進步，失蠟法的應用，和錯金、銀、銅與鑲嵌技術的風行，使銅塑有條件追求華美奇巧，出現了許多生動、充滿活力的藝術作品。

人物銅塑，主要是用以連接承受器物的人形器座，如洛陽金村出土的幾件青銅人形器座，突破呆板，表現出人物活動的瞬間表情。湖北曾侯乙墓的六個鐘銅人是戰國人物銅塑的代表作，其武士裝束表現得肅穆、剛毅、有力。戰國時動物銅塑也達到很高的藝術水準，其代表作有陝西興平出土的犀尊、江蘇漣水出土的臥鹿、河北中山國墓出土的虎噬鹿器座等。犀尊軀體結構準確，充分表現出大形動物在靜止時的內涵力量；臥鹿據考應是青銅鏡架，鏡懸於鹿角上，但其造型的完整性可視爲獨立的雕塑作品看，充分表現了在靜臥中仍保持警覺的鹿的神態；虎噬鹿器座表現一頭猛虎銜住小鹿向前奔馳，有力地表現了

戰國臥式銅鹿。一有角，一無角，乃一雌一雄。

獸類在激烈搏鬥中迸發出的衝擊力量。這些作品反映出作者對客觀對象的敏銳觀察與高超的表現技巧。

戰國制衡器的發達

春秋中晚期至戰國，度量衡體系逐漸完善，出現了大量銅製量器。在衡器方面《墨子經說》已提到衡、權，說明衡器可能在春秋時代已有出現。楚國製造了小型衡器——木衡和銅環權，用來稱黃金貨幣，是現存中國衡制最早的代表；完整的一套環權共十枚，大體以倍數遞增，分別爲一銖，二銖、三銖、六銖、十二銖、一兩、二兩、四兩、八兩、一斤，一銖重○・六九克，一兩一五・五克，一斤二五一・三克，十枚相加約五百克，爲楚制二斤。

戰國時的銅衡杆，正中有拱肩提紐和穿線孔，一面顯出貫通上、下的十等分刻線，全長相當於戰國的一尺，每等分爲一寸，形式既不同於天平衡杆，也有異於稱杆，是界乎天平與桿秤之間的一種衡器，現暫稱爲「不等臂天平」。它可以把被稱物與權放在提紐兩邊不同位置的刻線上，即把衡杆的某一臂加長，這樣，用同一個砝碼就可以稱出大於它一倍或幾

戰國木衡與銅環權。木衡與銅環權，是戰國時期一套完整的權衡器，其中銅環權的重量大體以倍數遞增。此衡器是從戰國時期的天平演變而來，是尺寸和砝碼相結合的產物。

倍的重量。這是桿秤的雛型。

〈禹貢〉：地理學產生

〈禹貢〉託名大禹，作於戰國時代，作者不詳，是較早的地理著作，爲《尚書》中的一篇，從地理學角度來看，其價值在《山海經》之上。書中假託大禹治水經過，把中國東部按自然條件中的河流、山脈和大海等自然分界，劃分爲九州。從冀州開始，依次是袞州、青州、徐州、揚州、荊州、豫州、梁州和庸州。同時分別敘述每州的山脈、河流、藪澤、土壤、物產、交通、田賦、民族等情況。〈禹貢〉之所以比《山海經》高出一籌，是因爲它不僅僅羅列各種地理事物，而是在劃分九州的基礎上，萌生了顯示自然區劃的思想；同時它還用區域對比的方法，反映各州的不同地理景觀和地帶性的特點；以及對九州的土壤進行了分類。〈禹貢〉對於當時以黃河爲中心的水系網路記述得井然有序，提供了古河道情況的寶貴歷史資料。

〈禹貢〉還有「導山」和「導水」兩部分，對於山系和水系的描述明瞭而準確。「導山」部分從北向南順序列出了四條山列，自西向東延伸，而且是西部集中，東部分散，正確反映了中國西部多山、東部平坦、西高東低的地形特點。「導水」部分對九條河流的水源、流向、流經地區、匯納的支流和河口等內容都作了敘述。可以說〈禹貢〉是中國歷史上首部自然地理考察著作和原始的經濟地理著作，也是現存最早的全國性區域志。

組合數學先驅：河圖與洛書

河圖、洛書據傳是《周易》八卦的來源，《周易．繫辭上》說：「黃河出圖，洛水出書，聖人以之爲準則。」河洛之辭最早見於《尚書．顧命》，後又見於《論語．子罕》。河圖洛書原來只有河圖一個圖式，至南宋劉牧而發展出兩個圖式，九宮圖爲河圖，五行生成圖爲洛書。其圖如左：

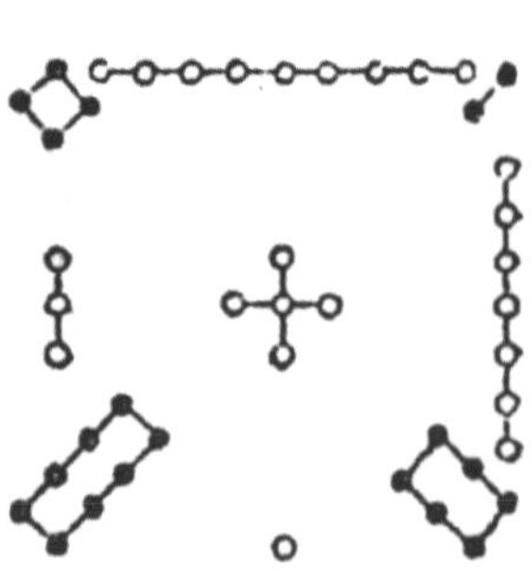

河圖

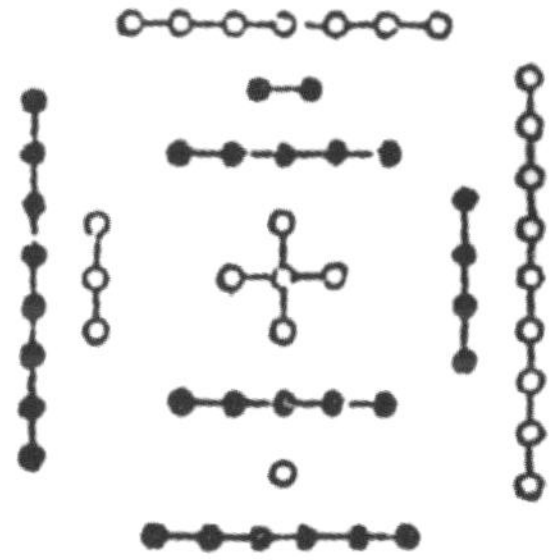

洛書

河圖的數學解釋眾說紛紜，洛書則顯然是一個三階幻方，其橫、縱、對角線各行三數之和都是十五。據北周甄鸞注《數術記遺》：「九宮者，二四爲肩，六八爲足，左三右七，戴九履一，五居中央」，而其數位排列形式已流行於西漢時期的著作中，因此一般認爲其產生的年代不會晚於戰國時期，是世界上最古老的三階幻方，其組合數學的原理在世界上屬最早。

《孫臏兵法》成書

戰國中期孫臏及其弟子們寫下一部中國古代著名的兵書，即《孫臏兵法》，古稱《齊孫子》。

該書繼承並發展了《孫子兵法》等書的軍事思想，總結了戰國中期及其以前的戰爭經驗，在戰爭觀、軍隊建設和作戰指導上都提出了許多有價值的觀點和原則。

孫臏像。孫臏是戰國時齊國著名軍事家，是孫子之後中國歷史上又一位戰爭謀略大家。

在七國紛爭的戰國時代，戰爭必不可少，且對一個國家的盛衰起著重大影響。孫臏認爲「戰勝而強立，故天下服矣」，否則就會「削地而危社稷」。這種思想符合當時爭雄的客觀需求。

在軍隊建設上，此書提出首要的問題是「富國」，一個國家只有富裕充足了，「強兵」也就有了可靠的基礎與保障。關於強兵，它重視訓練、法制和將帥條件，提出「兵之勝在於篡（選）卒，其勇在於制」；即士兵要嚴格挑選、嚴格訓練，有良好的組織編制，做到賞罰嚴明，令行禁止。對於將帥的看法，它認爲他不但要具備德、信、忠、敬等品質，更應善於用兵之道，即要「破強敵，取猛將」。

在作戰指導上，強調要「知道（取勝之道）」，認爲「安萬乘國，廣萬乘王，全萬乘之民命者，唯知道」。《孫臏兵法》一書把孫武所說的「道」加以發展，把它看作是戰爭的客觀規律。所謂「知道」，具體總結地說就是「上知天之道，下知地之理，內得其民之心，外知敵之情，陣則知八陣之經」。強調創造有利的作戰態勢，即所謂的「孫臏貴勢」（《呂氏春秋・不二》）。孫臏發展了孫武「我專而敵分」的理論，提出了以寡勝眾、以弱勝強的戰法。這在齊魏馬陵之戰中和歷史上有名的「圍魏救趙」中，得到了充分體現。他還主張「必攻不守」的戰略，不以防禦爲主，重視攻取城邑和陣法的運用。

《孫臏兵法》早有著錄，《漢書・藝文志》載：「《齊孫子》八十九篇，圖四卷。」其後失傳，不過在《史記》、《通典》等古籍中仍保存了少量佚文。一九七二年四月，山東臨沂銀雀山漢墓出土了一批孫臏論兵的竹簡，經過整理、注釋，編纂爲《孫臏兵法》，共三百六十四簡，一萬一千餘字，分上、下兩編，各十五篇。這些出土竹簡爲瞭解《孫臏兵法》原稿提供了珍貴材料。

人物小事典

孫臏圍魏救趙

孫臏是孫武後代，生於阿、鄄（今山東省一帶）之間，曾與龐涓一起學習兵法。龐涓當上魏王的將軍，但覺得自己才不如孫臏，害怕被取而代之，便設計陷害孫臏。他召來孫臏，砍掉孫臏的膝蓋骨，並在他臉上刺字。齊國使者至魏，孫臏以罪人之身祕密與他相見，向他進行遊說。齊國使者視之為奇人，將孫臏偷偷載到齊國。齊國將領田忌待之如賓客，孫臏亦倍感其知遇之恩。

田忌曾多次與齊國諸公子賭賽馬，勝負參半。孫臏見他們的馬足力相去不遠，而分為上、中、下三等進行競賽，便鼓動田忌下大注，並授之以制勝之道，用下等馬對他們的上等馬，用上等馬對他們的中等馬，用中等馬對他們的下等馬，比賽結果，田忌一負兩勝，獲齊王千金之賞。田忌嘆服孫臏的才華，向齊威王舉薦，齊威王尊之為師。

孫臏任職後，積極出謀劃策，很快就為齊國奪取了「圍魏救趙」之戰的勝利。趙國為兼併土地和擴張勢力，曾進攻衛國，迫使其入朝。衛國原來朝於魏，現在改朝趙，魏國當然不甘坐視，遂起兵伐趙，率宋、衛聯軍包圍趙都邯鄲。齊威王四年、魏惠王十七年、趙成侯二十二年（西元前三五三年），趙國向齊求救，齊國以田忌為將、孫臏為軍師，率兵馳援。孫臏認為，魏國攻趙，精銳之師一定都在前線，內部必然空虛，如果率兵直搗大梁（今河南開封西北），迫使魏將龐涓回救本國，再在龐涓回兵必經途中，選擇有利地形設伏，猝然出擊，便可以「一舉解趙之圍而收弊於魏」。

田忌採納了孫臏的計謀。其時魏將龐涓領兵八萬，到達茌丘（今地不詳），將圍攻邯鄲。田忌也帶八萬齊軍，按照孫臏之計，向南進攻處於宋衛之間的戰略要地平陵（今山東鄒縣。一說在今河南睢縣），並準備直趨大梁城郊，迫使龐涓回師自救。齊國進攻平陵的兩個都大夫的軍隊在途中大敗。孫臏派輕快戰車向西直趨大梁城郊，使魏軍感到震怒。孫臏又將自己的軍隊分散，予敵人兵力單薄的錯覺，誘使龐涓怒而輕敵，放棄輜重，用急行軍兼程趕來。龐涓率軍到達桂陵（今河南長垣縣西北）時，孫臏率兵出其不意地襲擊魏軍取得大勝，並活捉龐涓。此役孫臏採用避實擊虛、「攻其所必救」之法，「圍魏救趙」，大破魏軍，成為著名戰例。

璽印產生並流行

春秋中晚期以後，璽印大量產生，並流行於各個地域、各個階層。璽印的產生及其普遍應用，與當時社會經濟的發展有密切關係。

首先是農業和手工業生產已有很大發展，鐵製工具普遍應用，城市經濟已經建立，許多國家都出現了較大的商業城市和中、小型集市，國家之間和城市之間的水陸交通皆有一定的發展。唯有在這樣的經濟基礎之上，才能進行較大規模的貨物交換和國與國之間的貿易往來。爲了謀取商業利益，在頻繁的交易中，就需要辦理一定的行政手續，因而作爲一種信物的憑證——璽印，應運而生。春秋中葉以後，王室的勢力衰微，各大諸侯國的經濟力量均有不同程度的發展，如齊國不僅地廣物博且鼓勵人民經商，晉國商人富比國君，鄭國富商大賈更可直接參與政治，越國大將軍范蠡則棄官經商而成巨富。

經濟的發展，必然促進政治上的巨大變革。春秋中葉以後，是中國歷史上一個急劇轉變時期。由於生產力的提高，私有土地得到空前的發展，伴隨而來的明顯變化，首先是傳統的宗法制度遭到嚴重的破壞，使靠血緣關係維繫的世卿世祿制度也隨之瓦解。舊貴族的勢力日益沒落，新興的地主階級和相當於士一階層的知識分子，得以參與國家機構的管理。但這樣一批新官吏既非名門貴族出身，又沒有近親的血緣紐帶，全憑自身才能或戰功而取得顯赫官職，必然會引起國君對他們進行種種控制，他們則竭力擺脫控制以維護自己的權利。這就需要有一種信物來體現他們和國君之間的從屬關係，以及執行其職權的憑證。得到這種憑證，無論是對上下官吏或同僚之間，均能互相保護和支持，得使平日政務順利執行。這種憑證就是由國君授予官吏的官璽。據《韓非子》記載：西門豹初爲鄴縣縣令的時候，第一年，魏文侯很不滿意他的政績，而「收其璽」，即罷官繳璽。西門豹請求再讓他繼續留任一年，「願請璽復以治鄴」，後來西門豹在任內自己覺察到重斂了百姓，於

（戰國）甫易都右司馬

是「納鑈而去」，即交回了官璽，辭去了官職，這說明在戰國時代官印的普遍使用。

璽印的起源，還必須具備一個條件，即青銅工藝技術的發展。春秋中葉以後，青銅工藝發生了很大的變化，不僅發明了焊接技術，變渾鑄為分鑄，而且在雕琢花紋方面出現了捺印板的新工藝。這種青銅工藝方面的花紋印模，為璽印的發明提供了重要條件，可以說璽印就是在這種捺印板技術的啓發下產生出來的。

璽印產生於戰國之前，但主要流行於戰國時代，現存先秦璽印基本上是戰國印。

戰國正名之風興起

《莊子・天下》記錄的宋研、尹文是最早的正形名的人物。他們都以名為物形的反映，這是最早的概念的內涵、外延、名稱的劃分。它以形為物之概念的內涵，具有很重要的意義。它的正形名要求本身是個邏輯進步，但直接起源於對詭辯的反對，因而宋研強調正名的法則。在他們中，尹文由本體論（道）說了形的產生。但更重要的是，對於抽象概念（無形的名），他提出了「尋名以檢其差」，也就是取其外延的形的公分母的方法。他把名（概念）分為三科（體詞與謂詞的不正確分類），他分

戰國龍鳳玉佩。係用五塊白玉石分別雕琢成龍、鳳、璧環形飾件，共為十六節。其中除有六節成雙外，其餘多不相同，或大小有別，或形狀各異。各節飾件的兩面或一面雕有花紋，共雕出三十七條龍、七隻鳳鳥和十條蛇。以三個橢圓形活環將十六節玉飾連成一串，可摺捲；活環上均有榫頭和銅銷釘，可裝卸。

謂詞爲名（體）與分（謂，相當於形，內涵），指出了二者的分離。

彭蒙、愼列、申不害、屍佼等人對正名的方法及其本體論來源有很多議論，現在保留的不多，但可以看出他們走向形而上學化和瑣碎化。相反，留傳下來的是以其詭辯吸引人的惠施和公孫龍的東西。

正名思想在戰國的興盛與儒、道兩家有關，孔子、孟子的正名論是一種政治和倫理工具，老子從其本體論出發要去辯去名，莊子從其相對主義認爲辯不如不辯，法家也從法制角度強調了正名。在正名（其實是正實）中採取什麼原則，各家所用不同，儒法也以具體正名爲主而少理論。實際上，惠施的合同異已不止是詭辯，而是概念的任意過渡，但在他的具體論述中可以發現，他在名、實、物、種屬幾種不同的東西之間轉換，雖然把它們都作爲實物是錯的，但至少說明他已對它們有較熟練的掌握。

戰國時代以正名爲主導的對於名與實、形與物、種與屬（當然在戰國它們叫不同的名字）的研究達到了相當高的水準，並且與本體論和政治功用聯繫了起來。

人物小事典

屍佼

約西元前三三〇年，屍佼卒。屍佼又稱屍子，魯人（一說晉人）。秦相商鞅曾向他學習。他曾經參與商鞅變法，商鞅被誅，他即逃往蜀地。屍佼主張法治，首創「名」與「法」的觀念，提出了「賞罰隨名」的思想，在民法上具有重要作用。

屍佼不僅是一位法律思想家，而且是一位天文學家，他提出了星辰東起西落、地球從西向東轉的地動說。他的這些重要思想都是十分有價值的，本人又是一位社會活動家。屍佼是中國思想家中值得重視的一位。世存《屍子》一書傳為屍佼所作，但其中有多少屍佼本人的思想已無法辨認。

鴻溝水利工程動工

西元前三三九年，魏國在都城大梁（今河南開封）北郭開挖大溝，連接圃田（古代著名湖泊之一，在今河南中牟縣西），使之與黃河至圃田之間的運河相接，引黃河水灌溉農田。此爲鴻溝水利工程的北段，也是最早開鑿的一段。後經各國陸續開鑿，終於完成戰國時期中原最大的水利工程——鴻溝。

鴻溝的主幹，從今河南滎陽以北，與濟水一起分黃河水東流，經魏都大梁折向東南，流經陳國的舊都（今河南淮陽），在今沈丘附近注入潁水；潁水又下流注入淮水，溝通了黃河與淮水水系。鴻溝又有丹水、睢水、濊水三個分支：丹水從大梁東流

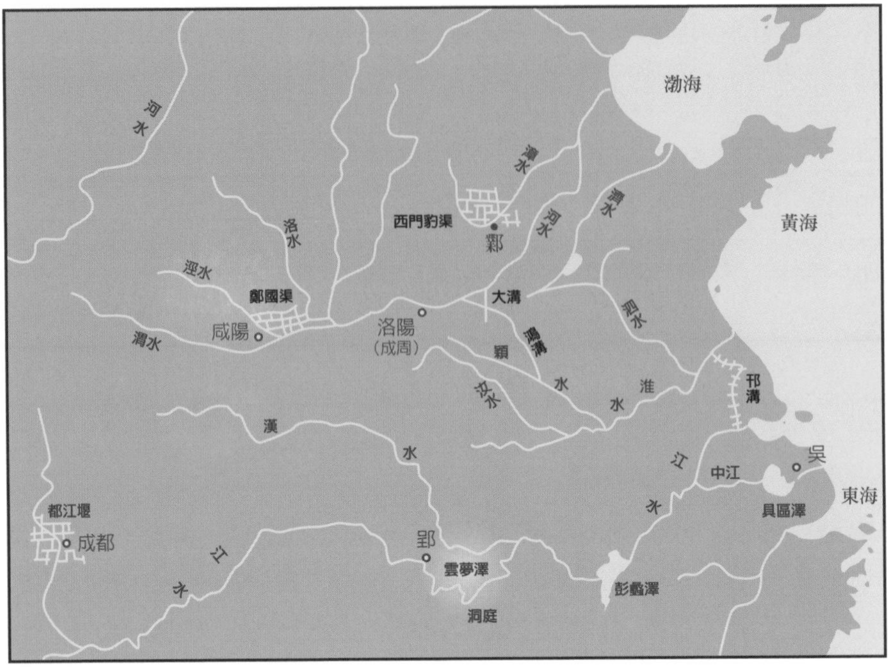

戰國水利工程圖

直到彭城（今江蘇徐州），再注入泗水；睢水在大梁以南分出東南流，經過宋都睢陽（今河南商丘東南），經今安徽宿縣、江蘇睢寧以北，注入泗水；濊水也在大梁以南分出東南流，經過蘄（今河南宿縣南）注入淮水。

鴻溝的設計與開鑿，巧妙順應東南部比較低下的地勢，構成了濟、汝、淮、泗之間的水道交通網，顯示了當時水利工程技術水準的進步。

惠施提出十命題

惠施是一位傑出的政治家，但他更爲人所知的是他作爲戰國時期名辯思潮中「合同異」學派的主要代表人物，他非常博學、善辯，經常與莊子相辯，《莊子・天下》篇記載了惠施爲強調事物的異中之同，糾正人們往往只見事物的差異性而忽視同一性的偏頗，提出了「歷物之意」的十個命題。

一是「至大無外，謂之大一；至小無內，謂之小一」；二是「無厚不可積也，其大千里」；三是「天與地卑，山與澤平」；四是「日方中方睨，物方生方死」；五是「大同而與小同異，此之謂小同異；萬物畢同畢異，此之謂大同異」；六是「南方無窮而有窮」；七是「今日適越而昔來」；八是「連環可解也」；九是「我知天下之中央，燕之北、越之南是也」；十是「泛愛萬物，天地一體也」。其中一、五、十是惠施的主要命題，集中表述了惠施的哲學和邏輯思想，體現了「合同異」的思想特色。

第一個命題是講宇宙空間的無限性和相對性，惠施對「一」作了兩極的極度分解：「大一」可以大到無所不包，「小一」可以小到不能再分割。這實質上觸及到宇宙宏觀的無限大和宇宙微觀的無限小的問題，具有較高的理論價值，推進了人類辯證思維的發展。第五個命題是講事物之間整體與部分的「同」、「異」關係，例如牛、馬和人都屬於動物大類，這是「大同」，而牛和馬又是動物中的獸類，這是「小同」，但牛與馬之間又有差別。可見人與牛、馬之間既有差別又有同一性。據此惠施把事物這種同異關係推及宇宙萬物，找到它的「同」和「異」。從萬物都作爲物這一點來看，是「畢同」。但就其各自作爲特定的事物而言，物與物之間總有差別，可以說是「畢異」。這種宇宙萬物的「畢同」、「畢異」，就是惠施所謂的「大同異」。惠施的「合同異」思想，表明他看到了事物的差異之間也有其同一性，並且猜測到物質世界既統一又多樣，這是辯證思維的方法。但惠施在論述問題上特別強調事物的差別是相對的，相同才是絕對的，如此「同」與「異」就會成爲完全不確定的概念，容易陷入相對主義。第十個命題是惠施思想的總結。因惠施思想的基本傾向是合「異」爲「同」，萬物都有「畢同」的一面，並具有絕對性，就應對萬物一視同仁地看待，應無差別地「泛愛萬物」。

「歷物之意」中的其他一些命題則是「合同異」這一基本思想的具體運用。第二、三、六、九等四個命題是講空間的相對性，四、七兩題則涉及到時間上的相對性，命題八是對當時流傳的「連環不可解」看法的反駁。

戰國金盞、金勺。盞、勺均鑄造而成。勺端鏤空雲紋。盞蓋為方唇、折沿，圓頂上附以環式提手。盞身為直口、淺腹、圓底。腹外有兩個對稱的環狀耳，底部有三個倒置狀的鳳形足。蓋及盞腹鑄有精細的蟠螭紋和雲紋，此盞為曾侯乙墓出土金器中之精品，也是現知先秦時期金器中最大、最重的一件容器類製品，代表了這一時期貴金屬工藝的成就與特點。

惠施的十命題是戰國時代哲學和邏輯學的重要成就之一，是戰國思想、學術繁榮的結果，其思辯性和邏輯技巧一直未被後代超過。

人物小事典

公孫龍論辯「白馬非馬」

公孫龍（西元前三二〇年～前二五〇年）是平原君的門客之一，趙國人，戰國著名的名家，他論述精微，創「離堅白」說。公孫龍認為，一塊石頭的白色與堅硬的性質是相互分離的。當人們看一塊石頭時，可以看到它是白色的，卻不能同時看到它是堅硬的；而人們摸這塊石頭時，可以摸出它是堅硬的，卻不能同時摸出它是白色的。因此白與堅是相互分離的。

白馬非馬，也是公孫龍最著名的命題。公孫龍認為「白」是指事物的顏色，「馬」是指一物的形體，描述顏色的概念與描述形體的概念是不同的，因此白馬不等於馬。白馬非馬如果是說白馬不屬於馬類，那顯然是詭辯，如果說白馬非馬是指白馬的概念不等於一般的馬的概念，那就是正確的。白馬非馬的命題強調了種概念與屬概念的區別，在邏輯學上是有意義的。公孫龍著有《公孫龍子》，其觀點除上述兩點外，還有「指物論」、「通變論」、「名實論」等。

秦初行錢、齊國刀幣和楚國金幣

西元前三三六年，秦國統一鑄造銅幣，流通於市。銅幣形制爲無郭圓錢，有「一珠重一兩」、「半兩」等種，以兩爲重量單位。「圓錢」與「刀」、「布」等同爲貨幣的一種，但「圓錢」對後世幣制影響很大，「圓錢」被一直沿用下來。

刀幣是由古代的石刀演化發展出來的。刀幣的流通地區是齊國、趙國和燕國的部分地區，而以齊國最爲典型。齊國專門使用刀幣，其刀幣形制較大而幣頭較小。齊國刀幣中，齊國故都臨淄出土的一件「齊大刀」刀幣是用頗爲先進的疊鑄法鑄成的，非常珍貴。

楚國爰金在戰國時代大量使用，成爲當時主要黃金鑄幣。黃金品質均一，價值穩定，耐久耐磨，又可以任意分割，攜帶貯藏方便，比珠玉、龜貝、刀布、絹帛都要優越。黃金的單位價值高，比各種銅鑄幣更適合於高額交易。因此，隨著春秋戰國時期貨幣經濟的發展，黃金開始成爲貨幣。

春秋戰國時期，諸侯割據，政制不一，布、刀、錢、貝等貨幣都是區域性貨幣，以促進經濟進一步發展，而黃金在全國各地的通行不僅極大地促進了各國間的商業交往和各國經濟政策的改革，而且促進了全國政治統一的形成，甚至影響到社會習俗與觀念的變化。

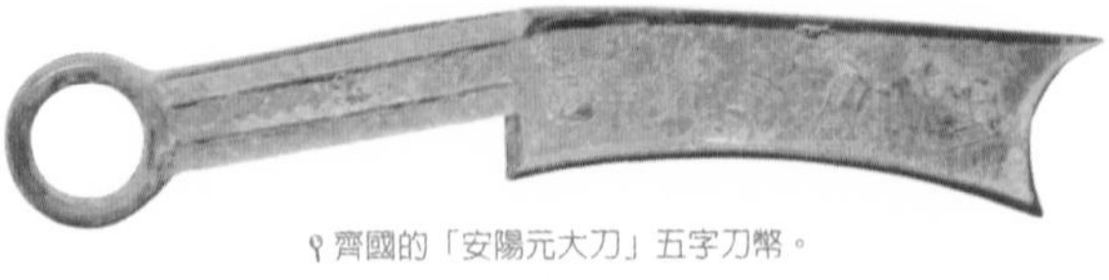

齊國的「安陽元大刀」五字刀幣。

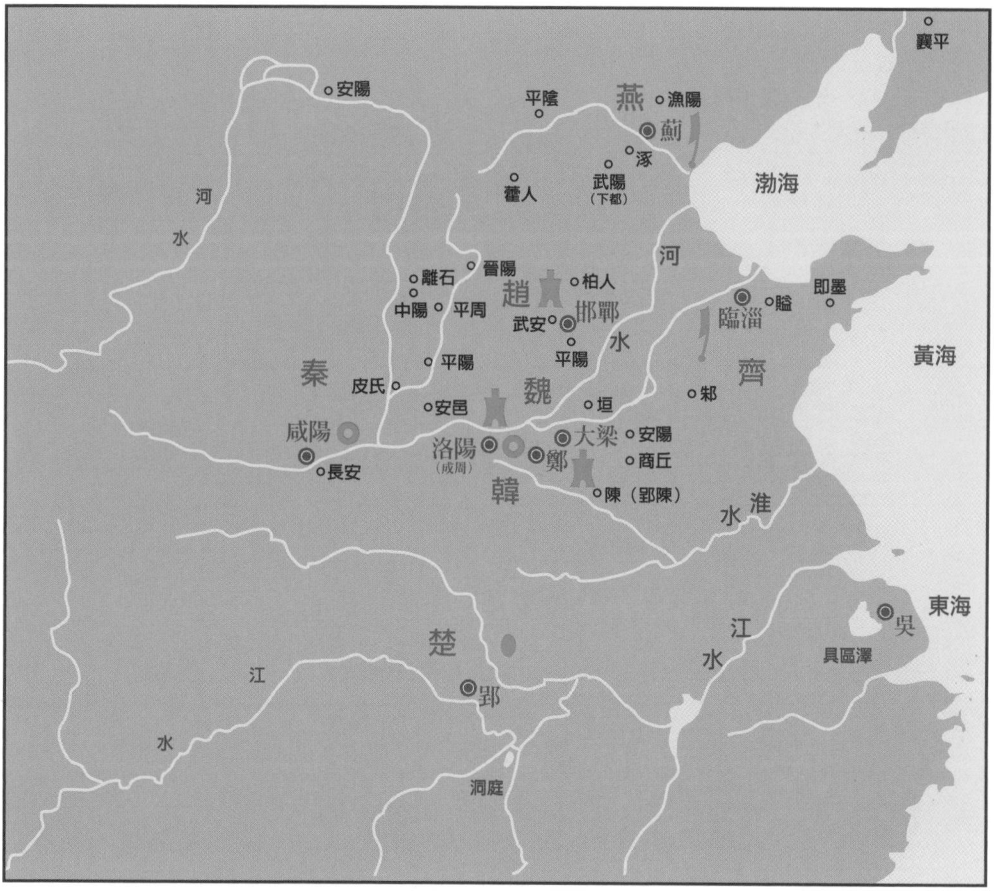

戰國時期貨幣流通示意圖

①

②

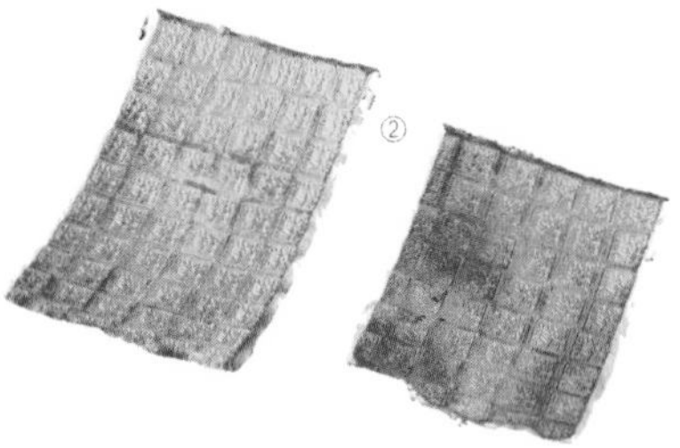

① 戰國垣字環錢。戰國時期的貨幣，隨著布幣和刀幣的演進，產生了呈圓形的「環錢」，又稱「圜錢」。環錢流通於除楚國以外的廣大地區，是承上啓下的一個重要貨幣種類。

② 戰國爰金。爰金，是春秋戰國時期出現的黃金貨幣，以鎰（二十兩）、斤（十六兩）計量。幣中印有「郢爰」或「陳爰」等字樣。「郢」為楚國都城（今湖北江陵縣），「爰」是古代重量名稱。「爰金」流通於南方楚國地區，是中國最早的黃金鑄幣。楚國鑄造的爰金以若干小方塊連在一起，中間有格，以利切開，每一小塊為一標準單位，也可在使用時臨時稱量。後黃金成為全國通行的標準貨幣，其單位有斤（十六兩）、鎰（二十兩）和金（一塊黃金）。

人物小事典

聶政刺殺韓相俠累

周安王五年（西元前三九七年），聶政刺殺韓相俠累。

濮陽人嚴仲子，原來事奉韓哀侯，後與韓相俠累發生隔閡，恐被俠累誅殺，便逃亡在外，尋求可替他報復俠累的人。嚴仲子到齊地聽說聶政是位勇敢豪俠之人，便去拜見他。聶政原因殺人而躲避仇家和母、姐居於齊地，以屠宰為業。嚴仲子奉黃金百鎰為聶政之母祝壽，聶政驚怪其厚禮而固謝絕。聶政說：「臣幸有老母，家貧，客游以為狗屠，只求能夠養家糊口也就行了，不敢當您的厚賜。」嚴仲子遂將自己的用意說明。聶政謂：「臣所以降志辱身，居市井屠，徒幸以養老母，老母在，政身未敢許以人也。」嚴仲子固請，聶政堅辭不受，嚴仲子只得備賓主之禮而去。

過了一段時間，聶政母死。聶政埋葬了母親，待除去喪服以後，思忖自己乃市井之人，是個普通的屠戶，而嚴仲子卻不遠千里而來結交，並奉黃金百鎰為母親壽禮，雖然沒有接受其金，但也深知嚴仲子是一有識之士。原先之所以拒絕嚴仲子的邀請是因為老母尚在，今老母已終天年，自己理當為知己者用。於是，聶政西至濮陽見嚴仲子。嚴仲子告訴他，其仇人是韓相俠累。俠累是韓君的季父，宗族盛多，居處兵衛森嚴，很難下手報仇。嚴仲子想派車騎壯士為聶政的助手。聶政認為人多易走漏消息，便獨自前往。聶政杖劍至韓，俠累正坐於府上，持兵戟而衛侍者甚多。聶政直入，上階刺殺俠累，左右大亂。聶政大呼，連續擊殺數十人，自己用劍刺壞皮面，抉出眼睛，破裂腹腸，使人難以辨認，許久才死去。

韓國官府將聶政曝屍街頭，懸賞讓人辨認，卻沒有人能認得出來。韓又懸賞殺相國俠累的同案犯，也沒有得到頭緒。聶政之姐聶荌聞有人刺殺了韓相而將刺客曝屍，便趕緊到韓國，伏在弟弟屍體上痛哭極哀。有人說刺客犯了滔天大罪，竟敢來認刺客為親人，道不怕死嗎？聶荌說：「我弟弟是為了我的緣故才自毀其身讓人無法辨認的，我怎麼能為自己的安危而埋沒弟弟的俠義英名呢！」聶荌遂大呼蒼天而死於聶政屍體之旁。

漢畫像磚刺客圖

楚國流行簡策

戰國時代楚國大量使用簡策，現在考古所見先秦簡策都是楚國的，雖然這與楚國防腐技術有關，不能說北方各國不使用簡策，但楚國的簡策是極其重要的。

簡策是中國早期的書籍形式之一。在造紙技術發明以前，中國古代書籍主要是用墨寫在竹木簡上。人們將竹木劈成狹長的細條，經過刮削整治後在上面寫字，單獨的竹木片叫做「簡」；若干簡編連起來就叫做「策」（亦寫作「冊」），這是現在稱一本書爲一冊書的起源。先秦時期的古籍，最初就是寫在簡策上而流傳下來的。

戰國時期的簡策現代發掘只出現

簡策是中國最早的正式書籍，約在西元前八世紀前後出現。西晉杜預在《春秋經傳集解序》中說：「大事書之於策，小事簡牘而已。」這種用竹木做書寫材料的「簡策」（或簡牘），在紙發明以前是中國書籍的主要形式。將竹木削製成狹長的竹片或木片，統稱為簡。若干簡編綴在一起叫「策」（冊），又稱為「簡策」。編綴用的皮條或繩子叫「編」。圖為中國歷史博物館藏竹簡卷冊。

於楚國，如《信陽楚簡》，出土於河南省信陽市北，出土的竹簡共分兩組，一組存四七〇餘字，內容是一部古佚書，其中記述有周公所說的一段話；另一組共二十九支，內容是記錄隨葬品的清單。

簡文字體與長沙仰天湖楚簡大體相同，也是戰國時代的楚國古文。字體呈方形，結構緊密，用筆平緩而流暢，筆畫勻稱，表現出一種挺拔的書寫風格，藝術價值高。

戰國文字異形局面

經過春秋至戰國數百年的分化發展，戰國時代各國形成了不同的文字風格和形體體系，對當時的文化、政治產生了影響。

秦文字的保守性是非常強的，在文字的結體與風格上，都還保留著中周以下的特點，與其他各國迥異。到了戰國中期以後，俗體一類的寫法也有侵入到秦文字中，都是後來產生秦隸的因數。但秦文字的俗體字發展的趨勢，事實上已將篆文的圓筆拉直，使形體變爲平直正方（見秦簡牘與小篆對比例），這也是漢字後來發展的趨向。

楚系文字在戰國中期以後的書風趨向卻是筆勢圓中有方，結體不平不直，內圓外方。代表的書體是楚帛書，這種風格在出土的望山簡、包山簡上也明顯地反映出來。

對於燕國的文字，我們目前所能看到的材料主要是兵器與璽印之類。這兩類材料的性質，由於與燕國的正體字應有一段距離，就現有的材料對燕文字下結論，無疑尙爲期過早。

中原大國在文字書寫系統中所表

現出來的則是彼此參雜、交互影響的線索。當我們用歷時的方法去檢查齊國的文字材料時，並不太容易掌握它的演變，譬如陳喜壺與陳逆簠年代相近，但風格不類。陳肪簋蓋那種較疏闊的書風，跟它前後的標準器比較，表現得很不協調。

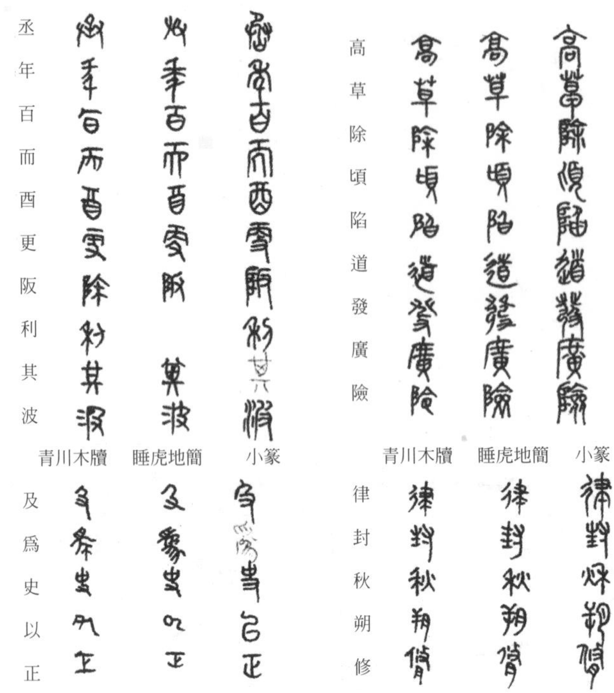

戰國文字比較

南北與東西差異：

春秋中期以後，在南方和東方的一些國家，逐漸流行一種狹長的字體，非常美觀整齊。譬如吳王光鑒、王孫遺者鐘等。甚至齊的鄀公華鐘都有這種傾向，只是沒有吳、楚等南方國家那麼詰曲。而在北方的晉國，有另一種風格的字體興起，如著名的智君子鑒、尊子鳥尊等。這些器上的銘文筆畫中豐末銳，與侯馬盟書、溫縣盟書用毛筆所書的字體相近，這大概就是所謂「蝌蚪文」。在過去歷史上曾出土過的戰國文字材料，古人曾稱為蝌蚪，相信就是類似的風格。其實這應該就是春秋戰國之際在北方流行的文字。從智君子鑒、吉日壬午劍上的形體風格，可以與齊國的禾簋相比較。後者明顯是受到了晉國這方面風格的影響，否則我們也不容易解釋齊國這兩件標準器的特徵是怎麼來的。

上面提到南方那種狹長的風格與北方這種中豐末銳的特色在戰國中期的器上，有明顯的反映。十四年陳侯午敦與韓的哀成叔鼎為什麼那麼相近，主要是南、北風格在戰國中期交匯所產生的影響。而中山王錯鼎與方壺上的字體風格，更明確地指出了這種審美趣味的合流。中山王錯諸器字

體狹長，而筆畫卻中豐末銳。它們與十四年陳侯午敦的差異，只在於後者沒有那麼過分強調這種特點而已。這種書風的影響是巨大的，在戰國中晚期的楚國器物中也有明顯受到這種風氣影響的例子。如秦王鐘那種筆意，跟同期的鄂君啓節、曾姬無恤壺等完全不同，而與齊、晉風格相呼應。

春秋戰國時期的書體風格，大致可分爲兩個階段。前階段是南、北的差異，後階段是東、西的異同。秦國僻處西陲，在早期完全是閉關自守，不與中原諸國相交往，故此保留著宗周文字的純潔性。在五霸爭雄的年代，南北交匯的情況相當普遍，這使戰國中期以後，南北文字風格、結體多有互相影響的地方。而秦自穆公以後，才開始打開自守的局面，到孝公變法以後，由於國勢強大，與中原諸國戰爭、合盟的機會多了，才開始受東方文字的影響。但由於保守的風氣，本身的書風並沒有大變。

然而，戰國時代文字書寫系統是不可能眞的雜亂無章的，否則便不能滿足社會交際的需要。因此，關於戰國時期「文字異形」的說法，是一個被混淆了的概念。它已不是專指某一時期、不同地域上文字結體與書法風格的差別，而是對整個時代文字書寫系統的一種印象式的概括。這種印象主要來源於幾個方面，這當中既有地域性的不同，也有時代的先後，以及書寫工具所反映書風上的差異，更有來自不同書手、不同書寫態度和習慣所導致的變素。當我們後人將這兩百多年的文字材料不加區分地壓在一個平面上來看待時，就會被這些複雜紛亂的材料所迷惑，從而得出戰國時代「文字異形」非常嚴重的結論。這種結論容易引起誤導，使人們忽略了文字書寫體系中更爲重要的共性，即存在相對穩定和趨同的一面，這便是我們從標準器題銘中所得到的一點啓示。

正體和俗體：

所謂「正體」就是在比較鄭重的場合使用的正規字體，所謂「俗體」就是日常使用比較簡便的字體。戰國時代文字異形其中一方面的表現，是由於俗體字大量增加。俗體的大量出現，反映當時使用文字的頻繁。這與社會生產力的提高、商品交換的發展等因素是分不開的。由於文字被廣泛地使用，使用者的階層、文化背景並不一致，這對傳統的正字造成很大的壓力。由於俗體講求簡易速成，簡化、草率的字增加，成爲文字書寫系統中容易引起變異的因素，而發展的方向則是愈來愈簡化。

大體上說，銅器上的銘文與簡

帛、兵器上的文字可分別看作是正體與俗體的代表。由於銅器本身鑄造的性質，其目的是為了垂示後代、褒揚祖先功勳或使用於祭祀，所以字體莊重典雅，不敢草率。然而由於尊古要求，文字保守性強，不一定能代表當時日常應用時所寫的字體。相反，簡牘、帛書等材料是為了日常生活的需要，如記錄、書信、書籍謄抄，往往以方便簡易為主，常有急就草率的情況。在這類材料中所保留的字體，很能反映當時文字結體以至書寫風貌的真相；同時，俗體字出現的頻率較高。

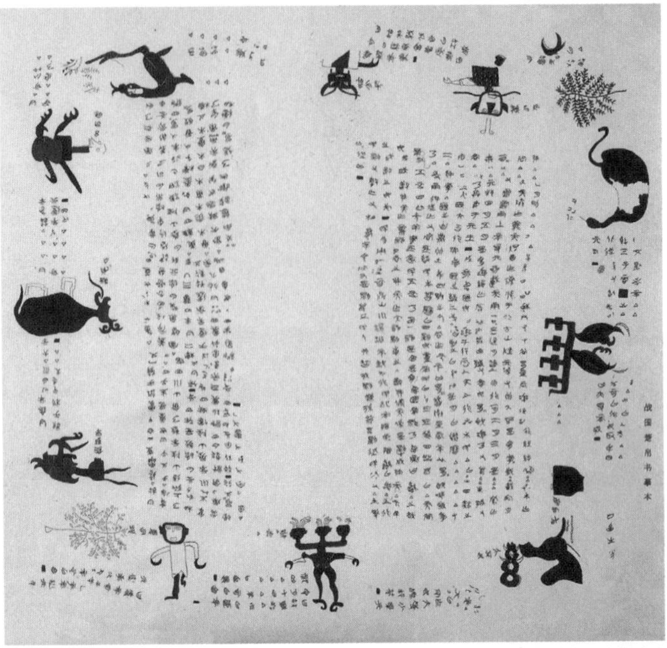

戰國楚帛書。長38.7公分，寬47公分。在白色絲帛上墨書楚國古文九百餘字，中間文字涉及天象災異和舊時晝夜形成的神話傳說。四周彩繪十二個怪異形象，代表十二個月，上夏、下冬、左春、右秋各排三個月，是已知年代最早的帛書。《楚帛書》全篇共九百多字，內容十分豐富，是研究古代文化思想和戰國楚文字的重要資料，也是彌足珍重的書法作品。

書同文：

秦始皇統一天下後所推行的書同文政策。古籍記載「李斯乃奏同之，罷其不與秦文合者」。秦始皇確實意識到大一統國家，在制度、文字上的統一也是必需的，於是從丞相李斯之請，以秦代的正體篆書來劃一文字。然而，從現存的小篆材料（幾塊碑）與銅器、詔書看，這種正體推行是值得懷疑的。我們試將西元前三〇〇年左右的青川木牘與統一天下時的睡虎地簡加以比較，從字體結構到書風都變化不大，而與小篆差異卻不小。始皇是意識到統一文字的歷史潮流，但卻選錯了用來統一的工具——小篆。

事實上，戰國中期以後，各國的文字都有趨於簡化、整合的趨勢。從目前可看見的簡牘帛書材料看，雖然秦、楚在書風上迥異，但字體在簡化與線條化方面，所走的路卻是極相似的。青川木牘在那麼邊遠的地方發現，上面已有大部分形體爲以後的隸書所接受。可見民間俗體走上歷史舞台已是大勢所趨。即使最後秦隸不能因爲政治上的勝利，而登上歷史舞台，統一整個文字體系；在六國文字體系中也會有一種類似的書體最後能代替傳統的正體，劃一文字。這種看法是符合當時的情況的。

可以這麼說，秦代事實上並未能靠其強大的政治力量來統一文字，反而，是在其統治的基礎上，由民間的俗體古隸最後統一了文字。而六國流行的俗體也並不是猝然而亡，從漢初簡帛上的隸書可以看到，六國俗體的成分，仍加入於秦漢古隸之中，彙集而成爲新生的今文字，並最後取代了古文字。

楚聲興起

周平王東遷，王室權勢一蹶不振。在這種政治形勢下，西周初確立的以社會階級制度爲核心的禮樂制度，到春秋時期就每況愈下了。這一時期，禮崩樂壞表現在僭越和瓦解兩個方面。例如，《雍》是歌頌周文王的，按禮樂制度的規定，它只能用於王室祭祀家廟撤除祭品的時候，而魯國當政的仲孫、叔孫、季孫三家大夫，居然也用它來結束祭祀。魯國執掌禮樂的專職樂師，風流雲散，各奔前程。

雅樂衰頹的原因，從社會的角度來分析，是由於諸侯雄強稱霸，對效忠王室的倫常觀念早已棄置不顧，禮樂制度隨之崩潰；從音樂藝術本身來分析，雅樂的僵化，則是它必然衰頹

戰國時期楚國虎座鳥架懸鼓。下部兩虎相背伏臥，大小動態相同，其上兩鳥翹首張喙，分立於虎背之上。鳥尾以榫卯相連，鼓框上有三個銅環縛絲帶，並分別繫於兩鳥的冠、尾連結處，使鼓懸掛於兩鳥之間。虎座大而平，鳥架置於虎座之上，予人平穩之感。

的內在因素。隨著春秋時期文化下移趨勢的發展，民間新樂應運而興，雅樂便伴隨著周王室的衰微日趨沒落了。

新樂之興起，是先秦音樂文化的重要現象，是春秋時期文化劇變中音樂領域裡發生的大轉折。「新樂」，是相對於「古樂」而言；有時又稱爲「世俗之樂」，是相對於「雅樂」、「先王之樂」而言。而最早的稱呼則是「新聲」。新樂是在眾多諸侯國的民間興起的一種生氣勃勃的音樂，範圍十分廣闊，是種眞性流露、熱情奔放，相當、激越動人的民間音樂。

楚聲，是戰國時期楚地的音樂，也泛指長江中游、漢水一帶以至徐、淮間的音樂；亦稱「楚調」或「南音」。戰國時期是楚聲的極盛時代，詩人屈原的《九歌》及其他楚辭作品，多依據楚國民間樂舞歌唱形式而作，《九歌》的詞句中曾對盛極一時的楚聲表演情況與樂器等多有描述。楚國流行歌曲《下里巴人》、《陽阿》、《薤露》等，是「國中屬而和者數千人」。楚聲的音樂形式，反映在楚詞中有「少歌」、「倡」等歌曲結構用語，大約是插入歌曲中間部分的小段或單句。楚聲調式結構，有相和五調中的「楚調」之說。

鄒衍創五德終始說

戰國時期，陰陽家鄒衍（號「談天衍」）有感於治國者日益荒淫奢侈，不能以德治國，乃深觀陰陽消息而作〈終始〉、〈大聖〉等篇，提出了「五德終始」說。

鄒衍在總結早期陰陽學說的基礎上，提出了「五行生勝」的觀點。他認爲：水生火、火生土、土生金、金生水、水生木是「五行相生」的轉化形式，反過來又存在著水勝火、火勝金、金勝木、木勝土、土勝水的「五行相勝」之對立關係。這種五行相生、相勝的特點，決定著自然界的變化，也決定著人類社會的更替。他認爲虞、夏、殷、周的歷史是勝負轉化的發展過程。它按照土、木、金、火、水依次相勝而具有階段性。他預見以後的發展是「代火者必將水」。

五德終始說對後世產生了深遠的影響。秦統一後，推五德之運，以爲秦代周爲水德，於是以十月爲歲首，衣服旄旌節旗皆尚黑；重刑法，刻薄寡思，以合於水德之數。五德終始說爲中國古代的「正閏」思想奠定了基礎。漢以後的歷代王朝都自稱「奉天承運」，把「五德始終說」作爲他們改朝換代的依據。

人物小事典

孟軻的「王道」心性

孟軻（西元前三九〇年至前三〇五年），戰國中期鄒人。他曾遊歷過宋國、滕國、魏國、齊國，最後退居於鄒邑。孟軻在奔走於各國期間努力宣傳王道和仁政，激烈抨擊某些國君的虐政和霸道。他主張效法先王，推行堯舜之道。他將政治體制分為「霸道」與「王道」兩種，認為只有行「王道」者才能成為聖王，為天下所尊崇。

他是個極端天命論者，但他的天命是透過民意、時勢體現的，於是就在一個不可確說的勢、時上將天命與世界結合了起來。同樣的方法也見於他思想的主體：性善論，他也提出了一個類似的，像水流一樣的東西：「性」，將人心與人的行為結合了起來，因此他的絕對心論就透過一個不可確說、只能用流水比喻的性來實現了。在此基礎上他提出了養心、養氣的說法，並且把孔子所未能實現的德政的實施辦法歸結為當權者的一點善心。孟子的內容（德政等）為漢代繼承，他的心、性的概念為新儒家接受，雖然他並未將天命與心看作一回事。中國的心理學從孟子開始。孔子的性習分立以及智力差異啓其端，但孟子是關鍵。他從本體論上借用來一個模式，用來說明心和行之間有個「性」，規定性的性質如流水，並成為性善論的大師。其實他的性善論是心善論，他以惻隱、羞惡、辭讓、是非為心本有，才發展為仁義禮智。他進一步提出了先天的良能良知。孟子的心、性、智等概念都是當時經常討論的問題，但他給出了一個心理結構並建立了心的先天論基礎，是真正的心理學理論。

孟軻像

儒、法之爭

春秋以來，貴族維護其統治的周禮逐漸失去了原有的威力，舊有的典章制度隨之而衰落。因而出現了一批改革家如管仲、子產等，他們頒布法令與刑書，改革田賦制度，成爲戰國時期法家思想的先驅。

法家的創始人李悝任魏相時，廢除了官爵世襲制，按「食有勞而祿有功」的原則選拔官吏，與儒家的「賢其賢而親其親」的重德觀有了差異；他還收集諸國法律，完成《法經》六篇。與李悝同時的吳起在楚國進行政治改革，破除世卿世祿制，強迫舊貴族去邊疆墾荒；雖使楚國強大起來，卻爲貴族所不容，其改革措施甚至被當面斥爲陰謀詭計，最終爲貴族殺害。商鞅在秦國實行兩次變法，其主要內容是開阡陌封疆，廢除井田制，承認土地私有，獎勵農戰，有軍功可授爵位；實行郡縣制，主張嚴刑重罰以杜絕犯罪。但他排斥道德教化，輕視儒家的禮樂，反對效法古代的治世之道。他的變革使秦國富強起來，但卻因得罪貴族而終遭殺害。而申不害、慎到分別強調重「術」和「勢」，反對因循守舊。

到戰國末期，韓非集法家思想之大成，將「法」、「術」、「勢」三者糅合爲一，主張「以法爲教」，厲行賞罰，獎勵耕戰；在理論上直接地批判儒學的治國方法。韓非繼承荀子人性惡的思想，認爲要治理好國家，必須依靠嚴刑峻法，而不能憑藉仁義道德之教，認爲「威勢可以定暴」，「德厚卻不能定亂」。儒家不顧社會的具體情況，言必道堯舜，韓非認爲這「非愚即巫」。在他看來，治國之道隨著時代不同、情況不同應有所變革；在「爭於氣力」的時代，只有實施法制，統一於法才能制服民心，穩定社會，強國富民。韓非甚至將儒家稱爲「五蠹」之一，說他們「以文亂法」，罪當禁絕。韓非把「法治」與儒家的「德治」對立起來，主張「不貴義而貴法」、「不務德而務法」，認爲人們各以「計算之心相待」，根本不會有什麼「恩愛」之心，嘲笑仁義道德不合時勢，揭露了它的虛僞性。

法家對儒家的批判，順應了當時向封建社會過渡的大勢；但是法家「刻薄寡恩」、過分壓制的政策，顯示出其殘暴、酷苛、不合人情，也因此決定它不能一直居於顯學地位。秦亡後，其法治思想被漢儒吸收到儒學體系中，主張德刑並用，成爲上位者維護統治的有力工具。

人物小事典

商鞅刑太子師，遭車裂之刑

商鞅本名衛鞅，是衛國的庶公子，少好刑名之學。商鞅聽說秦孝公下令求賢，向孝公暢談「霸道」，孝公認為商鞅的強國之術可行，於是啓用商鞅，積極醞釀在秦國變法革新。

商鞅在秦孝公支持下，在秦國實行變法，取得較大成效，一躍而入戰國七雄之列，奠定了秦統一中國的基礎。但是，變法從經濟上、政治上剝奪舊貴族特權，損害了他們的利益因而，新法遭到舊貴族的激烈反對。變法令公布以後，以太子駟的教師公子虔和公孫賈為首的舊貴族代表故意違犯法令，阻撓新法的推行。其後，太子駟也犯法令，商鞅認為「法之不行，自上犯之」，但「太子君嗣也，不可施刑」，由其師公子虔、公孫賈代受刑罰，一被處以劓鼻，一被黥面。商鞅的這一舉動維護了法律的嚴正，也推動了新法的推行，但得罪了太子和宗室貴戚，留下了後患。

西元前三三八年，秦孝公死。秦惠文王即位後，公子虔之徒誣告商鞅謀反，又有人用左右大臣權勢太重，國君的地位就危險的道理勸說惠文王早做決斷。秦惠文王遂下令逮捕商鞅。商鞅逃至關下，想住進客舍，主人見他無官府憑證，不敢留他住宿，因為按商鞅之法，收留無憑證之客住宿，與之同罪。商鞅又逃到魏國。魏人怨恨他曾誘擒公子，大破魏軍，不肯接納，並將他送至秦國境內。商鞅逃回商邑，聚集邑兵攻鄭，但寡不敵眾，商鞅被秦兵殺死在彤，又被處以車裂之刑，盡滅其家。

商鞅方升，量器。斗為長方形，直壁，後有長方形柄。方升外側有銘文三十二字，記秦孝公十八年（西元前三三四年），齊國率領卿大夫來秦訪問，是年冬，大良造鞅乃積算以十六寸五分之一寸為一升。

商鞅方升銘文。升的底部刻有秦始皇二十六年統一全國度量的詔書四十字。從方升銘文記載可知此為商鞅統一秦國度量所規定的一升容積的標準量具，說明秦始皇是以商鞅之製作為統一全國度量制度的標準。

戰國釀酒

戰國時期，釀酒技術有著顯著的進步。《禮記・月令》中稱釀酒時「秫稻必齊，麴必時，湛熾必絜，水泉必香，陶器必良，火齊必得」，把釀酒全過程中應注意的各種問題都說到了。麴糵（酵母）中的毛黴和酵母菌都是極敏感的微生物，水中稍有雜質，就會影響菌類的活動，所以要求「水泉必香」；「陶器必良」可避免雜菌的滋生；「火齊必得」是指溫度的控制。一九七四年至一九七九年，在河北省平山縣一戰國墓中出土了兩銅壺中國現存最早的陳酒——戰國麥釀酒，距今約二千三百年。

戰國中山王墓盛在銅壺內的酒是保留至今最早的中國古酒。

屈原作《九歌》、〈天問〉、〈離騷〉

《九歌》本是遠古的樂曲名。屈原的《九歌》是在楚地祀神歌舞的基礎上創作而成的，它包括〈東皇太一〉、〈東君〉、〈雲中君〉、〈湘君〉、〈湘夫人〉、〈大司命〉、〈少司命〉、〈河伯〉、〈山鬼〉、〈國殤〉、〈禮魂〉共十一篇作品；〈禮魂〉是送神曲，〈國殤〉祭奠爲國捐軀的將士，其餘九篇，各祭一位天神地祇。

《九歌》帶有濃厚的宗教情調，普遍採用由男女巫覡扮作神祇和迎神者，互相唱和的形式，如同生動的歌舞劇。其中有隆重熱烈的迎神場面，有對神的禮贊和歌頌，更多的是寫男女神祇之間的愛慕和思念，實際是籠罩著宗教面紗的人間戀歌。《九歌》的語言優美雋永，風格清麗綿邈、深婉曲折，詩中善於表現主人公深邃複雜，纏綿細膩的感情；如〈山鬼〉中寫女主人公精心妝扮，佇立於山巔，等候戀人，時而自信，時而怨惱，時而猜測，時而狐疑，時而感傷。詩中把她那種起伏不定、倏忽變化的思緒表現得淋漓盡致，充滿了哀怨憂傷的情調。《九歌》中還常常用環境物描寫來烘托感情，創造情景交融的境界；如〈湘夫人〉中描寫湘君等候湘夫人的情景，蕭颯的秋景，襯托著湘夫人的綽約身姿，勾起湘君的無限惆悵。詩的一開頭，就把讀者帶進了優美而淒婉的意境。另外，〈國殤〉一詩是對陣亡將士的祭悼，寫出了激烈的戰鬥場面和將士們視死如歸的戰鬥意志，風格也豪邁悲壯，是歷來傳誦的名篇。

《九歌》圖卷局部

〈天問〉作於屈原被逐之後，相傳他走進楚國先王之廟和公卿祠堂，見到壁上所畫的天地山川、神靈鬼怪及古代聖賢的故事，於是援筆發問，以抒憂洩憤。詩中共提出一百七十多個問題，涉及很多神話傳說和歷史故事，表現了屈原的懷疑批判精神和深沉的憂國情緒。它是研究中國古代神話的珍貴資料。

周赧王十六年（西元前二九九年），屈原被放逐。他「憂愁幽思」，看到楚國的政治現實和自己的不平遭遇，「發憤以抒情」，創作了一首政治抒情詩——〈離騷〉。由於

屈原像

《天問圖》，清初畫家蕭雲從作。該圖上部中間為一陰陽符號，表示古人對宇宙起源的認識。左為太陽，繪有中國古代表示太陽的三足鳥；右為月亮，繪有中國古代表示月亮的玉兔。

詩中抒寫出詩人自己的身世、思想和遭遇，也有人把它看作是詩人的自傳。

〈離騷〉詩中塑造了具有崇高品格的主人公形象，反映了詩人實施「美政」、振興楚國的政治理想和愛國感情，並對楚國的腐敗政治和黑暗勢力作了無情的揭露和斥責。這正是它作爲政治抒情詩的精神實質和不朽價值。詩中大量運用古代神話和傳說，透過極其豐富的想像和聯想，並採取鋪張描敘的寫法，把現實人物、歷史人物、神話人物交織在一起，構成了瑰麗奇特、絢爛多彩的幻想世界，從而產生了強烈的藝術魄力。此詩是戰國最傑出的文學作品，在形式、文學手法上都是空前的。

楚辭是屈原在楚地民歌基礎上改造而成的一種新詩體，其名稱最早見於漢初，人們用它來指稱屈原、宋玉等人的作品以及漢代作家的模仿之作。屈原是楚辭的偉大奠基者，其作品在中國詩歌史上佔有重要地位。

趙武靈王胡服騎射

趙武靈王雄才大略，即位之後，勤於國政，思光大先王功業，但趙國西有強秦，南有魏、韓，東有勁齊，以發展；而東北的東胡、北面的匈奴、西北的林胡、樓煩等遊牧部族，

戰國銅武士俑。整個造型比例適度，發達的胸肌、鼓凸的肌腱，顯示了強健的體型。

又經常以騎兵侵擾趙國，破壞邊地農業生產和人民生活，迫近趙國腹心地區的中山國也曾倚恃齊國，侵奪趙國領土。趙武靈王決定趁中原地區各國互相攻伐之機，向中山國及北部遊牧部族地區展開進攻，拓展領土。

周赧王八年（西元前三〇七年），趙武靈王率軍攻取中山國的房子（今河北高邑西南）之後，向北打到無窮之門（今河北張北），又折而向西到達黃河邊，考察了趙國北面的遊牧部族地區，對日後向北拓展領土的作戰區域及有關情況做了詳細的瞭解。趙武靈王發現，中原地區普遍使用的車戰，在北方山地和丘陵地區並不適用，胡人騎馬射箭的作戰技術則顯示出特有的長處，胡人穿短衣、束皮帶、用帶鉤、穿皮靴的裝束，又很利於騎馬作戰，於是他決定進行軍事改革，學習胡人騎射戰術以及與之相適應的短衣裝束。

在大批臣民的反對下，趙武靈王得到大臣樓緩的贊成和肥義的支援，遂堅決在趙國倡行胡服；他帶頭穿上胡人服裝，又說服叔父公子成身穿胡服上朝，下令在全國推行胡服，並招募士兵進行騎射訓練。

趙武靈王的改革很快收到了效果。周赧王九年起，趙連取北方領地，迫使林胡獻馬求和、中山國獻四邑始罷兵。中山經此重創，不久滅亡了。胡服騎射不僅拓展了趙的疆土、壯大了趙的實力，而且使趙國繼晉之後與燕國同爲北方民族融合的中心，也爲中原的生活方式帶來了新的元素。

中國產生氣功

氣功是透過調身、調息、調心相結合，以內外兼練、動靜相兼的自我身心鍛煉的功法。它是中國古代流傳下來用於醫療保健等各種功法的總稱，古稱吐納、導引、行氣、食氣、服氣等。練功者透過對身心（形體和精神）呼吸等進行特定的自我鍛煉，而調動生理潛能，培育人體眞氣（體能及其資訊），達到防治疾病、保健強身、抵抗衰老、延年益壽的目的。

氣功一詞始見於晉代許遜《淨明宗教錄》。據《呂氏春秋・古樂篇》記載，中國四千多年前已有氣功，但普遍認爲氣功產生於春秋戰國之際。由於醫、儒、道、武、雜、俗等諸家的努力，春秋戰國時對諸如氣的形成、養氣煉功的方法、要領及氣功的作用等形成了一整套認識並逐漸發展成後來不同的氣功流派。

關於中國氣功產生的最早證據是戰國時代的行氣玉佩銘，它是刻在一個十二面體的小玉柱上的銘文，共計有四十五字，其文爲：「行氣，深則蓄，蓄則伸，伸則下，下則定，定則固，固則萌，萌則長，長則退，退則天。天其舂在上，地其舂在下。順則生，逆則死。」這是中國已知最早的氣功專門文獻，論述了氣功調息的方法要領。

戰國行氣玉佩銘。這是中國已知最早的氣功專門文獻的珍貴文物，論述了氣功調息的方法要領。

《易傳》形成

《易傳》是中國儒家學者對《易經》所作的解釋，共有十篇：〈彖〉上、下篇，〈象〉上、下篇，〈文言〉，〈繫辭〉上、下篇，〈說卦〉，〈序卦〉，〈雜卦〉；又稱「十翼」，翼有輔助之義。《易傳》形成於戰國時期，至於「十翼」各篇形成的年代和作者，有各種不同意見。《易經》本爲占筮之書，《易傳》加以闡釋，使其哲理化，這種解《易》的學風春秋時代就已開始，《左傳》、《國語》中對於筮法、卦象和卦爻辭的解釋，已孕育著哲理化的萌芽。孔子就是這種學風的宣導者之一。

《易傳》在中國哲學史上佔有重要地位，其中影響最大的是〈彖〉與〈繫辭〉。〈彖〉把「天地盈虛，與時消息」視爲自然界與人類生活的普遍法則，承認世界處於不斷的變化過程之中，並且有其永恆的規律。認爲從天地萬物到人類都存在著對立與統一的關係，或者相吸引，如「天地感而萬物化生」；或者相排斥，如「水火相息，二女同居，其志不相得，曰革」，而對立的事物又具有統一性，所謂「萬物睽而其事類」。〈繫辭〉以「一陰一陽之謂道」說明任何事物都具有兩重性，是中國古代哲學中兩點論的代表。〈繫辭〉提出「剛柔相推而生變化」，「生生之謂易」，將乾坤、剛柔、天地、寒暑、男女、愛惡等對立面的相互作用，以及相取、相蕩、相攻、相摧、相感等，看成是事物變化的普遍法則和萬物化生的泉源；以對立面的互相轉化說明事物變化的過程；以「窮則變，變則通，通則久」，說明事物須經變革方能發展前進。這些都爲中國古代辯證思想的發展奠定了理論基礎。

左為戰國竹節紋矛，右為戰國雷紋矛。紋飾具有明顯的巴蜀地方文化特徵。

戰國鑲嵌捲雲紋獸首形轅飾，車馬飾件。此件製作精美華麗，是戰國時期錯金銀細工藝的代表作之一。

中國現存最早的大豆

中國是大豆的起源中心。秦代以前大豆一般稱「菽」。卜辭中貞問「受菽年」而繫有月份的，目前已發現有二片記載爲二月及三月，可見商代大豆已有栽培。到西周時，「菽」在《詩經》中多處出現，如《豳風・七月》有「黍稷重穋，禾麻菽麥」，說明大豆已是重要的糧食作物。

大豆因不易保存，考古發掘中發現極少。迄今僅有山西侯馬出土的戰國時期十粒尚未炭化的大豆，以及黑龍江寧安縣大牡丹屯出土的炭化大豆，都是距今二千多年的實物。此外在河南洛陽燒溝的漢墓中發掘出距今二千年前的陶倉，上有朱砂寫的「大豆萬石」四字，同時出土的陶壺上則有「國豆一鍾」字樣，都映證了中國種植大豆的悠久歷史。

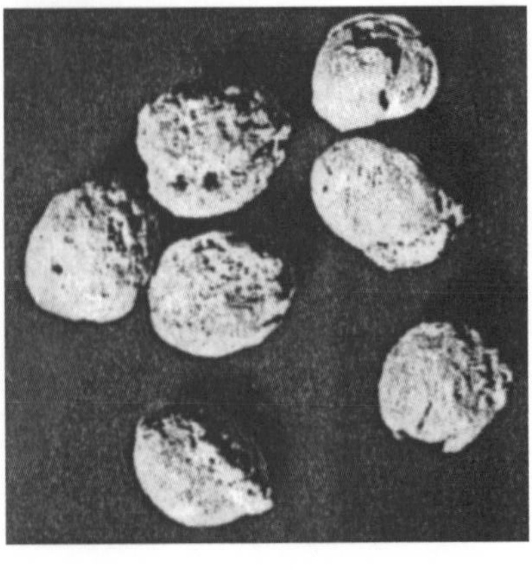

戰國時期的大豆

戰國

莊周美學

莊周，名周（西元前三六九年至前二八六年），宋國蒙（今河南商丘縣東北）人。他是戰國時期著名的哲學家，也是道家思想的主要代表人物，與老子並稱「老莊」。

莊子一生清貧，曾當過管理漆園的小吏，楚威王聞知莊周很有才能，便以厚金聘他作相，莊子說：千金是重利，相也是很高的官職，但這好比是給牛披上繡花衣服送到太廟作祭品。我不願享受高官厚祿而寧可作條自由自在的小魚，在汙泥濁水中自得其樂。據說莊子住在貧民區，以打草鞋爲生，有一次他向監河侯借米，監河侯拒絕他。還有一次，他穿著有補丁的布衣和破鞋去訪問魏王，魏王問他何以如此潦倒，莊子回答說他是窮，不是潦倒，好比掉進荊棘叢裡的猿猴沒辦法展示自己的才能。莊子後來歸隱，這些記載反映出莊子的性格和人生理想。

莊子鄙夷權貴，崇尚自由自在的鄉間生活，他以局外人的身分觀察當時社會的各種現象，其深刻的洞察力和複雜的人生體驗爲基礎，藉汪洋恣肆的文風表達他的思想。莊子學識淵博，思維敏捷，想像豐富。他與當時的學者來往並不多，其中惠施是他的辯友。《莊子》中記載二人河上辯魚之樂的故事，惠施死後，莊子甚覺惋惜，從此無人能與他辯論。

對現實人生，莊子採取順生樂死、樂天安命的態度。他追隨老子的思想並把老子哲學實現在自己的生命歷程中，他追求絕對無待的精神自由，嚮往達到與道合一的境界。爲此他摒棄任何外在的束縛，向內心尋找人生的最大樂趣。所以莊子的一生雖

燕下都虎頭形陶水道管口。此件為排水管道，其出水口呈虎頭形，張口瞪目，雙耳後豎，兩足平伸，四爪著力。虎頭形陶水道管口造型生動，手法誇張，巧用虎頭張口形態，作排水管道口。這種藝術處理後來逐漸形成中國建築的一種手法。

老莊像。春秋、戰國時期「諸子百家」中的道家，以老子和莊子為代表，合稱「老莊」。清・任熊繪的老莊像，表現的就是「莊生遊逍遙，老子守元默」的情形。

然貧苦，但充滿生存的智慧和詼諧活潑的意趣，他鮮明的個性和深刻的思想往往透過一個簡短的寓言故事生動地表現出來。莊子的性格特徵，思想旨趣與人生態度對歷代知識分子都有深刻影響。

莊子的著作收在《莊子》一書，大量使用比喻（河水、大鵬、仙人、夢蝶），展現獨特的逍遙氣質。它既是先秦時期最著名的哲學著作，也是一部優秀的文學作品，更是一部美學作品。莊子的哲學思想對魏晉南北朝時期的玄學和般若學思潮產生影響，成爲「三玄」之一。在中國文學史上，《莊子》也佔有重要地位，其中的許多寓言故事，如河伯「望洋興嘆」、鵬「扶搖羊角」、匠石「運斤如風」、「庖丁解牛」、「螳臂擋車」、「東施效顰」等爲人們所熟悉，至今仍作爲成語廣泛使用。莊子的美學思想開出了中國古代藝術精神，他強調美自身的價值，爲後世突破儒家美學的狹隘性、保守性提供了思想依據。

中山國兆域圖

前三世紀初中山王及王后所做的「兆域圖」是現存最早的陵墓規劃圖。「兆域」意爲墓址或陵墓區，這

戰國中山王陵設計透視圖

是以平面圖形式反映建築規劃最早的一個實例，具有很高的學術價值。兆域圖是用金銀在一塊銅板上鑲嵌出來的，圖上詳細地標出了陵墓各部位的尺寸。

兆域圖所示王陵的平面佈局是：外部有兩道長方形的宮牆，中宮牆和內宮牆。內宮牆以內是一個長方形的高台，台上整齊的排列五個享堂，中央三堂大小相等，居中爲王堂，左爲王后堂，右爲哀後堂，兩旁還各有一個夫人堂。在後部的內宮垣與中宮垣之間還有四個小院，從左至右分別爲大將宮、執旦宮、正奎宮和痞宗宮。

將圖中所注戰國時的尺寸，換算成公制，內宮牆長三二九公尺，寬八十八公尺；中宮牆長約四一四公尺，寬約一九一公尺；外宮牆沒有記載，但依據附近的碑刻推測，其範圍約有三公里左右，宮牆之內還有園囿和池沼，其規模是相當可觀的。

王堂、王后堂及哀后堂，也就是中間三享堂均方四十四公尺，三堂間距二十二公尺，旁邊兩夫人堂方三十三公尺，後面四宮方二十二公尺。王堂及王后堂是座以迴廊環繞的高台式建築。

從兆域圖所反映的陵墓規劃看，在戰國時期，人們在處理此類建築方面已經很有經驗了，嚴格的中軸對稱式佈局，莊嚴肅穆，如山一樣高大雄偉的高台建築，具有很強的紀念性，把高台建築與享堂相結合，也許是這一時期的創造。兆域圖所表現的出色、完美的設計思想相當寶貴。

開編年史先河——《竹書紀年》

西元前二九九年，《竹書紀年》

戰國鄂君啓銅節。此物為戰國楚懷王（西元前三二八年至前二九九年）時發給受封在湖北鄂城的「鄂君啓」的水陸通行符節，節上所刻文字圖潤秀勁，是錯金銘文中的精品。

記事終結，《竹書紀年》是戰國後期魏國人所撰寫的一部編年體史書，是現今所知中國史學上最早的具有通史性質的著作。

《竹書紀年》所記內容，起自夏、商、周，迄於戰國後期。於西周、春秋、戰國，不分記各諸侯國事，獨記晉國，韓、越、魏三家，分晉後又獨記魏國，至魏襄王二十年而止，故襄王為「今王」。

《竹書紀年》開編年記事通史的先河，是中國史學史上的開創性成果之一。同時，它對於訂正其被埋沒的這一期間所問世的有關古史著作，有重要的價值。

南宋以後，《竹書紀年》一書亡佚不存，於是輯佚本開始出現，內中以朱右曾輯錄、王國維輯校的《古本竹書紀年輯校》較佳，得佚文四百二十八條，為學者所重視。

人物小事典

蘇秦合縱大串聯攻秦

周赧王二十七年（西元前二八八年）秦、齊再次聯合，十月，秦昭王自稱西帝，尊齊湣王為東帝。不久，蘇秦向齊王陳述稱帝號的邪弊，認為齊、秦雖共同稱帝，天下人卻只尊秦而輕齊，齊國如果取消帝號，天下人則會愛齊而恨秦；再者，與秦國攻打趙國，遠不如攻打宋國有利。他勸說齊王放棄帝號，以收攬天下人心，然後抓住宋國內亂之機發動進攻，並順勢向其他國家擴張領土，如此，則不僅齊國地位提高，名聲顯赫，而且燕楚也會被迫服從，天下諸侯都不敢違抗齊國號令，齊湣王採納了蘇秦的意見，出兵攻打宋國，大勝。此年十二月（西元前二八七年）初取消帝號，恢復稱王。而秦仍使用帝號，自居於天下諸侯之上，激起各國不滿。蘇秦勸說齊湣王聯合各國攻秦。經過遊說，剛被秦掠走一座城邑的趙國同意伐秦。趙相李兌又出面約趙、齊、燕、韓、魏五國合縱攻秦。五國出兵各有打算，因而貌合神離。軍隊行至滎陽、隊皋便不再前進。為了破壞五國合縱，秦設法分間龍絡合縱各國，趙、韓、魏都有所動搖。齊遂派蘇秦去遊說；五國終於合縱攻秦，迫使秦國廢除帝號，並將以前所取占溫、軹、高平歸還魏國，將五公、符逾歸還趙國，與五國媾和。秦國再次遭受重大挫折。

蘇秦在五國合縱攻秦中扮演重要角色。他曾學於鬼谷先生。初遊不被重用，後得周書《陽符》發憤研讀，有所收穫後，重新出遊。至秦，不被用，又至燕。說服燕文公與趙和，得重用，又說服趙聯合韓、魏、齊、楚、燕以攻秦，趙肅侯很高興，重賞蘇秦。蘇秦得到趙肅王的幫助，又到韓，遊說韓宣王；至魏，遊說魏襄王；至齊，遊說齊宣王；又往楚，遊說楚威王。諸侯皆贊同蘇秦之計畫，於是六國達成聯合的盟約，蘇秦兼任六國丞相，回到趙國後，趙肅侯封他為武安居，將六國合縱的情況通告了秦。此後十五年，秦兵不敢圖謀向函谷關內進攻。

人物小事典

藺相如完璧歸趙

楚國有件叫做和氏璧的寶玉，為趙惠文王所得，秦昭王聽說後，表示願用十五城換取和氏璧。趙國君臣商議此事，擔心將寶玉給秦國後，卻得不到秦國的城邑；若不給，又怕秦軍攻打，因而想派人到秦國去妥善辦理此事。宦者令繆賢推薦藺相如，說此人勇而有謀，可擔此重任。趙惠文王召見藺相如，藺相如表示願帶和氏璧去秦國，如果趙國得到秦國的城邑，就將和氏璧留在秦國，反之，一定完璧歸趙。

藺相如到秦國後，秦昭王在章台召見他，藺相如將和氏璧獻上，秦昭王大喜，與妃嬪及近臣傳看，卻全無將城邑給趙之意。藺相如假說玉上有一小疵點，要指給秦昭王看，拿回了寶玉。他在柱旁站定，說：「吾王擔心秦國自恃強大，得和氏璧而不給城邑，經過我勸說方才答應。趙王齋戒五天，然後才讓我捧璧前來，以示對秦國威嚴的尊重和敬意。不料秦王禮儀簡慢，毫無交割城邑的誠意，現在若大王一定要搶走寶玉，我寧可將腦袋與寶玉一起在柱子上撞碎。」秦昭王無奈，只得劃出十五個城邑給趙。藺相如估秦昭王不過是假意應付，便提出要秦昭王也應齋戒五日，再鄭重其事地交換寶玉。秦昭王只好應允。藺相如知秦昭王毫無誠意，便派隨從懷藏寶玉，從小道返回趙國。秦昭王齋戒完畢，舉行交換儀式時，藺相如才把送寶玉回趙之事告訴秦昭王，說如果真想要和氏璧，可以先割讓十五城與趙，趙國絕不敢負約。他坦然承認犯了欺君之罪，表示願受刑伏誅。秦國君臣十分惱怒，主張立即處死藺相如，秦昭王認為殺了他也得不到寶玉，反使秦、趙兩國結下仇怨，於是仍按禮節召見，然後讓他回國。結果秦國未將城邑給趙，趙國也未將和氏璧與秦。事後，藺相如被趙惠文王任命為上大夫。

東漢畫像磚完璧歸趙拓片

戰國白玉龍鳳雲紋璧。以優質白玉製，局部有紫紅色浸蝕。中央鏤雕一張口蜷曲的龍（或稱螭虎），璧身滿飾規則的朵雲紋。外緣兩側對稱地各鏤雕一形式相同而方向相反的鳳。兩面紋飾相同，雕琢十分精美。

人物小事典

田單復國

周赧王三十一年（西元前二八四年），燕上將軍樂毅帥燕、秦、魏、韓、趙五國之師攻入齊都臨淄，齊湣王逃亡於莒，為其丞相淖齒所殺。樂毅攻下齊國除莒和即墨以外的七十餘城，受燕封為昌國君。即墨人立田單為將軍以拒燕。燕昭王卒，惠王繼位。周赧王三十六年田單聞惠王與樂毅有隙，乃行反間計於燕。燕惠王中計，使騎劫代樂毅為將，以圍即墨。

此時齊國慘敗於燕，瀕於滅亡，軍民士氣低落，鬥志不旺，為了鼓舞軍心，田單不得不假借神師之力，他讓城中人民每次吃飯時必須先在庭院中祭祀祖先，鳥雀發現後便翔集於城上空，等祭祀完畢便飛下去啄祭祀之食。燕軍不知內情，頗覺奇怪，田單便聲稱：「有神人下來助我。」並讓一士兵扮作神師，每次發布號令，都說是神師主意，城內士氣為之一振，燕軍則疑惑萬分。田單又派人到燕軍中散佈說：齊人最怕被燕軍抓走割去鼻子，押在陣前作戰；最怕燕軍挖掘齊人在城外的祖宗墳墓，凌辱祖先。燕軍不知是計，果真割齊國俘虜之鼻，列於陣前，又掘開齊人祖墳，焚燒死屍。即墨軍民見狀，憤怒之極，自動加緊防守，唯恐破城被俘，或請求出城廝殺，鬥志高昂。為了麻痺燕軍，田單讓老弱婦孺上城防守，將精壯甲士藏匿起來，又派使者與燕軍約定投降。他還從百姓中收集黃金一千鎰，讓城中富豪獻給燕將，請求燕軍在即墨城破後不要虜掠其家室。燕軍由此以為即墨將要投降，歡呼萬歲，警惕鬆懈，田單認為反攻時機已到，便從城中徵集了一千多頭牛，披以有五彩龍紋圖案的大紅綢絹，再在牛角綁上尖刀，在牛尾上綁上浸透油脂的蘆葦。然後把城牆鑿出幾十個洞穴，夜半從洞穴中趕出牛，點燃牛尾火炬，火牛瘋狂地衝入燕軍，被觸及者非死即傷。又用五千精壯士卒追隨火牛之後，乘勢衝殺城，城中軍民敲擊銅器，吶喊助威。燕軍如料不及；張皇失措，狼狽潰逃，主將騎劫被殺死。齊軍緊追不捨，陸續收復先前喪失的七十餘城，將燕軍趕出國境。齊人從莒接齊襄王回國都臨淄，重新恢復齊國。

田單為恢復齊國立下大功，齊襄王把安平賜給他作封邑，號安平君，並任用他為相國。

中國最早的教育專著——〈學記〉

〈學記〉為《禮記》中的一篇，全文一二二九字，是中國教育史上最早的教育專著，約成文於西元前四世紀至前三世紀，是戰國末期思孟學派的作品。

〈學記〉開宗明義強調教育對於人生的價值：「玉不琢，不成器；人不學，不知道。」並引申出「化民成俗，其必由學」和「建國君民，教學為先」的結論，肯定了立身、立國必以教育為本的觀念。〈學記〉設計了一套從地方到中央的學校教育系統：每二十五家設立一個家塾，每五百家組成的行政區域；「黨」設庠；每二千五百家組成的行政區域；「術」設序；在國都設有大學。以培養各級各類人才為國所用。這個廣泛的學校系統的構思，說明了二千多年前的中國古代哲人就已經開始追求教育普及的理想了。

《學記》有以下四個鮮明特色：

一、提出了學校的考核制度。大學全程九年中，每隔一年對學生進行一次考核。體現了學校教育已在客觀上產生了要求教學正規化和人才規格

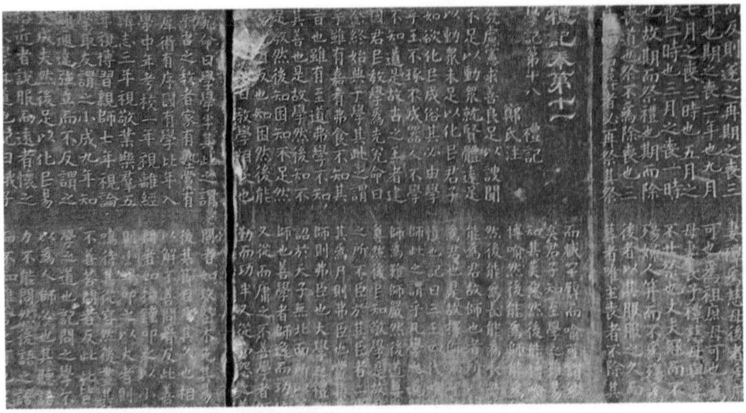

中國最早的教育專著《學記》部分內容碑刻。

標準化的需要。

二、闡述了「教學相長」的命題。明確指出了教與學的相互依存、相互滲透、相互促進、相輔相成的關係，並推論出：教因學而得益，學因教而日進，教促進了學，學又助長了教的這一教學的客觀規律。

三、總結了教學上成功與失敗的經驗教訓，提出了「長善而救其失」的方法。

四、反對老師照本宣科，教學生呆讀死記的做法，強調：「能博喻，然後能爲師」，把能多方啓發誘導學生，看作是當老師的重要條件。

此外，〈學記〉還大力宣導「尊師重道」的風尚，使「尊師重道」的思想成爲中國傳統文化的重要支點。

人物小事典

廉頗負荊請罪

由於藺相如完璧歸趙的大智大勇，趙惠文王任命他為上卿，位次在廉頗之上。

廉頗是趙國名將，曾率兵擊敗齊國，奪取陽晉，被任命為上卿。他認為藺相如不過是口舌之勞，而位在自己之上，不由得怒火中燒。藺相如曾為宦者令的家臣，地位卑下，廉頗更覺羞辱。他揚言，他日若遇見藺相如，一定要當衆侮辱之。藺相如聞訊，為避免與廉頗衝突，不再與廉頗會面。上朝時，常常託辭有病，不願與廉頗爭位次高下。某日外出，遠遠望見廉頗，便連忙回車躲避。藺相如的家臣頗為不平，認為藺相如與廉頗職位相等，廉頗口出惡言，藺相如卻處處躲避，未免過於膽小，這種事連普通人都感到羞恥，身為上卿的藺相如決不能再容忍。他們說，自己離開親人投奔藺相如，是因為仰慕他的高風亮節，而不希望看到他終日受辱，若是因為家臣無能，他們願意離開。藺相如對家臣說，秦昭王比廉將軍更厲害，我尚敢在朝堂上呵斥他，侮辱他的大臣，我當然不會怕廉頗。廉頗對自己的侮辱，不過是個人仇怨，只能置於身後，國家急難先於一切。現在強秦不敢貿然攻趙，就是因為有我和廉頗文武二臣在，如果我們相互爭鬥，必有一人受傷，秦國便有可乘之機，趙國就危急了。家臣聽後方才頓悟。廉頗聞知後，深為自己的無知感到羞愧，益加佩服藺相如的襟懷，便脫去上衣，露出肩膊，背著荊條，向藺相如請罪。兩人和好如初，結為生死之交。

司南開始使用

《管子．地數篇》說：「上面有磁石的地方，地下有銅金礦藏」，這是世界上關於磁石的最早紀錄之一。到戰國末年，人們已知磁鐵吸鐵的磁性作用。《呂氏春秋．精通篇》說：

漢司南。司南是世界上最早的磁性指南工具，早在戰國時期就已經應用。將天然磁體打磨成勺形，放在一個光滑的青銅方形盤上，微微轉動勺把，待靜止時，勺把指向南方。司南為中國後來發明指南針奠定了基礎。

「磁石對鐵有吸引力。」並利用其指極性，發明了確定方位和南北的儀器——「司南」。司南形如湯匙，用磁石做成，底圓而滑，置於刻有方位之銅盤上，使用時，轉動勺把，待其靜止時，勺把指向南方。司南是世界上最早的指南儀器，後來逐漸發展成為指南針。

戰國玉器

戰國早期的玉器具有由春秋玉向戰國玉演進的過渡色彩，由平面化、簡約化向隱起化、繁複化演變，此時期的代表作是曾侯乙墓出土的玉佩。它全長四十八公分，寬八．三公分，由十三片鏤空的各種形式或圖案的玉片及二十四個圓環、半圓環或方扣連接而成。此佩紋飾均用隱起陰線琢法，起伏自然順理，琢工精巧，是迄今發現的多節活動鏈狀玉佩中最長、最精美的一件。

體現戰國玉器高難度工藝水準的是戰國中、晚期的玉器，其代表作有輝縣固圍村魏王室墓出土的大玉璜、平山中山國王墓出土的青玉帶鉤及洛陽金村東周王室墓出土的玉耳杯、玉桃形杯、金龍鳳飾玉卮等。魏王室墓出土的大玉璜被稱為古玉之「巨擘」。東周王室墓出土的玉耳杯、玉桃形杯、金龍鳳飾玉卮風格一致，似出一人之手。

戰國時期玉器的主要特點是：

（一）玉質優良。王侯多使用和田仔玉，玉質細膩溫潤，光澤晶瑩，

戰國玉鹿，湖北江陵雨台山戰國楚墓出土。玉鹿設計精巧，前伸後展的四肢表現出鹿奔跑的動感。

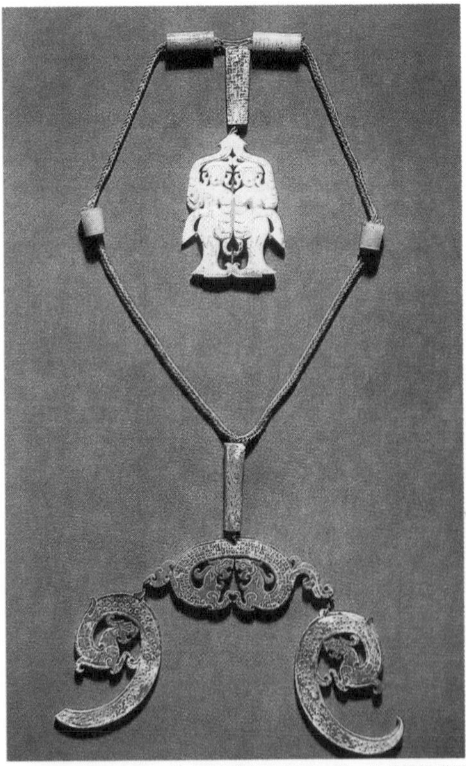
戰國金鍊舞女玉佩。以金鍊貫玉舞女及璜、管、沖牙等組成佩飾。舞女二人並立，左右對稱。是戰國玉飾中最精美的代表作品。

青白色較多，偶見白玉。中小貴族均用地方玉材，也是相距不遠之美石。

（二）琢玉技藝精湛。戰國玉器上的線條，包括造型的輪廓線和紋飾的陰陽線，均鋒利挺勁，準確流暢。

（三）龍的形象佔有突出地位。龍居戰國玉器神瑞動物圖案中的首位，其次是虎，再其次是鳳。

（四）統一的時代風格爲主。東周時各地新興的都邑已成爲新的琢玉中心。由於各地製玉中心相互交流頻繁，所以各地的玉器區別不甚明顯，統一的共同的時代風格是其主流。

（五）玉器使用範圍擴大。玉器已不僅是最高統治者的生活器皿和自身裝飾品，它的使用範圍在逐步擴大，如有的武器已用玉飾，甚至還出現了祭玉。

文化小事典

戰國銅鏡

中國古代人的鏡子多為銅質，其中一面磨光用來照人，背面則鑄刻花紋和圖案。中國銅鏡起源很早，在漢晉時代也廣為普及，但戰國是銅鏡發展的關鍵時代，銅鏡的造型絢麗多彩，其紋飾代表了當時中國工藝和雕塑藝術。

如楚國的四獸鏡。弦鈕，圓鈕座，寬緣，飾四獸紋，以羽狀蟠虺紋為地。這一類銅鏡流傳者不少，有明確出土紀錄的不多。此面花紋精美，獸紋形象詭異，為楚鏡中的佳品。

又如為彩繪獸紋鏡。三弦鈕，圓鈕座。以羽狀紋為地紋，以四隻怪獸為主紋。怪獸作狐面鼠耳，垂首張口，前一足握住前一獸的尾，另一足踏至鏡緣。後足一踏鈕座之邊，一踏鏡緣。尾長而蜷曲，獸面為淺浮雕，獸身以簡潔的細凸線構成。鏡邊沿繪一圈紅色菱形紋（或名方連紋）。湖南各地出土楚鏡甚多，但有彩繪者甚罕見。

另一個楚國銅鏡，為蟠龍紋鏡。三弦鈕，圓鈕座，鈕座外有一圈三角雲紋。主紋為四組蟠曲的龍糾纏在一起，組成環繞式的圖案。以雲紋為地紋。龍，張口、卷尾、利爪、線條優美，剛健有力，使這一傳說中的神物，能在圖案化的線條中表現出活力。此鏡鑄制甚精，反映出楚地湖南當時鑄鏡工藝的高超水準。

出土於西漢初期的龍鳳紋鏡。三弦鈕，圓鈕座，窄卷邊。鈕座周圍有一圈雲紋。主紋為四組龍鳳紋組成的一圈圖案，每組左有站立的鳳鳥一隻，右有身軀彎曲的龍紋一條。在每組龍鳳之間有由菱形紋組成的璜形圖案，在璜形圖案之空白處，還補以張口露齒身軀蟠曲的龍紋一條。以去雲比方為地紋。此鏡線條簡練，龍鳳神態生動，鏡雖出土於西漢初期墓中，但完全是楚鏡風格，而且是楚鏡中少見的精品。

戰國夔紋鏡

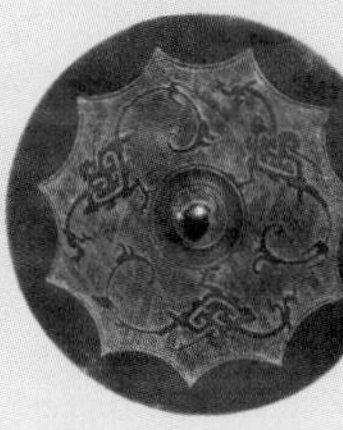

戰國六山紋鏡

戰國彩繪獸紋鏡

戰國龍鳳紋鏡

戰國節符

「節」和「傳符」在戰國時期已普遍使用，以保證驛傳的準確性和保密性。「節」分爲龍節、元節、馬節、節牌等，都是國君頒發的信物，是君權的象徵，可一路享受交通方面的特權。

如龍節，長條形，上寬厚下窄薄，一端較大，一端較小。大的一端鑄作龍頭形，頭長且大，額部有對稱捲雲紋，長鼻高卷，兩眼突出，雙耳後傾。雙角彎曲，勾向兩側。嘴部透空，牙齒外露，下頷凸出。頭下部兩側各有一圓穿，可以繫結繩組，便於攜帶。兩面刻銘文「王命，命傳賃一簷飤之」九字。龍節是使者持之遠行可得食宿的證件。此節龍頭圓雕鑄造，間有陰刻線紋，風格粗獷而又細膩。銘文結體寬博，行筆精麗。因水坑浸漬而通體碧鏽，尤爲古雅。又如韓將庶虎節，此節半扇，伏虎形，昂首、翹尾，豎耳瞠目，四足蜷伏。正面有銘文「韓將庶信節」等十字，背面有凸榫兩處。

另東晉顧愷之繪《列女圖卷》局部。圖中顯示春秋時許國使者手持節符的情景。春秋「節」現在還未發現實物，這幅東晉時期的畫中描繪的節，是非常珍貴的資料。

戰國虎符，調兵憑證。

戰國王命傳龍節，通行憑證。節上端作龍首形。龍節用於使者奉楚王命遠行，作為證件，所至之地，凡勝任一檐的隨從人員，傳舍需供給食宿。

人物小事典

信陵君竊符救趙

魏公子無忌為魏昭王幼子、魏安釐王異母弟，安釐王即位後被封為信陵君。信陵君仁德厚道、禮賢下士，對人無不以禮相待，各地名士都紛紛歸附，出入門客三千多人，魏著名隱士侯嬴亦成為其座上客。因為信陵君德高望重、門客如雲，各國諸侯十多年間不敢覬覦魏國。

周赧王五十八年（西元前二五七年），秦軍圍攻趙都邯鄲已達三年，趙國處境日危，邯鄲之民炊骨易子而食。魏信陵君姐是趙相平原君夫人，多次致函魏王和信陵君，請求出兵救趙。魏王派將軍晉鄙率師十萬救趙，秦昭王聞知，遣使威脅魏王說，趙都不日可下，諸侯有敢救者，勝趙之後必先移兵進攻他。魏王畏懼，便令晉鄙屯軍於鄴（今河北臨漳西南），觀望戰事發展。信陵君及賓客、辯士多方勸說，魏王始終不聽。忠義不能兩全。信陵君聽從隱士侯生（名嬴）的獻策，懇請如姬代竊魏王兵符。如姬是魏王寵愛的姬妾，當初其父為人所殺，三年不能報仇，信陵君得知後，派門客殺死了其仇人，如姬啣恩感激，於是竊得兵符交給信陵君。信陵君至鄴，矯稱魏王之命替代晉鄙為將，晉鄙合兵符，心中懷疑，被信陵君隨行力士朱亥相殺。信陵君下令軍中：父子俱在軍中，父歸；兄弟俱在軍中，兄歸；獨子無兄弟，歸養。選得精兵八萬，馳援邯鄲，與楚、趙軍隊內外夾擊，秦軍大敗，邯鄲圍解。

人物小事典

思想大師——荀子

荀子，名況，字卿，亦稱荀卿、孫卿，戰國趙國人。其生卒年不詳。荀子是戰國時期繼孟子之後的又一位儒家大師，他善於汲取諸子學派所長，發展和改造了儒家思想。不僅集儒學之大成，也集先秦諸子之大成。在自然觀方面，荀子汲取了道家「天道自然」的合理內核，反對天命和鬼神迷信，以為「天行有常（規律），不為堯存，不為桀亡」，因而提出「制天命而用之」的唯物主義命題。

荀子的理論代表了中國歷史上所存在的最高水準的理性，他關於學習、人的本質、理論哲學的論述與相關內容的現代論述相比唯一的區別就是他更合理、更明確。就是令假儒家談虎色變的人性惡學說也是十分傑出的，達到了十七、十八世紀的水準。他的人性惡不過是把人的好惡天性作為人性的基本方面，而把理性規範作為後天習得。這聽起來很有經驗主義、功利主義、心理分析的味道。也許不是很多人同意這一論點，但有兩點是清楚的：第一，他達到了西方心理——倫理學在十七、十八世紀才達到的水準；第二，他的人性說比孟子的唯心主義的人性善更有道理、更合實際。

他的制天是理性戰國人對世界的征服精神的體現。

荀子的心理學決定了戰國文明的人性論範式，他的主要觀點來自他的一個方法：器官是物質的，其功用在與物件作用時產生一系列心理現象。這樣就在心理活動這一變化中將心理器官與心理現象聯繫了起來。

他以心和五官為物質（形），以其功用（神）為其自身具備，而「精合感應」（物件的作用）是神（能、知）的產生原因、因而他花了大力氣論述心理作用的動靜、藏虛、滿一問題，是將心理活動形而上學化。他從性（天性、自然具有）中引出情感作為性的質、性的狀態，欲則是情的表現。這樣，就在性與外物之間產生了情，情是性對外物的狀態，而性本身是天生、自然的，因而是惡的（這是心理學常見的觀點，而哲學家則偏愛性善）。他對於本性和教習（偽）的分析也是精采的。

荀子根據自然心理結構在外物作用下的變換定義了心理活動，其體系是傑出的，並且後來在中國很少有人能超過他。

荀子像

李冰修都江堰、開鹽井

秦昭王五十六年（西元前二五一年），李冰主持興修水利。李冰是秦昭王、孝文王時的蜀郡守，在擔任蜀郡守期間，他主持修建了岷江上的大型引水工程──「都江堰」，都江堰是現存歷史最悠久的無壩引水工程。

岷江水流湍急，夏秋季節水位驟升，給平原地區造成災害。李冰透過實地考察，總結歷代民眾治水的經驗，巧妙地因勢利導，於今四川灌縣西部主持修建了都江堰水利工程。

都江堰水利工程主要由魚嘴（分水工程）、飛沙堰（溢流排沙工程）和寶瓶口（引水工程）三大主體工程組成。魚嘴建在江心洲頂端，把岷江分爲內江和外江。內江爲引水總幹渠，由飛沙堰、人字堤和寶瓶口控制泥沙及對水量進行再調節。外江爲岷江正道，以行洪爲主，也由小魚嘴分水至沙黑河供右岸灌區用水。由於堤岸修築於卵石和沙礫之上，在沖積很深的河床上不易築成永久性堤岸，所以採用竹篾編成竹籠，裡面裝滿巨大的鵝卵石層層堆積以使堤岸牢固。由於三大主要工程的合理規劃佈局和精心設計施工，都江堰水利工程發揮了良好的引水、防沙、排洪等結合作用。在適宜河段的恰當位置修建魚嘴，能使枯水時內江多引水，洪水時外江多洩洪排沙；在河流彎段末端建飛沙堰，利用了環流作用，能大量溢洪排沙；寶瓶口鑿通玉壘山使內江水通過寶瓶口引向成都平原灌溉三百萬畝良田，寶瓶口在人字堤配合下又能控制內江少進洪水，減免成都平原洪澇災害。都江堰在歷代的完善、保護、維修管理，歷二千多年而不廢，至今仍發揮著重要的作用。

都江堰之外，李冰還主持興修了蜀地南安江、文井江、洛水等水利工程。李冰成功主持的一系列除水害、興水利的工程，造福於歷代，爲百姓

都江堰榪槎，用於擋水截流的木竹石構件。

所頌揚、懷念，從東漢開始就有了李冰治水的神話傳說。

李冰還傳有「開鹽井」的事蹟。井鹽是在有鹵源的地方鑿井取鹵，或在天然鹹水井中汲水煎煮而成。秦昭王時期，李冰守巴蜀地，不僅興修水利，還「穿廣都鹽井諸波池，蜀於是盛有養生之饒焉」。秦國的廣都，包括今天四川仁壽、華陽、雙流三縣及新津、簡陽縣的一部分，鹽產地則在舊籍縣（籍田鋪）、貴平（貴平寺）和陵井（仁壽縣）之間。李冰主持開鑿的鹽井，主要在籍縣一帶。這一地區屬龍泉山脈背斜軸，裸露出下部的白堊紀鹽層，是最早開鑿井鹽且又保持至今的地方。蜀的井鹽自此廣為使用，至今不衰。

人物小事典

孟嘗君雞鳴狗盜出關

齊國孟嘗君好養門客，在薛（在今山西滕縣南）時，他經常設宴招待來往賓客和一些逃亡者。對這些賓客，孟嘗君都用厚禮厚待，食客數千人，一律不分貴賤，平等對待。孟嘗君接待來客時，都使一侍史藏於屏風後面，記錄他與來客的對話，特別是來客的親朋戚友的住處。等來客走後，孟嘗君便派人按來客的親朋戚友住處送去厚禮。一次，孟嘗君招待來客夜宴，有一個食客因燈火照明不足的關係，以為飯菜份量不平等，十分憤怒，輟食辭去。孟嘗君起來親自端飯菜比較。這個食客十分慚愧，當場自殺。食客們都以孟嘗君為知己。

周赧王十四年（西元前三〇一年），秦以涇陽君公子市為人質，求孟嘗君入秦。周赧王十六年，孟嘗君入秦，秦昭王以孟嘗君為相。孟嘗君擔任秦國丞相，有人對秦昭王進讒言，認為孟嘗君是齊國王族，一定會先齊後秦，秦國很危險。此時，趙國也派樓緩到秦國活動，促使秦國免除孟嘗君的相位。秦昭王聽後深以為然，罷免了孟嘗君，並拘禁他，準備處死。孟嘗君知情況危急，便派人見秦昭王寵倖的愛妾，請求解救。愛妾提出要孟嘗君那件價值千金、天下無雙的白狐皮袍。但此物他已送給秦昭王。孟嘗君詢問門客，尋求變通之法。一位善於偷盜的門客表示，可以將白狐皮袍偷出，於是半夜模擬狗的形狀、動作，偷回那件白狐皮袍。秦昭王愛妾見物大喜，便向秦昭王求情。秦昭王下令釋放孟嘗君。

孟嘗君一脫身，立即駕著車飛速離去。半夜時趕到函谷關，根據規定，關防之門要到雞鳴時才能打開，孟嘗君一行無法出關。危急時刻，門客中一人便模仿雞叫，引起眾雞皆鳴，於是得以出關，從秦國逃回齊國。孟嘗君當初去秦國，是齊王之意，此舉險些使他喪身。齊王對此感到內疚，故再次任用孟嘗君為相，主斷政事。孟嘗君從此在齊國專權。

戰國鉛跪人。臉扁平，鼻隆起，頭頂有髻形飾物，雙手持筒狀物，跪坐。戰國時代盛行用人的形象作為器物的組成部件。戰國銅跽坐人漆繪燈，清楚地說明了這類器物座的用途。

人物小事典

李斯〈諫逐客書〉

李斯，楚國上蔡人，早年師從荀況學帝王之術，學成之後入秦，請求做秦相國呂不韋舍人。呂不韋器重李斯，任其為郎。李斯因此得以勸說秦王政：自秦孝公以來，周室卑弱，諸侯相兼併，秦乘勝而號令諸侯各國已歷六世，今當及時滅諸侯，成帝業，使天下一統。如果懈怠而不迅速獲得成功，諸侯重新強盛，相聚約縱，就不能兼併了。秦王十分信服，任命李斯為長史，聽李斯的計謀，暗中派遣謀士攜帶金玉到各諸侯國遊說，厚賄財物以離間君臣，大獲成功，李斯又被秦王拜為客卿。

秦王政十年（西元前二三七年）。因韓國派水工鄭國入秦幫助修渠，意圖以此消耗秦國的人力、物力，減輕強秦對自己的威脅，其計謀不久為秦所覺察，再加上嫪毐之亂，呂不韋免相，秦國一些宗室大臣認為別國人士來秦國作官都不是真心為秦，大都是為各自的君主來遊說離間秦國的，請求全部驅逐。秦王政聽從了這一個建議，下令逐客，李斯也在被逐之列，因而上〈諫逐客書〉。

李斯指出「泰山不讓土壤，故能成其大；河海不擇細流，故能就其深」；秦穆公用由余、百里奚、蹇叔、丕豹、公孫友，秦孝公用商鞅，惠王用張儀，昭王用范雎等外國之士而使秦日漸強大；而秦宮中之物非秦產者亦甚多，正是不產於秦國的東西可以成為秦國的寶貝，不出身於秦國的人才，大多忠於秦。下令驅逐門客只能有利於敵國而成為自己的禍患，不是統一大業制服諸侯的方法。

秦王政採納了他這一建議，廢除了〈逐客令〉，恢復了他的官職並聽從其計謀。二十多年後，秦始皇統一了天下，李斯成為丞相。

李斯像

建除體系完備

中國傳統的建除體系在戰國晚期完全定型。建除體系是用「建」、「除」等十二個標名決定吉凶，十二標名按順序排在十二天上，循環往復下去。這十二個標名是建、除、滿、平、定、執、破、危、成、收、開、閉。

建除體系在漢代即已廣泛流行，《淮南子・天文訓》中就保存了完整的體系，一直沿用到今天。當代出版的造擇書、黃曆等就印有建除，根據其吉凶指導人們行動。

建除體系的起源歷來缺乏確定的依據。睡虎地秦簡日書的出土提供了不可多得的寶貴材料，它記錄了多種建除體系，其中「秦除」與漢以後建除體系基本相同，表明建除體系完成於戰國時代，並在楚、秦民間流行，這提供了建除使用的最早紀錄。

同時，睡虎地秦簡日書也說明了建除體系發展定型的過程。甲、乙本日書中有「除」、「秦除」、「稷辰」、「秦」及脫名等三套建除，它們命名不同、數量不同，有的只有八位，但原理都相同，都是用一套吉凶標名循環往復地套在日子上，並且它們的名字相近、順序類似，是同一體系的不同變體。這表明在定型之前，戰國晚期流行著建除體系的不同變體，它的定型在秦漢之際。

睡虎地出土秦簡日書中保留有最早的歲星占和太歲占體系。在〈歲篇〉、〈嫁子忌〉等篇中刻劃了一個四個月在四方向上轉一輪，一年轉三輪的歲星，這種歲星已不是五大行星之一的木星，而是一個虛星，由於它所在的位置不同，東南西北四個方向就已決定了吉凶榮辱。

同時，在秦簡日書的〈玄戈篇〉中已出現了太歲占，其中歲星是個吉星，十二個月（代表十二個年）繞天行一周，其運行軌道與實際木星的運行相同，而太歲則是凶星，它在相同的軌道上反向運行，與木星十二年會合一次。

中國古代很早就認識到木星約十二年運行一周天，「歲星紀年法」就是根據木星所在來紀年，木星也就被稱爲「歲星」。這種紀年法的起源尚不清楚，但在春秋、戰國之際很盛行。在歲星紀年法中，天上用十二辰（子、丑、寅、卯……）來劃分，其順序與歲星運行方向相反，因此，人們又設想了一個按十二辰順序運行的天體，稱之爲「太歲」。

歲星和太歲在中國術數和迷信中佔有相當重要的位置，「太歲頭上動土」是個婦孺皆知的凶兆，這一迷信的完全形成在春秋、戰國之際，睡虎地秦簡保存了其最早的體系，它後來成爲中國文化中根深蒂固的層面之一。

《日書》完成

中國現存最早的術數百科全書《日書》，在戰國末年完成。

睡虎地秦墓出土的秦簡《日書》記錄了大量術數、宗教、迷信和社會生活的材料。秦墓的主人喜於秦王政六年（西元前二四一年），任安陸令史，掌文書，墓中出土的各種文書都與喜一生的經歷相關，是他一生中使用過的文書的彙集，其中《日書》可能是他作令吏時所記錄的。

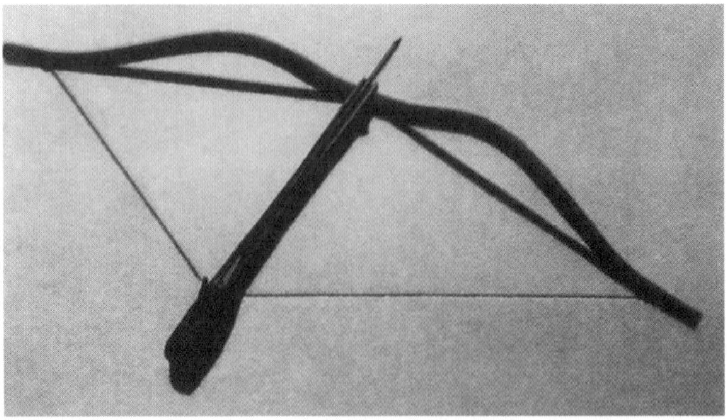

秦朝弩復原圖

《日書》是中國最早的術數類書，記錄了秦、楚各種術數和楚地風俗文化。擇日、黃曆是中國民間文化的重要組成部分之一，它虛構了眾多的吉凶神煞，根據它們當值日子的干支來確定一天的所宜與不宜。這種術數迷信在中國民間大量流行至今不衰，但還未發現有早於唐代的完整記錄。睡虎地秦簡日書的出現顯示出這種文化形成於戰國時代，《日書》中保存的很多神煞——虛星已具備了今天的完整形態，不啻爲中國文化史的重大發現之一。

秦簡《日書》是實用的選擇書，它基本上按照實際干支選擇和用途來排列材料，同一個原理可根據不同需要放在完全不同的地方。它有甲、乙兩個版本，內容不盡相同，同一個東西也有差異，說明甲、乙兩本是民間流傳的不同本子；從內容和字體上看，甲本較爲成熟，成書較晚。

《日書》記錄了戰國時代民間流傳術數的豐富材料，太歲紀年法，十二次等天文曆法內容在《日書》中都有所反映，但更重要的是它保存了大量的術數內容，五行生剋、五行納音，十干與四季及四方的搭配等五行學說有了較成熟的表現，同時、辰星、招搖，天理等後代神煞的虛星化也已經完成，還有些內容加人字等也表現了《日書》的豐富性了。

《日書》的另一個重要內容是保存了大量的楚文化，它有完整的秦楚月名對照表，爲釋讀楚國文物提供了工具，其中很多楚月名已見於楚地出土文物。它的〈詰咎鬼〉篇記錄了各種鬼的形態和整治方法，是楚國鬼文化最早、最完整的材料，與《制楚歲時記》等相符，反映了楚國民俗。

《日書》是戰國民間術數的一個總述，它與戰國末和秦漢之交中國文明的整一化和綜合趨勢相一致，是戰國秦漢術數的經典文獻。

世界第一部音樂理論——《樂記》

《樂記》是中國古代儒家音樂理論的重要經典，是荀子學派的著作。《樂記》主要論述了音樂的產生和形成過程，指出音樂產生於人的思想感情，受到外界事物的影響而感情激動起來，就表現爲「聲」（包括樂音和噪音）；這種聲互相應和，其變化有一定規律的成爲「音」（樂音）；把音按照一定組織奏作起來，再加上舞蹈，就成爲「樂」（音樂歌舞）。

它認爲音樂表現不同的感情，因而反映並影響社會的治、亂。它列舉了哀、樂、喜、怒、敬、愛各種不同感情在音樂上的不同表現，進而指出社會的治、亂和國家的興亡必然會影響人的思想感情，因此必然會從音樂中得到反映；反之，音樂表現的不同，也必然會對社會的治亂和國家的興亡起反作用，給予潛移默化的影響。

《樂記》強調音樂的社會教育作用。音樂應成爲社會教育的工具，用禮、刑、政一起，在不同的方面發揮作用，以安定社會，使國家有大治。這一方面的論述，貫穿著《樂記》全文，是儒家音樂思想的核心。它在後世被稱爲「樂教」。

在音樂美學方面，它要求以善爲準則。提倡「德音」、「和樂」，反對「溺音」、「淫樂」。藝術美的最高境界在於個體與社會、人與自然的和諧統一。

《樂記》鮮明地體現了儒家美學的理性精神和特徵，具有重要的理論意義，並產生深遠影響，在二千餘年的封建社會中，它所表達的音樂思想視爲正統。

《樂記》的音樂理論創始於孔子

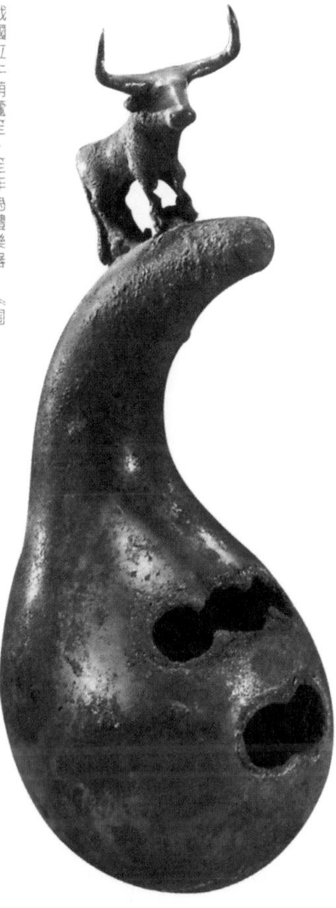

戰國立牛葫蘆笙。笙作為禮樂器，《周禮》即有明確記載。

的音樂思想。當時，在熾熱的百家爭鳴學術氣氛中，圍繞禮樂制度的樂的問題是爭鳴的焦點之一。論爭主要是集中在兩個問題上：一是樂是否有存在價值，是否爲人類社會生活所必需；二是樂的社會功能，包括樂的教育作用在內。儒家派對樂持肯定態度。比較其他各家來說，這一派的論點最具有歷史進步性。與孔子大約同時的道家和略遲的墨家，都反對孔子維護的禮樂制度。

墨家完全否定樂的看法，是從想像中的史實出發，證明從事音樂無益於國家治理。而且，從事音樂還妨礙工作，耽誤生產。但是在根本上並沒有否認音樂之美，這一點和道家仍有區別。

道家對音樂也持完全否定態度，他們對於文化藝術採取一種虛無主義，消極主義的態度，認爲它們是使人喪失本性的東西。但是他們崇尚自然，主張返樸歸眞的觀點卻被後世的一些音樂家所吸收，成爲在音樂實踐活動中提倡抒發人的至性的思想武器，爲音樂文化的發展帶來有益影響。

儒家方面，孔子認爲，禮樂必須體現「仁」，如果不能體現，則無意義。其次才是外在的鐘鼓等表現形式。孔子之後的儒家代表人物孟子，繼承了孔子的中心思想「仁」，提出「仁聲」的主張。他並且認識到音樂藝術所特有的打動人心的力量。儒家的另一代表人物荀子，著有《樂論》一篇，有系統地論述了樂的本質和社會功能等。他的音樂思想是「隆禮」，他認爲樂是服從於禮、配合於禮的，可以發揮鞏固君臣上下社會階級秩序的作用。

至於法家的音樂思想，一方面是徹底否定禮樂，另一方面則是從狹隘的功利主義出發，只看重有利於促進耕戰的歌謠。

春秋戰國時期，儒、墨、道、法諸家音樂思想相比較而言，仍以儒家音樂思想具有先進性，有利於促進音樂文化的發展，對後世的影響也最大。

《呂氏春秋》編成

秦莊襄王即位三年（西元前二四七年）去世，其子政繼位，當時年僅十三歲，尊呂不韋爲相國，號「仲父」。那時魏有信陵君，楚有春申君，趙有平原君，齊有孟嘗君，門下皆有大批賓客。呂不韋羞於以秦之強而不如人，於是也廣招賓客達三千人，進而主持《呂氏春秋》的編纂，

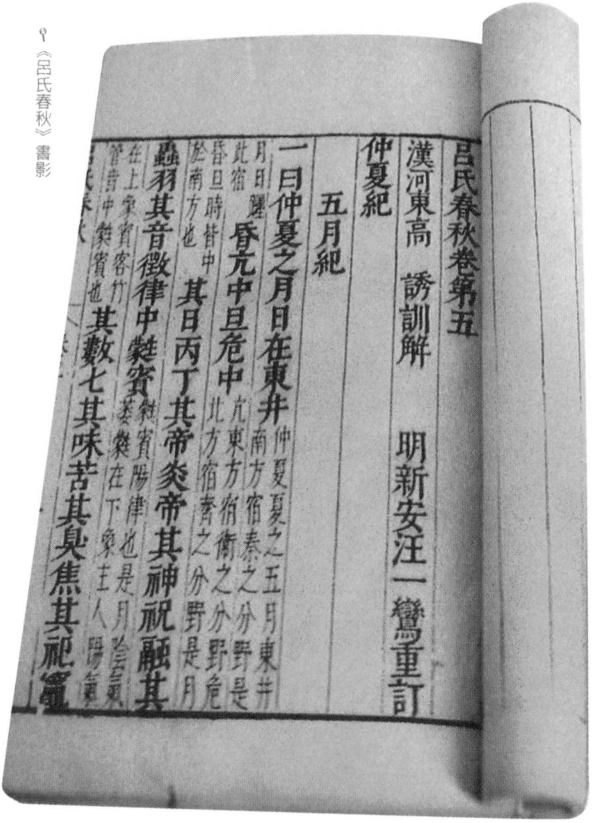

《呂氏春秋》書影

他先讓其賓客「各自將他們的見聞寫出來」，博採先秦諸子各家學說，在此基礎上加以整理、編輯，於秦王政八年（西元前二三九年）成書。全書分十二紀、八覽、六論，共一百六十一篇（今缺一篇），二十多萬字。《呂氏春秋》因「兼儒墨，合名法」，自《漢書・藝文志》開始即被稱爲「雜家」。事實上，《呂氏春秋》時各家學說並非簡單抄錄，而是取其所需，融匯貫通，思想上自成體系。書中提出的統治方法和國家建設藍圖，對秦漢政治頗具影響。

《呂氏春秋》內容宏富，呂不韋自認爲「備天地萬物古今之事」，書成之後，公布於咸陽市城門，並在上面懸賞千金，宣稱：如果有諸侯游士賓客能增加或減少一個字，就將千金送給他，可見其書的嚴密和用語精當。

韓非「法、術、勢」之說

韓非，韓國貴族，喜鑽研刑名法術之學。韓非與李斯曾一同從學於荀子，李斯自認爲比不上韓非。那時，秦國日益強盛，六國日漸衰微。韓非見韓削弱，屢次上書韓王，希望韓王變法圖強。韓王不能用，韓非於是作〈孤憤〉、〈王蠹〉、〈內外儲〉、〈說林〉、〈說難〉等文章，計十餘

韓非像。韓非創「法、術、勢」並重的統治理論，對於秦漢封建專制主義中央集權制度的形成、發展具有重大影響。

萬字。暢論治國當修明法制，去邪枉之臣，用賢明之士，才能富國強兵。

韓非的著作流傳至秦，秦王政讀後，十分感慨：我如果能夠見到這個人並與他一起暢遊，就死無怨言了。李斯告訴秦王，這是同學韓非之作，於是秦王急急發兵攻韓，求韓非。韓王遂派韓非出使秦國。秦王政十四年（西元前二三三年），韓非來到秦國，秦王政很高興，但韓非口吃，善著書而不言談，又勸秦王先伐趙而緩伐韓。秦王終未信用韓非。李斯、姚賈因嫉妒而乘機進讒言詆毀韓非，說韓非本是韓國公子，終究爲韓不爲秦。如果秦王不用而放他回韓國，將給秦國留下禍患，不如殺掉他。秦王便將韓非下獄論罪。李斯派人送毒藥給韓非，要他自殺。韓非希望面見秦王卻不可能，被迫服毒身亡。

韓非是先秦法家思想的集大成者，綜合商鞅的「法」治，申不害的「術」治，慎到的「勢」治，創立「法、術、勢」三者合一的封建專制主義中央集權理論。韓非的法治學說，大體宗法商鞅，主張由國家制訂憲政法令。大家都完全依法行事，立功者受賞，犯法者受罰，君王不可矯法徇情，如此國可大治。但韓非不滿意商鞅只講法，不用術。所謂「術」，指人君駕馭臣民的手段，韓非以爲國君治國若不講究策略就會出現弊端，客易受臣下欺騙、愚弄，因此韓非採納申不害有關術的學說。主張人君根據才能而授人以官職，使官員名符其實。執掌生殺大權，監督深察群臣所爲。韓非又汲取慎到的「乘勢」說，強調權勢的重要性，主張拉開君主與臣下之間上尊下卑的差距，加強和鞏固君主的權力和威勢，嚴防大權旁落。韓非這套「法、術、勢」

並重的統治理論，對於秦漢封建專制主義中央集權制度的形成、發展具有重大影響。因而韓非及其思想，在中國法制史、思想史和哲學史等方面，都具有一定的地位。

秦國政法制度的紀錄——睡虎地秦簡文書

一九七五年十二月，在湖北雲夢城關西部的睡虎地秦墓中發掘出竹簡一千一百餘支。竹簡是用細繩分上、中、下三道順序編組成冊。由於編綴繩索已朽，竹簡順序多已散亂，但竹簡絕大部分保存完好。簡文為墨書秦隸，字跡大部分清晰可辨。其內容可分為：〈編年紀〉、〈語書〉、〈秦律十八種〉、〈效律〉、〈秦律雜抄〉、〈法律答問〉、〈封珍式〉、〈為吏之道〉、〈日書〉甲、乙種。

〈編年紀〉是一篇按年代編寫的大事記，起於秦昭王元年（西元前三〇六年），止於秦始皇三十年（西元前二一七年）。〈語書〉和〈為吏之道〉為訓戒官吏的教令。〈日書〉甲、乙種為卜筮書，含有重要的曆法資料。〈秦律十八種〉內容廣泛，包括有關農業生產、國家牛馬飼養、糧食貯存、保管、發放、貨幣和財物、關市職務、官府手工業、官營手工業生產定額、徭役、軍功爵、任用官吏、驛傳、少數民族管理等。〈效律〉主要是對縣和都官管理的物品實行檢驗的法律規定。〈秦律雜抄〉內容泛雜，涉及到官吏任免、限制游士、傳籍、軍紀、行戍等。〈法律答

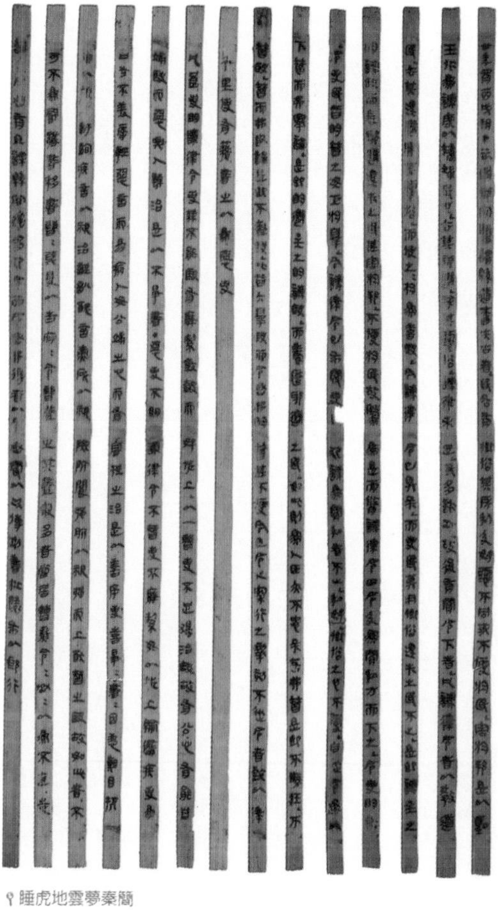

睡虎地雲夢秦簡

問〉主要是用問答的形式對律文和與律文有關問題所做的解釋，反映秦的訴訟制度。〈封珍式〉是關於調查案件，驗實案情、審訊定罪等文書程序和審理案件的具體守則。

秦簡內容豐富，資料詳細可信，內容廣泛，涉及當時的政治、經濟、文化、軍事等各方面，對研究該時期的歷史提供了豐富資料，對中國法制史、古文字學和考古學也有非常重要的意義。

除〈編年〉和〈日書〉兩種外，秦簡其餘內容都是關於秦國政法的，墓主人喜生於秦昭王四十五年，在秦始皇時擔任安陸御史、安陸令史、鄢令史及鄢的獄吏等與司法有關的職務，這座墓以大批法律、文書殉葬，正是墓主生平經歷的反映。它們涉及秦國政治、經濟、文化、軍事等各個方面。

中國古代法律，能夠完整保存下來的，以唐律爲最早，隋代以前的律文只有一些斷章零篇。秦律是漢代九律的基礎，但已基本不存。秦簡保存了秦律的很多內容，對於理解中國政法史的發展有著十分重要的價值。秦國政法制度合爲一體，這一方面屬於行政與司法不分的範疇，另一方面也顯示出秦國行政制度的法律化，南郡郡守滕在告所屬官員的〈語書〉中特別強調以法律爲行政的基礎和準則，〈秦律十八種〉、〈效律〉、〈秦律雜抄〉涉及到農牧林業管理，商業流通控制、徭役、工程、軍事及人事制度等政治、經濟各個方面，將行政管理法律化。

秦國法律以苛、繁聞名，秦簡中的秦律儘管不能代表秦律的全部，也已是非常繁多的了，且大多是關於政府行政管理，〈法律答問〉和〈封珍式〉所記錄的各種案件，也涉及社會生活的各個方面，這可以改變中國法律以刑法爲中心的傳統觀念。雖然秦簡中的秦國法律還不能說是真正的民法，但它表明秦律非常細緻豐富，並且秦國的行政制度是法律化的，這便從行政管理的角度顯示了戰國至秦代社會生活的各種形態。

戰國箭鏃

人物小事典

荊軻刺秦王

荊軻，衛人，好讀書擊劍。曾遊說衛元君，未被信用；又遊歷榆次、邯鄲，最後來到燕國。荊軻在燕國，與楊屠及高漸離等關係親密。高漸離擅長擊筑，荊軻常與楊屠、高漸離在市井飲酒，酒酣則高漸離擊筑，荊軻和樂而歌，又哭又笑，旁若無人。燕之處士田光也優待荊軻，知他非庸碌之人。

燕太子丹懼怕秦國滅了燕國，且怨恨秦王政不念友情，傲然無禮，與鞠武共謀報復秦王之事。鞠武勸太子丹西約三晉，南連齊楚。太子丹認為這是長久之計，不如找人行刺秦王，鞠武推薦田光，田光說自己已老，不能勝任，於是推薦荊軻，後自刎而死。

太子丹與荊軻縱論天下形勢。太子丹認為只能選派天下之勇士出使秦國，最好是生擒秦王，逼迫他交還諸侯所失國土，猶如當年曹沫逼迫齊桓公歸還魯國領土一樣；如果不行，就殺秦王，使秦國內外相亂，君臣相疑，諸侯藉機合縱，則有望擊敗秦國。太子丹再三請求荊軻擔當這樣的重任，荊軻答應了。於是太子丹尊荊軻為上卿，車騎美女無不滿足荊軻的欲望。荊軻提出，為使秦王深信不疑，需要秦將樊於期之首和燕國智元（今河北涿縣、易縣、固安一帶）地圖奉獻秦王。樊於期因率秦軍對趙國作戰被打敗，不敢回秦國，逃奔至燕國，為太子丹賓客。秦王怨恨之極，不僅滅殺他的父母宗族子弟，還懸賞「金千斤，邑萬家」，求得樊於期頭首。太子丹因樊於期窮困時來投奔自己，不忍啓齒。荊軻於是私見樊於期，說明借他之首既可解燕國之患，又可替他報私仇，樊於期隨即自剄，太子丹伏屍痛哭，然後用木盒封好他的頭，交付荊軻，又徵求到天下最銳利的匕首，淬上劇毒毒藥，燕王燕二十八年（西元前二二七年），燕太子丹派荊軻刺殺秦王。

荊軻出發時，太子及賓客都穿白衣戴白帽到易水邊為他餞行，高漸離擊筑，荊軻慷慨悲壯地唱到：「風蕭蕭兮易水寒，壯士一去不復還！」唱完上車離去，始終沒有回頭，表示了他義無反顧的決心。到了秦國，買通秦王寵臣中庶子蒙嘉，秦王在咸陽宮召見荊軻，荊軻獻地圖，展開地圖時，捲在裡面的匕首露了出來，荊軻左手抓住秦王衣袖，右手持匕首刺去。秦王驚恐萬分，扯斷衣袖退卻，因為劍長惶恐之中未能拔出，繞殿柱而跑，荊軻緊追不捨，群臣驚愕，不知所措。秦王繞柱奔逃，將長劍移至背後，將劍拔出，擊刺荊軻，斷其左腿。荊軻負傷，便將匕首擲出，未能擊中秦王。秦王又擊中荊軻八劍，荊軻倚柱而笑，大罵秦王，後被殺。秦始皇統一天下後，高漸離藉擊筑之機，撲擊始皇，也失敗被殺。秦始皇因此「終身不再接近諸侯各國的人」。

荊軻刺秦王圖，漢畫像石。

國家圖書館出版品預行編目資料

老師沒教的中國史—始說上古春秋／李默主編.——
初版. ——臺中市　：好讀, 2008[民97]
面：　公分，——（圖說歷史；21）

ISBN 978-986-178-075-7（平裝）

1.文化史 2.先秦史 3.春秋史 4.中國

631　　97001101

好讀出版

圖說歷史 21

老師沒教的中國史—始說上古春秋

作　　者／李　默
總 編 輯／鄧茵茵
文字編輯／林碧瑩
美術編輯／徐明瑞
發 行 所／好讀出版有限公司
台中市407西屯區何厝里19鄰大有街13號
TEL:04-23157795　FAX:04-23144188
http://howdo.morningstar.com.tw
（如對本書編輯或內容有意見，請來電或上網告訴我們）
法律顧問／甘龍強律師
承製／知己圖書股份有限公司　TEL:04-23581803

總經銷／知己圖書股份有限公司
http://www.morningstar.com.tw
e-mail:service@morningstar.com.tw
郵政劃撥：15060393 知己圖書股份有限公司
台北公司：台北市106羅斯福路二段95號4樓之3
TEL:02-23672044　FAX:02-23635741
台中公司：台中市407工業區30路1號
TEL:04-23595820　FAX:04-23597123

初版／2008年10月15日
定價：350元
特價：269元
如有破損或裝訂錯誤，請寄回知己圖書更換

Published by How-Do Publishing Co., Ltd.
2008 Printed in Taiwan

ISBN 978-986-178-075-7

讀者回函

只要寄回本回函，就能不定時收到晨星出版集團最新電子報及相關優惠活動訊息，並有機會參加抽獎，獲得贈書。因此有電子信箱的讀者，千萬別吝於寫上你的信箱地址

書名：老師沒教的中國史—始說上古春秋

姓名：＿＿＿＿＿＿ 性別：□男 □女　生日：＿＿年＿＿月＿＿日

教育程度：＿＿＿＿＿＿＿＿

職業：□學生 □教師 □一般職員 □企業主管

□家庭主婦 □自由業 □醫護 □軍警 □其他＿＿＿＿＿＿

電子郵件信箱（e-mail）：＿＿＿＿＿＿＿＿ 電話：＿＿＿＿＿＿

聯絡地址：□□□＿＿＿＿＿＿＿＿＿＿＿＿

你怎麼發現這本書的？

□書店 □網路書店（哪一個？）＿＿＿＿＿＿ □朋友推薦 □學校選書

□報章雜誌報導 □其他＿＿＿＿＿＿＿＿＿＿

買這本書的原因是：＿＿＿＿＿＿＿＿＿＿

□內容題材深得我心 □價格便宜 □封面與內頁設計很優 □其他＿＿＿＿＿

你對這本書還有其他意見嗎？請通通告訴我們：

＿＿＿＿＿＿＿＿＿＿＿＿＿＿＿＿＿＿＿＿

你買過幾本好讀的書？（不包括現在這一本）

□沒買過 □1～5本 □6～10本 □11～20本 □太多了

你希望能如何得到更多好讀的出版訊息？

□常寄電子報 □網站常常更新 □常在報章雜誌上看到好讀新書消息

□我有更棒的想法＿＿＿＿＿＿＿＿＿＿＿＿

最後請推薦五個閱讀同好的姓名與E-mail，讓他們也能收到好讀的近期書訊：

1.＿＿＿＿＿＿＿＿＿＿＿＿＿＿＿＿＿＿＿＿

2.＿＿＿＿＿＿＿＿＿＿＿＿＿＿＿＿＿＿＿＿

3.＿＿＿＿＿＿＿＿＿＿＿＿＿＿＿＿＿＿＿＿

4.＿＿＿＿＿＿＿＿＿＿＿＿＿＿＿＿＿＿＿＿

5.＿＿＿＿＿＿＿＿＿＿＿＿＿＿＿＿＿＿＿＿

我們確實接收到你對好讀的心意了，再次感謝你抽空填寫這份回函

請有空時上網或來信與我們交換意見，好讀出版有限公司編輯部同仁感謝你！

好讀的部落格：http://howdo.morningstar.com.tw/

請填妥後對折黏貼，直接投郵即可，無須貼郵票。

廣告回函
台灣中區郵政管理局
登記證第3877號
免貼郵票

好讀出版有限公司　編輯部收

407 台中市西屯區何厝里大有街13號
電話：04-23157795-6　傳真：04-23144188

沿虛線對折